OS DESAFIOS
DA TERAPIA

IRVIN D. YALOM

OS DESAFIOS DA TERAPIA

Reflexões para a nova geração de pacientes e terapeutas

TRADUÇÃO
Diego Franco Gonçales

REVISÃO TÉCNICA
Alexandre Collarile Yamaguti

PAIDÓS

Copyright © Irvin D. Yalom, 2002
Copyright © Editora Planeta do Brasil, 2024
Copyright da tradução © Diego Franco Gonçales, 2024
Publicado originalmente por HarperCollins Publishers, 2002
Publicado em acordo com Sandra Dijkstra Literary Agency e Sandra Bruna Agencia Literaria, SL
Todos os direitos reservados.
Título original: *The Gift Of Therapy: An Open Letter to a New Generation of Therapists and Their Patients*

Preparação: Fernanda Guerriero Antunes
Revisão técnica: Alexandre Collarile Yamaguti
Revisão de texto: Ana Maria Fiorini e Fernanda França
Coordenação editorial: Algo Novo Editorial
Projeto gráfico e diagramação: Negrito Produção Editorial
Capa: André Stefanini

Dados Internacionais de Catalogação na Publicação (CIP)
Angélica Ilacqua CRB-8/7057

D. Yalom, Irvin
  Os desafios da terapia : reflexões para a nova geração de pacientes e terapeutas / Irvin D. Yalom ; tradução de Diego Franco Gonçales. - São Paulo : Planeta do Brasil, 2024.
  304 p.

  ISBN 978-85-422-2634-8
  Título original: The Gift Of Therapy: An Open Letter to a New Generation of Therapists and Their Patients

  1. Psicologia 2. Psicoterapeuta e paciente 3. Desenvolvimento profissional I. Título II. Gonçalves, Diego Franco

  24-0453   CDD 150

Índice para catálogo sistemático:
1. Psicologia

Ao escolher este livro, você está apoiando o manejo responsável das florestas do mundo

2024
Todos os direitos desta edição reservados à
EDITORA PLANETA DO BRASIL LTDA.
Rua Bela Cintra, 986, 4º andar – Consolação
São Paulo – SP – 01415-002
www.planetadelivros.com.br
faleconosco@editoraplaneta.com.br

Para
Marilyn,
minha eterna alma gêmea.

Prefácio, *de Alexandre Coimbra Amaral*   11
Nota da revisão técnica, *de Alexandre Collarile Yamaguti*   15
Introdução   19

1   Remova os obstáculos ao crescimento   29
2   Evite o diagnóstico (mas não para o plano de saúde)   32
3   Terapeuta e paciente como "companheiros de viagem"   34
4   Envolva o paciente   39
5   Ofereça apoio   41
6   Empatia: olhando pela janela do paciente   45
7   Ensine empatia   50
8   Permita-se dar importância ao paciente   52
9   Reconheça seus erros   56
10   Crie uma terapia nova para cada paciente   58
11   O ato terapêutico, não a palavra terapêutica   62
12   Faça terapia pessoal   65
13   O terapeuta tem muitos pacientes; o paciente, um terapeuta   68
14   O aqui e agora: use-o, use-o, use-o   70

15	Por que usar o aqui e agora?	71
16	Usando o aqui e agora – tenha ouvidos atentos	73
17	Buscando equivalentes no aqui e agora	76
18	Tratando das questões no aqui e agora	81
19	O aqui e agora energiza a terapia	84
20	Use seus próprios sentimentos como dados	87
21	Enquadre cuidadosamente os comentários sobre o aqui e agora	90
22	Tudo é água para o moinho do aqui e agora	91
23	Verifique o aqui e agora a cada sessão	93
24	Que mentiras você me contou?	95
25	Tela em branco? Esqueça! Seja real	96
26	Três tipos de autorrevelação do terapeuta	103
27	O mecanismo da terapia – seja transparente	104
28	Revelando sentimentos aqui e agora – seja discreto	106
29	Revelando a vida pessoal do terapeuta – seja cuidadoso	109
30	Revelando sua vida pessoal – ressalvas	113
31	Transparência do terapeuta e universalidade	116
32	Os pacientes resistirão à sua revelação	117
33	Evite a cura equívoca	119
34	Sobre levar os pacientes mais longe do que você já foi	122
35	Sobre ser ajudado pelos seus pacientes	124
36	Incentive a autorrevelação do paciente	127
37	O feedback na psicoterapia	129
38	Dê feedback de modo eficaz e gentil	131
39	Aumente a receptividade ao feedback usando "partes"	134
40	Feedback: martele quando o ferro estiver frio	136

41	Fale sobre a morte	138
42	Morte e melhoria da vida	140
43	Como falar sobre a morte	143
44	Fale sobre o significado da vida	146
45	Liberdade	149
46	Ajudando os pacientes a assumir responsabilidades	151
47	Nunca (ou quase nunca) tome decisões pelo paciente	154
48	Decisões: uma *via regia* para o fundamento existencial	157
49	Foque a resistência à decisão	159
50	Facilitando a conscientização por meio de conselhos	161
51	Facilitando decisões – outras estratégias	165
52	Conduza a terapia como uma sessão contínua	168
53	Faça anotações de cada sessão	170
54	Incentive o automonitoramento	171
55	Quando seu paciente chora	172
56	Dê a si mesmo um tempo entre os pacientes	174
57	Expresse abertamente seus dilemas	175
58	Faça visitas domiciliares	178
59	Não leve as explicações muito a sério	181
60	Dispositivos de aceleração de terapia	185
61	Terapia como ensaio geral para a vida	188
62	Use a queixa inicial como alavanca	190
63	Não tenha medo de tocar no seu paciente	193
64	Nunca se envolva sexualmente com seus pacientes	197
65	Procure por questões ligadas a aniversários e estágios de vida	201
66	Nunca ignore a "ansiedade da terapia"	203
67	Doutor, acabe com a minha ansiedade	205

68 Sobre ser o carrasco do amor 206

69 Fazendo o histórico 211

70 Um histórico da programação diária do paciente 212

71 Como a vida do paciente é povoada? 214

72 Entreviste figuras significativas 215

73 Explore terapias anteriores 217

74 Compartilhando as sombras 219

75 Freud nem sempre esteve errado 221

76 TCC não é o que parece ser... Ou, não tenha medo do bicho-papão da TBE 226

77 Sonhos – use-os, use-os, use-os 229

78 Interpretação completa de um sonho? Esqueça! 231

79 Use os sonhos de forma pragmática: pilhagem e saque 232

80 Domine algumas habilidades de trabalho com os sonhos 239

81 Aprenda sobre a vida do paciente com base nos sonhos 241

82 Preste atenção ao primeiro sonho 246

83 Dê atenção cuidadosa aos sonhos sobre o terapeuta 249

84 Cuidado com os riscos ocupacionais 253

85 Valorize os privilégios da profissão 257

Agradecimentos 261

P.S.: Uma conversa com Irvin D. Yalom 263

Atualização: novos pensamentos, novos desenvolvimentos 269

Olhando pela janela do paciente mais uma vez 287

Notas 297

Prefácio

O CORREDOR LARGO ME CABIA JUNTAMENTE com meus medos e sonhos, e era nele que eu deslizava com cadernetas e pincel atômico para escrever no quadro branco da universidade em que lecionava, em Salvador, Bahia, minha inesquecível terra adotiva. Eu era jovem demais, o suficiente para agradecer aos meus alunos de então a confiança tamanha em minha púbere docência. Eu entrava na sala de aula e propunha, naquele ano de 2006, que aqueles estudantes de último ano de faculdade – alguns muito seguros quanto às suas abordagens na clínica – conversassem sobre o que nos unia, mais do que sobre o que nos separava. Somos, na psicologia, ainda, um imenso coletivo de profissionais que insistem em uma postura de tribo adolescente: os meus iguais são os melhores, os que valem a pena ter por perto, e os outros são os outros e só. A sala de aula do último ano de faculdade ainda é pautada por pequenos grupos que se aninham, como em feudos, reproduzindo a lógica do grande grupo de profissionais que dialogam muito pouco entre os diferentes. Vamos aos congressos de nossas escolas de pensamento clínico não colocando tanta atenção ao que os outros saberes dizem; aprendemos muito pouco entre nós. Fazemos, em grande espectro, uma carreira de pares reforçando as mesmas ideias entre si. E eu nunca me conformei com esse absurdo. Afinal, somos uma profissão que estuda e se prepara para defender o direito supremo à subjetividade dos pacientes, de cada um ser único, descobrir-se, assumir-se e produzir uma vida coerente com tudo o que sente sobre si. Fazemos esse ativismo da diferença humana com os pacientes, mas, quando nos voltamos para o encontro entre profissionais que trabalham de formas distintas, o cenário é de desconfiança, distância e desamparo mútuo. Não acho justo que um estudante saia da universidade sem encontrar, internamente, a beleza de celebrar a diferença humana *entre nós, psicólogos*. Pronto, você entendeu tudo. Agora você compreende o porquê de *Os desafios da terapia* ter sido o livro que sempre esperei adotar como docente.

Ele foi colocado por mim, naquele ano e nos seguintes, como leitura obrigatória da minha disciplina. Transformei-o em um livro-base de debates sobre como podemos conversar sobre nossos encontros e despedidas, sobre os cantos do ofício que todos temos e sobre as curvas que temos a trilhar no processo de escutar e conversar com gente que sofre e quer brilhar. Minhas aulas eram um grupo sentado em círculo, em um ano inteiro de estudos sobre este livro e, sobretudo, sobre o ensinamento básico dele: estamos nessa profissão para reaprender a fazer vínculos humanos. Nós, psicólogos, também somos aprendizes eternos da arte deliciosa de produzir laços com as pessoas. Nada é mais importante do que isso para que esse tipo de trabalho aconteça. E aqueles encontros semanais funcionavam para nós como um exercício de pesquisa-ação de diálogo entre habitantes de mundos diferentes. Quanto mais o curso de graduação vai se acentuando em seus epílogos, mais os estudantes vão se transformando em forasteiros uns dos outros. Yalom me ajudou definitivamente a refrear essa tendência separatista entre corações e mentes que outrora tinham se encontrado para fazer da comunalidade uma parte da sua jornada existencial.

O livro que você tem em mãos conseguiu ser tudo isso que eu tento descrever, mas preciso que saiba que eu tentei desenhar todo o legado dele nos parágrafos anteriores inúmeras vezes e me desprendi, no final, dessa sanha ingrata. Minha sensação de fracasso em nomear o intangível é amostra da importância desta obra. Este é um livro para ser sorvido aos poucos, como numa degustação de texturas, sabores e sensações que pedem calma. Yalom o escreveu munido da pressa angustiante da finitude e do desejo de, aos 70 anos, passar adiante uma parte de sua experiência notável como terapeuta. A leitura, reafirmo, não deve ter a mesma velocidade caso você queira fazer dele um diálogo com sua história. Seja você um terapeuta ou um paciente, haverá espaço para rememorar os caminhos desse encontro belo entre uma pessoa que escuta e uma que fala, mediadas por uma teoria de base que ilustra, amplia, questiona, retira véus e inventa frestas onde há somente asfixia.

Irvin D. Yalom é um psicoterapeuta formidável e um escritor que inspira toda uma geração de profissionais *psi* mundo afora. Ele é um dos ícones de um esforço que vem sendo feito por nós, da comunidade *psi*, para democratizar o acesso à informação sobre o comportamento humano através de livros voltados para o público geral, especialmente o não acadêmico, sem simplificar irresponsavelmente o tão complexo desafio de viver e produzir sentido para a vida. O que Yalom faz aqui, por exemplo, é dar uma grande aula – muito bem conduzida – para explicar o que é a terapia, com didática primorosa e espaço para o leitor refletir sobre si e sobre suas experiências, memórias e projeções. Desde que li pela primeira vez seus livros teóricos bastante anteriores a este, em minha formação humanista, admirei o desejo honesto dele de se comunicar. Tudo o que eu publiquei até hoje nos meus livros é preenchido pela inspiração que ele me trouxe como possibilidade narrativa.

Meus dedos teclam com uma emoção trêmula estas últimas palavras – de repente, me recordo que estou fazendo o prefácio do livro de um mestre que me jogou céus de possibilidades como ato generoso em forma de palavras. Com *Os desafios da terapia* eu promovi conversas que encantaram muitos de nós naquelas salas que já nem existem mais, mas cuja memória eu trago eternamente presente. Eu desejo que você possa fazer o mesmo com ele: conversar com suas dúvidas, convidar para sentar suas ideias (que podem conter equívocos sobre como fazemos o que fazemos) e brindar, ao longo das páginas a seguir, o desejo de sermos cada vez mais autênticos, autônomos e convidativos às histórias humanas únicas e aos seus narradores sempre surpreendentes. A terapia é o cenário da busca do melhor de nós e, ao mesmo tempo, o paradoxal lamento de sermos apenas o que somos. Entre a delícia e a dor, entre o desalento e o contentamento, entre o vazio e a palavra bem dita, a terapia vai acontecendo, como este encontro notável e estranho de imparidade indescritível e de efeitos inimagináveis.

Obrigado, mestre Yalom, e viva a longevidade de seus ensinamentos neste *Os desafios da terapia*!

ALEXANDRE COIMBRA AMARAL
Psicólogo, escritor e podcaster.
Autor de *Toda ansiedade merece um abraço*.

Nota da revisão técnica

Amar é ajudar alguém a existir.
Liana Ferraz

Consigo pensar em poucas coisas que poderiam me tirar, voluntariamente, de um mergulho profundo na confecção de uma tese de doutorado durante seus momentos mais decisivos. O inesperado convite, vindo da indicação do amado Alexandre Coimbra Amaral, para a revisão técnica de *Os desafios da terapia*, era uma dessas coisas, mas com que jamais havia sequer sonhado.

Irvin D. Yalom é daqueles autores que conseguem resgatar, com singular maestria, aquilo que, desde Freud, é um pré-requisito para a formação de um bom analista: o desenvolvimento da capacidade de amar. É claro que a forma do "*eros* terapêutico" a que me refiro aqui não é a do encontro carnal entre amantes, ou ainda ao amor parental ou fraternal, mas, como dizia Ludwig Binswanger – um dos pais da daseinsanálise na Europa e da análise existencial nos Estados Unidos –, ao gesto de "ousar se lançar com sua própria existência na luta pela liberdade do parceiro de existência". Yalom certamente é herdeiro desse espírito, que, por sua vez, ressona com o singelo e potente poema de Liana Ferraz: "Amar é ajudar alguém a existir". Uma terapia existencial, portanto, é uma forma muito peculiar de amor.

Tal abertura ao outro, característica do esforço hermenêutico que é se aproximar interessada e empaticamente das motivações que levam alguém a escrever ou agir de determinada forma, está expressa na história de Yalom. Está expressa em seu modo de clinicar, em seus posicionamentos ético-políticos e em sua curiosidade, disponibilidade e coragem para conhecer e aprender com diversas práticas distintas. Como médico psiquiatra, terapeuta e acadêmico, nosso autor vai muito, muito além de manter-se atrás do "cordão sanitário" promovido por uma interpretação ortodoxa de qualquer técnica ou teoria. Mantendo o sentido da necessária ligação íntima e profunda, teorizada como transferência analítica, mas que Freud já havia descoberto na pré-história da psicanálise, Yalom ousa descobrir seus pontos cegos e transformar-se como terapeuta junto aos pacientes, com magistral originalidade e autenticidade.

A pluralidade de matrizes com as quais o autor dialoga torna a tarefa de um revisor técnico um tanto desafiadora. Se sua escrita é fluida e prazerosa, sendo acessível também aos leigos, no âmbito técnico é preciso acompanhar o mergulho do autor em diversas tradições da psicologia, da ciência e, também, da filosofia da existência, o que exige ponderação e pesquisa, realizados com prazer e entrega dada a importância da obra. Busquei, na tentativa de ouvir e respeitar o trabalho dos colegas psicanalistas e a exemplar tradução de Diego Franco Gonçales, levar em consideração a problematização de termos provenientes da padronização inglesa das *Obras Completas* de Freud, já consagrados na tradição psicanalítica brasileira.

O mesmo procurei fazer com termos da psicologia humanista. Se uma "clínica dos instintos" não é o mesmo que uma "clínica das pulsões", penso que um "terapeuta congruente" não equivale a um "terapeuta autêntico". E ainda, para termos da fenomenologia-existencial heideggeriana, procurei respeitar escolhas feitas pela tradição de estudiosos brasileiros, sugerindo notas com o termo em alemão conforme julguei necessário. Espero que o resultado seja tão agradável aos leitores e leitoras, iniciantes ou não, como foi para mim o processo de revisão –

e aguardo, esperançosamente, que a publicação de outros trabalhos de nosso célebre autor, ainda não traduzidos, sejam um futuro não tão distante.

ALEXANDRE COLLARILE YAMAGUTI
Psicoterapeuta e doutorando em Psicologia Clínica (PUC-SP).

Introdução

Está escuro. Vou ao seu consultório, mas não o encontro lá. Tudo vazio. Entro e olho em volta. A única coisa por ali é o seu chapéu-panamá. E ele está coberto de teias de aranha.

OS SONHOS DOS MEUS PACIENTES mudaram. Teias de aranha cobrem meu chapéu. Meu consultório está escuro e deserto. Meu paradeiro é desconhecido.

Meus pacientes se preocupam com minha saúde: vou durar por todo o longo período de terapia? Quando saio de férias, eles temem que eu nunca mais volte. Imaginam ir ao meu funeral ou visitar meu túmulo.

Meus pacientes não me deixam esquecer que estou envelhecendo. Mas eles estão apenas fazendo o trabalho deles: não pedi que revelassem todos os sentimentos, pensamentos e sonhos? Mesmo novos pacientes em potencial se juntam ao coro e, nunca falha, me cumprimentam com a pergunta: "Você *ainda* atende?".

Um de nossos principais modos de negação da morte é a crença de sermos *especiais*, a convicção de estarmos isentos de necessidades biológicas e de que a vida não vai lidar conosco com a mesma dureza com que lida com todos os outros. Lembro-me de, muitos anos atrás, visitar um oftalmologista por causa de dificuldades na visão. Ele perguntou minha idade e depois respondeu: "Quarenta e oito, hein? Muito bem, você está dentro do cronograma!".

É claro que eu tinha consciência de que ele estava muito certo, mas um grito brotou lá do fundo: "Que cronograma? *Quem* está no cronograma? Tenho certeza que você e os outros podem estar dentro do cronograma, mas, seguramente, eu não!".

É assustador, portanto, perceber que estou entrando em uma designada era tardia da vida. Meus objetivos, interesses e ambições estão mudando de maneira previsível. Erik Erikson, em seu estudo do ciclo da vida, descreveu esse estágio tardio da vida como *generatividade*, uma era pós-narcisista em que a atenção se volta da expansão de si mesmo para o cuidado e a preocupação com as gerações seguintes. Agora que cheguei aos 70 anos, admiro a clareza da visão de Erikson. Seu conceito de generatividade parece feito para mim. Quero passar adiante o que aprendi. E o mais rápido possível.

No entanto, oferecer orientação e inspiração para a próxima geração de psicoterapeutas é, hoje, algo problemático ao extremo, porque nosso campo está em crise. Um sistema de saúde orientado pelo dinheiro exige uma modificação radical no tratamento psicológico, e a psicoterapia agora é obrigada a ser otimizada – ou seja, acima de tudo, *barata* e, forçosamente, breve, superficial e insubstancial.

Eu me preocupo onde a próxima geração de psicoterapeutas eficazes será educada. Não será em programas de residência em psiquiatria. A psiquiatria está prestes a abandonar o campo da psicoterapia. Os jovens psiquiatras são forçados a se especializar em psicofarmacologia porque os planos de saúde agora reembolsam a psicoterapia apenas se ela for realizada por profissionais de baixo custo (em outras palavras, precariamente treinados). Parece certo que a atual geração de clínicos psiquiátricos, hábeis tanto em psicoterapia dinâmica quanto em tratamento farmacológico, é uma espécie em extinção.

E quanto aos programas de treinamento em psicologia clínica – a escolha óbvia para preencher a lacuna? É lastimável, mas os psicólogos clínicos enfrentam as mesmas pressões do mercado, e a maioria das pós-graduações em Psicologia estão ensinando uma terapia breve, orientada para os sintomas e, portanto, reembolsável.

Por isso, preocupo-me com a psicoterapia – sobre como ela pode ser deformada por pressões econômicas e empobrecida por programas de treinamento abreviados de modo radical. No entanto, estou confiante de que, no futuro, um grupo de terapeutas vindos de uma variedade de disciplinas educacionais (psicologia, aconselhamento, serviço social, aconselhamento pastoral, filosofia clínica) continuará a buscar um rigoroso treinamento de pós-graduação e, mesmo que esmagado pela realidade dos planos de saúde, encontrará pacientes que desejam um grande crescimento e mudanças, dispostos a assumir um compromisso ilimitado com a terapia. É para esses terapeutas e esses pacientes que escrevo *Os desafios da terapia*.

AO LONGO DESTAS PÁGINAS, alerto os estudantes contra o sectarismo e sugiro um pluralismo terapêutico no qual intervenções efetivas são extraídas de várias abordagens terapêuticas diferentes. Ainda assim, na maioria das vezes, trabalho com base em um quadro de referência interpessoal e existencial. Portanto, a maioria dos conselhos que darei vem de uma ou outra dessas duas perspectivas.

Desde que entrei no campo da psiquiatria, tive dois interesses permanentes: terapia de grupo e terapia existencial. São interesses paralelos, mas separados: não pratico "terapia de grupo existencial" – na realidade, nem sei o que seria algo assim. Os dois são diferentes não apenas no formato (ou seja, um grupo de mais ou menos seis a nove membros *versus* um ambiente individual para psicoterapia existencial), mas também em seu *quadro de referência* fundamental. Quando atendo pacientes em terapia de grupo, trabalho com base em um quadro de referência interpessoal e parto do pressuposto de que os pacientes estão em sofrimento por causa de sua incapacidade de desenvolver e manter relacionamentos interpessoais gratificantes.

No entanto, quando atuo utilizando um quadro de referência existencial, faço uma suposição muito diferente: os pacientes estão em sofrimento como resultado do confronto com os duros fatos da condição humana – os "dados" da existência. Uma vez que muitas das discussões neste livro provêm de uma estrutura existencial não familiar para muitos leitores, uma breve introdução será oferecida.

Definição de psicoterapia existencial: *abordagem terapêutica dinâmica que se concentra em preocupações enraizadas na existência.*

Deixe-me ampliar essa definição concisa esclarecendo o termo "abordagem dinâmica". *Dinâmica* tem definição tanto leiga quanto técnica. O significado leigo de *dinâmico* (derivado da raiz grega *dynasthai*, ter poder ou força), que implica força ou vitalidade (ou seja, um *dínamo*, um jogador de futebol ou orador político *dinâmico*), obviamente não é relevante aqui. Mas se aplicado à nossa profissão esse fosse o significado do termo, então como ficaria o terapeuta que alega ser outra coisa, e não um terapeuta dinâmico – seria um terapeuta indolente ou inerte?

Não, eu uso "dinâmica" em seu sentido *técnico*, que retém a ideia de força, mas está enraizada no modelo freudiano de funcionamento mental, postulando que as *forças* em conflito dentro do indivíduo geram o pensamento, a emoção e o comportamento. Além disso – e este é um ponto crucial –, *essas forças conflitantes existem em vários níveis de consciência; na realidade, alguns são totalmente inconscientes.*

Portanto, a psicoterapia existencial é uma terapia dinâmica que, como as várias terapias psicanalíticas, assume que as forças inconscientes influenciam o funcionamento consciente. No entanto, ela se separa das várias ideologias psicanalíticas quando fazemos a próxima pergunta: qual é a natureza dessas forças internas conflitantes?

A abordagem da psicoterapia existencial postula que os conflitos internos que nos atormentam resultam não apenas de nossa luta contra impulsos instintivos[1] reprimidos, a internalização de adultos significativos

---

[1] O termo utilizado por Yalom na obra original é *"instinctive"*. Isso possivelmente se deve ao fato de ele ter tido acesso à tradução inglesa das *Obras Completas de Sigmund Freud*, que substituiu o termo *"trieb"* por *"instinct"*. Tal uso é questionado pela comunidade psicanalítica no Brasil, que prefere o termo "pulsão", recentemente utilizado na coleção *Obras Incompletas de Freud*. Penso, de acordo com os organizadores desta coleção, que uma "clínica dos instintos" diverge radicalmente de uma "clínica das pulsões". A primeira

ou fragmentos de memórias traumáticas esquecidas, mas também contra *nosso confronto com os "dados" da existência*.

E quais são esses "dados" da existência? Se nos permitirmos deixar de lado ou "colocar entre parênteses" as preocupações cotidianas da vida e refletir profundamente sobre nossa situação no mundo, será inevitável chegar às estruturas profundas da existência (as "preocupações últimas", para usar o termo do teólogo Paul Tillich). Quatro preocupações fundamentais, a meu ver, são muito relevantes para a psicoterapia: morte, isolamento, significado na vida e liberdade. (Cada uma dessas últimas preocupações será definida e discutida em uma seção própria.)

Alunos sempre perguntam por que não defendo programas de treinamento em psicoterapia existencial. A razão é que *nunca considerei a psicoterapia existencial como uma escola ideológica distinta e independente*. Em vez de tentar desenvolver um currículo de psicoterapia existencial, prefiro complementar a educação de todos os terapeutas dinâmicos bem treinados, aumentando sua *sensibilidade para questões existenciais*.

Processo e conteúdo

Como a terapia existencial é na prática? Para responder a essa pergunta, é preciso abordar tanto o "conteúdo" quanto o "processo", os dois principais aspectos do discurso terapêutico. "Conteúdo" é exatamente o que se diz – as palavras exatamente como são faladas, as questões substantivas abordadas. "Processo" refere-se a uma dimensão diferente e de enorme importância: a relação interpessoal entre o paciente e o terapeuta. Quando perguntamos sobre o "processo" de uma interação, queremos dizer: o que as palavras (e também o comportamento não

---

seria uma clínica das necessidades animais inatas; a segunda, uma clínica do desejo, do sentido inconsciente, mais próximo do modo como Freud concebe a condição humana. Optamos, contudo, por preservar a escolha de Yalom e inserir uma nota como forma de evidenciar os problemas de tradução herdados das "obras *standard*". [N.R.T.]

verbal) nos dizem sobre a natureza do relacionamento entre as partes envolvidas nesta interação?

Se minhas sessões de terapia fossem observadas, muitas vezes alguém poderia procurar em vão longas discussões explícitas sobre morte, liberdade, significado ou isolamento existencial. Tal *conteúdo* existencial pode ganhar saliência apenas para alguns (mas não todos) pacientes em alguns (mas não todos) estágios da terapia. Na realidade, um terapeuta eficaz nunca deve tentar forçar a discussão de qualquer área de conteúdo: *a terapia não deve ser orientada pela teoria, mas pelo relacionamento*.

Mas observe essas mesmas sessões em busca de algum processo característico derivado de uma orientação existencial e você encontrará uma história diferente por completo. Uma sensibilidade elevada para questões[2] existenciais *influencia profundamente a natureza do relacionamento entre terapeuta e paciente e afeta cada uma das sessões de terapia*.

Eu mesmo estou surpreso com a forma particular que estas páginas assumiram. Nunca esperei escrever um livro contendo uma sequência de dicas para terapeutas. No entanto, olhando para trás, sei o momento exato em que a ideia surgiu. Dois anos atrás, depois de ver os jardins japoneses de Huntington, em Pasadena, notei que, na Huntington Library, estava em cartaz uma exposição com os livros mais vendidos durante a Renascença na Grã-Bretanha, e então entrei. Três dos dez volumes exibidos eram livros de "dicas" numeradas – sobre criação de animais, costura, jardinagem etc. Fiquei surpreso, pois, mesmo naquela época – centenas de anos atrás, logo depois da introdução da imprensa –, listas de dicas atraíam a atenção de multidões.

---

2 Ao longo do texto foi padronizada a tradução de "questão" para o termo "*issue*" e "problema" para o termo "*problem*", apesar da proximidade de ambos na língua portuguesa. Essa escolha se deve ao fato de que nas tradições em psicologia fenomenológicas, existenciais e humanistas no Brasil busca-se resgatar o propriamente "humano" de nossa condição. Muitos autores preferem se referir a "*issues*" como questões por remeterem à leitura da condição humana como uma tarefa a ser assumida, sendo o sofrimento decorrente delas algo que nos aproxima de nossa condição. O termo "problema" se aproximaria mais de uma compreensão do sofrimento humano mais "matemático-cartesiana". [N.R.T.]

Anos atrás, atendi uma escritora que, tendo fracassado na escrita de dois romances consecutivos, resolveu nunca mais tentar escrever outro livro até que a ideia de um a pegasse de surpresa. Eu ri daquela expressão, mas realmente não compreendi o que ela quis dizer até aquele momento na Biblioteca Huntington, quando a ideia de um livro de dicas me pegou de surpresa. Na hora, resolvi deixar de lado outros projetos de escrita para começar a vasculhar minhas anotações e diários clínicos e redigir uma carta aberta a terapeutas iniciantes.

O fantasma de Rainer Maria Rilke pairou sobre a produção deste volume. Pouco antes de minha experiência na Huntington Library, eu tinha relido suas *Cartas a um jovem poeta* e tentei conscientemente me elevar aos seus padrões de honestidade, inclusão e generosidade de espírito.

Os conselhos contidos aqui são extraídos de notas de quarenta e cinco anos de prática clínica. É uma mistura idiossincrática de ideias e técnicas que considero úteis em meu trabalho. São ideias tão pessoais, opinativas e ocasionalmente originais que é provável que o leitor não as encontre em outro lugar. Portanto, este volume não pretende ser um manual sistemático; em vez disso, pretendo que seja um apoio para um programa de treinamento abrangente. De modo aleatório, selecionei as 85 categorias deste volume, guiado por minha paixão pela tarefa, e não por qualquer ordem ou sistema específico. Comecei com uma lista de mais de duzentos conselhos e, por fim, eliminei aqueles pelos quais sentia muito pouco entusiasmo.

Outro fator influenciou minha seleção desses 85 itens. Meus romances e histórias recentes contêm muitas descrições de procedimentos terapêuticos que considerei úteis em meu trabalho clínico, mas, como minha ficção tem um tom cômico, muitas vezes burlesco, não está claro para muitos leitores se estou falando sério sobre os procedimentos terapêuticos que descrevo. *Os desafios da terapia* me oferece uma oportunidade de esclarecer as coisas.

Como uma coleção prática de intervenções ou afirmações favoritas, este volume é longo em técnica e curto em teoria. Os leitores que buscam mais embasamento teórico podem tirar proveito de meus textos

Existential Psychotherapy e *Psicoterapia em grupo: teoria e prática*, livros-
-mãe deste trabalho.

Sendo formado em Medicina e Psiquiatria, fui me acostumando com o termo *paciente* (do latim *patiens* – aquele que sofre ou suporta sofrimentos), mas o uso como sinônimo de *cliente*, denominação comum da psicologia e das tradições de aconselhamento. Para alguns, o termo *paciente* sugere uma postura indiferente, desinteressada, descompromissada e autoritária do terapeuta. Mas continue lendo – pretendo encorajar um relacionamento terapêutico baseado em engajamento, abertura e igualitarismo.

Vários livros, inclusive os de minha autoria, consistem em um número limitado de itens substantivos e, depois, uma quantidade considerável de recheio para conectar os pontos de maneira elegante. Como selecionei muitas sugestões, diversas delas independentes, e omiti boa parte do recheio e das transições, o texto terá um sabor episódico e oscilatório.

Embora eu tenha selecionado essas sugestões ao acaso e espere que os leitores as experienciem de maneira não sistemática, tentei, como uma reflexão tardia, agrupá-las de forma amigável ao leitor.

A primeira seção (1–40) aborda a natureza da relação terapeuta-
-paciente, com ênfase particular no aqui e agora, o uso do *self* pelo terapeuta e sua autorrevelação.

A próxima seção (41–51) passa do processo para o *conteúdo* e sugere métodos para explorar preocupações fundamentais como a morte, o significado da vida e a liberdade (abrangendo responsabilidade e decisão).

A terceira seção (52–76) aborda uma variedade de questões que surgem na conduta diária da terapia.

Na quarta seção (77–83), abordo o uso de sonhos na terapia.

A seção final (84–85) discute os perigos e privilégios de ser um terapeuta.

Este texto é salpicado com muitas das minhas frases e intervenções específicas favoritas. Ao mesmo tempo, incentivo a espontaneidade e a criatividade. *Portanto, não veja minhas abordagens idiossincráticas como uma receita processual específica; elas representam minha perspectiva e minha tentativa de buscar dentro de mim meu estilo e voz.* Muitos estudantes descobrirão que outras posições teóricas e estilos técnicos serão mais compatíveis com eles. Os conselhos deste livro derivam da minha prática clínica com pacientes de capacidades moderadas a altas (em vez daqueles que são psicóticos ou marcadamente incapacitados), atendendo uma ou, de modo menos comum, duas vezes por semana, por alguns meses a dois ou três anos. Minhas metas de terapia com esses pacientes são ambiciosas: além da remoção dos sintomas e alívio da dor, eu me esforço para facilitar o crescimento pessoal e a mudança de caráter basilares. Sei que muitos de meus leitores podem ter uma situação clínica diferente: um outro cenário com uma população de pacientes diversa e uma duração mais curta da terapia. Ainda assim, espero que os leitores encontrem uma maneira própria e criativa de adaptar e aplicar o que aprendi à sua própria situação de trabalho.

1
Remova os obstáculos ao crescimento

Quando eu estava descobrindo meu caminho, ainda um jovem estudante de psicoterapia, o livro mais útil que li foi *Neurose e desenvolvimento humano*, de Karen Horney. E um dos conceitos mais proveitosos daquelas páginas era a noção de que o ser humano tem uma propensão inata para a autorrealização. Se os obstáculos forem removidos, acreditava Horney, o indivíduo se tornará um adulto maduro e realizado por completo, assim como uma noz se transformará em um carvalho.

"Assim como uma noz se transformará em um carvalho..." Que imagem maravilhosamente libertadora e esclarecedora! Ela mudou para sempre minha abordagem psicoterapêutica, oferecendo-me uma nova visão do meu trabalho: minha tarefa era remover os obstáculos que bloqueavam o caminho do meu paciente. Não precisava fazer todo o trabalho; não precisava inspirar o paciente com desejo de crescer, com curiosidade, vontade, gosto pela vida, carinho, lealdade ou qualquer uma das inúmeras características que nos tornam plenamente humanos. Não, o que eu tinha que fazer era identificar e remover os obstáculos. O resto se seguiria de modo automático, alimentado pelas forças autoatualizadoras dentro do paciente.

Lembro-me de uma jovem viúva com, como ela disse, um "coração fracassado" – uma incapacidade de amar mais uma vez. Parecia assustador lidar com a incapacidade de amar. Eu não sabia como fazer isso.

Mas me dedicar a identificar e desenraizar seus muitos bloqueios ao amor? Isso eu poderia fazer.

Logo aprendi que o amor parecia traiçoeiro para ela. Amar outra vez era trair o marido morto; era como martelar os últimos pregos no caixão dele. Amar alguém tão profundamente quanto o amou (e ela não se contentaria com nada menos) significava que aquele amor tinha sido de alguma forma insuficiente ou imperfeito. Amar outro seria autodestrutivo porque a perda e sua dor lancinante eram inevitáveis. Amar de novo parecia irresponsável: seria algo mau e agourento, e seu beijo seria o beijo da morte.

Trabalhamos duro por muitos meses para identificar todos esses obstáculos a que ela amasse outro homem. Durante meses, lutamos contra cada obstáculo irracional. Mas, uma vez feito isso, os processos internos da paciente assumiram o controle: ela conheceu um homem, apaixonou-se, casou-se novamente. Não precisei ensiná-la a procurar, a se dar, a gostar, a amar – eu não saberia como fazer isso.

Algumas palavras sobre Karen Horney: seu nome não é familiar para a maioria dos jovens terapeutas. Como a vida útil de teóricos eminentes em nosso campo se tornou muito curta, devo, de tempos em tempos, cair em reminiscências – não apenas para homenagear, mas para destacar o fato de que nosso campo tem uma longa história de contribuições notavelmente capazes, que lançaram fundações profundas para o nosso trabalho de terapia atual.

Um acréscimo norte-americano à teoria psicodinâmica está representado no movimento "neofreudiano" – um grupo de clínicos e teóricos que reagiram contra o foco original de Freud na teoria da pulsão, isto é, a noção de que o indivíduo em desenvolvimento é controlado, de modo amplo, pelo desdobramento e expressão de impulsos inerentes.

Em vez disso, os neofreudianos ressaltaram que consideramos a vasta influência do ambiente interpessoal que envolve o indivíduo e que, ao longo da vida, molda a estrutura do caráter. Os teóricos interpessoais mais conhecidos – Harry Stack Sullivan, Erich Fromm e Karen Horney – foram tão profundamente integrados e assimilados em nossa linguagem e prática terapêutica que somos todos, sem saber, neofreudianos. Isso nos faz lembrar de Monsieur Jourdain em *O burguês fidalgo*, de Molière, que, ao aprender a definição de "prosa", exclama com admiração: "E pensar que toda a minha vida tenho falado em prosa sem saber".

2
Evite o diagnóstico (mas não para o plano de saúde)

Os estudantes de psicoterapia de hoje em dia estão expostos a uma ênfase excessiva no diagnóstico. Os administradores de planos de saúde exigem que os terapeutas cheguem rapidamente a um diagnóstico preciso e, em seguida, prossigam com um curso de terapia breve e focada que corresponda a esse diagnóstico específico. Parece bom. Parece lógico e eficiente. Mas tem muito pouco a ver com a realidade. Em vez disso, representa uma tentativa ilusória de impor a precisão científica quando ela não é possível nem desejável.

Embora o diagnóstico seja inquestionavelmente crítico nas considerações de tratamento para muitas condições graves com um substrato biológico (por exemplo, esquizofrenia, transtornos bipolares, transtornos afetivos graves, epilepsia do lobo temporal, toxicidade de drogas, doença orgânica ou cerebral causada por toxinas, causas degenerativas ou agentes infecciosos), o diagnóstico é muitas vezes *contraproducente* na psicoterapia cotidiana de pacientes menos gravemente prejudicados.

Por quê? Primeiro, a psicoterapia consiste em um processo de desenvolvimento gradual em que o terapeuta tenta conhecer o paciente do modo mais pleno possível. Um diagnóstico limita a visão; ele diminui a capacidade de se relacionar com o outro enquanto pessoa. Uma vez que fazemos um diagnóstico, tendemos a desatentar seletivamente para aspectos do paciente que não se encaixam naquele diagnóstico específico e, por consequência, a superestimar características sutis que parecem confirmar um diagnóstico inicial. Além disso, um diagnóstico pode atuar como uma profecia autorrealizável. Relacionar-se com um paciente como "*borderline*" ou "histérico" pode servir para estimular e perpetuar essas mesmas características. De fato, há uma longa história de influência iatrogênica na forma de entidades clínicas, incluindo a atual controvérsia sobre transtorno de personalidade múltipla e memórias reprimidas de abuso sexual. E tenha em mente, também, a baixa confiabilidade da categoria de transtorno de personalidade do DSM (com frequência, os próprios pacientes se envolvem em psicoterapia de longo prazo).

E que terapeuta não se impressionou com o quanto é mais fácil fazer um diagnóstico baseado no DSM-IV depois da primeira entrevista do que muito mais tarde – digamos, da décima sessão em diante –, quando sabemos muito mais sobre o indivíduo? Não é um tipo estranho de ciência? Um colega meu traz essa questão para seus residentes psiquiátricos perguntando: "Se você está fazendo psicoterapia pessoal ou está considerando fazer, que diagnóstico do DSM-IV você acha que seu terapeuta poderia usar para descrever alguém tão complicado quanto você?".

Na empreitada terapêutica, devemos traçar uma linha tênue entre alguma, mas não muita, objetividade; se levarmos o DSM muito a sério, se acreditarmos que estamos mesmo manipulando as articulações da natureza, então podemos ameaçar o humano, o espontâneo, a natureza criativa e incerta do empreendimento terapêutico. Lembre-se de que os clínicos envolvidos na formulação de sistemas diagnósticos anteriores, agora descartados, eram competentes, orgulhosos e tão confiantes quanto os atuais membros dos comitês do DSM. Sem dúvida, chegará o tempo em que o formato de menu de restaurante chinês do DSM-IV parecerá ridículo para os profissionais de saúde mental.

3
Terapeuta e paciente como "companheiros de viagem"

O ROMANCISTA FRANCÊS ANDRÉ MALRAUX escreveu sobre um padre com quem se confessou por muitas décadas e resumiu desta maneira o que aprendeu com ele a respeito da natureza humana: "Em primeiro lugar, as pessoas são muito mais infelizes do que se pensa [...] e 'pessoa adulta' é coisa que não existe". Todos – e isso inclui terapeutas e pacientes – estão destinados a experimentar não apenas a euforia da vida, mas também sua escuridão inevitável: desilusão, envelhecimento, doença, isolamento, perdas, falta de sentido, escolhas dolorosas e morte.

Ninguém definiu essas coisas de forma mais direta e sombria do que o filósofo alemão Arthur Schopenhauer:

> No início da juventude, ao contemplarmos nossa vida futura, somos como crianças em um teatro antes que a cortina seja levantada, sentadas ali de bom grado e esperando ansiosamente pelo início da peça. É uma bênção não sabermos o que de fato vai acontecer. Se pudéssemos prever, há momentos em que as crianças podem parecer prisioneiras condenadas – condenadas não à morte, mas à vida, e ainda totalmente inconscientes do significado de sua sentença.

Ou ainda:

Somos como cordeiros no campo, divertindo-nos sob o olhar do açougueiro, que escolhe primeiro um e depois outro para sua faca. Assim é que, em nossos dias bons, todos nós estamos inconscientes do mal que o Destino pode ter reservado para nós – doença, pobreza, mutilação, perda da visão ou da razão.

Embora a visão de Schopenhauer seja fortemente influenciada pela própria infelicidade pessoal, ainda assim é difícil negar o desespero inerente à vida de cada indivíduo autoconsciente. Minha esposa e eu às vezes nos divertimos planejando jantares imaginários para grupos de pessoas que compartilham propensões semelhantes – por exemplo, uma festa para monopolistas, ou fogosos narcisistas, ou passivo-agressivos engenhosos que conhecemos ou, inversamente, uma festa "feliz" para a qual convidamos apenas as pessoas de fato felizes que encontramos. Embora não tenhamos encontrado problemas para preencher todos os tipos de outras mesas caprichosas, nunca fomos capazes de preencher uma mesa completa para nossa festa de "pessoas felizes". Cada vez que identificamos alguns indivíduos alegres e os colocamos em uma lista de espera enquanto continuamos nossa busca para completar a mesa, descobrimos que um ou outro de nossos convidados felizes acaba sendo atingido por alguma adversidade importante na vida – muitas vezes uma doença grave, da própria pessoa ou de um filho ou cônjuge.

Essa visão da vida – trágica, mas realista – há muito influencia meu relacionamento com aqueles que buscam minha ajuda. Embora existam diversos termos para a relação terapêutica – paciente/terapeuta, cliente/conselheiro, analisando/analista, cliente/facilitador e (o mais recente – e, de longe, o mais repulsivo) usuário/provedor –, nenhum deles transmite com precisão minha percepção da relação terapêutica. Em vez disso, prefiro pensar em meus pacientes e em mim como *companheiros de viagem*, um termo que anula as distinções entre "eles" (os aflitos) e "nós" (os curandeiros). Durante meu treinamento, inúmeras vezes fui exposto à ideia do terapeuta totalmente analisado, mas, à medida que progredi na vida, estabeleci relacionamentos íntimos com muitos de meus colegas terapeutas, conheci as figuras mais importantes da área, fui chamado para prestar auxílio aos meus antigos terapeutas e professores e tornei-me um professor e um ancião, percebendo a natureza mítica desta ideia. Estamos todos juntos nisso e não há terapeuta nem pessoa imune às tragédias inerentes à existência.

Uma das minhas histórias favoritas de cura, encontrada em *O jogo das contas de vidro*, de Hermann Hesse, envolve José e Dion, dois curandeiros renomados que viveram nos tempos bíblicos. Embora ambos fossem altamente eficazes, eles funcionavam de maneiras diferentes. O curandeiro mais jovem, José, curava por meio de uma escuta silenciosa e inspirada. Os peregrinos confiavam em José. O sofrimento e a ansiedade derramados em seus ouvidos desapareciam como água na areia do deserto, e os penitentes deixavam sua presença esvaziados e acalmados. Dion, o curandeiro mais velho, por sua vez, confrontava ativamente aqueles que buscavam sua ajuda. Ele adivinhava seus pecados não confessados. Era um grande juiz, castigador, repreensivo e retificador, e curava por meio de intervenção ativa. Tratando os penitentes como crianças, dava conselhos, punia com penitências, ordenava peregrinações e casamentos e obrigava inimigos a se reconciliarem.

Os dois curandeiros nunca se encontraram e trabalharam como rivais por muitos anos, até que José adoeceu espiritualmente, caiu em profundo desespero e foi assaltado por ideias de autodestruição. Incapaz de se curar com os próprios métodos terapêuticos, ele partiu em uma jornada para o sul em busca da ajuda de Dion.

Em sua peregrinação, José descansou uma noite em um oásis, onde começou a conversar com um viajante mais velho. Quando José descreveu o propósito e o destino de sua peregrinação, o viajante se ofereceu como guia para ajudar na busca por Dion. Mais tarde, no meio de sua longa jornada juntos, o velho viajante revelou sua identidade a José. *Mirabile dictu*: ele mesmo era Dion – o homem que José procurava.

Sem hesitar, Dion convidou seu rival mais jovem e desesperado para sua casa, onde viveram e trabalharam juntos por muitos anos. Dion primeiro pediu a José que fosse um servo. Mais tarde, ele o elevou a aluno e, por fim, a colega de trabalho. Anos depois, Dion adoeceu e em seu leito de morte chamou seu jovem colega para ouvir uma confissão. Ele narrou a terrível doença anterior de José e sua viagem ao velho Dion para pedir ajuda. Falou sobre como José sentiu que era um milagre que seu companheiro de viagem e guia fosse o próprio Dion.

Agora que ele estava morrendo, era chegada a hora, disse Dion a José, de quebrar o silêncio a respeito daquele milagre. Dion confessou que na época também lhe pareceu um milagre, pois ele também caíra em desespero. Ele também se sentia vazio e morto espiritualmente e, incapaz de se ajudar, partiu em uma jornada em busca de ajuda. Na mesma noite em que se encontraram no oásis, ele estava em peregrinação a um famoso curandeiro chamado José.

A HISTÓRIA DE HESSE SEMPRE ME comoveu de uma forma sobrenatural. Parece-me uma declaração profundamente esclarecedora sobre dar e receber ajuda, sobre honestidade e duplicidade e sobre o relacionamento entre o curador e o paciente. Os dois homens receberam ajuda poderosa, mas de maneiras muito diferentes. O curandeiro mais jovem foi nutrido, cuidado, ensinado e orientado, teve a atenção de um pai. O curandeiro mais velho, por outro lado, foi ajudado servindo ao outro, obtendo um discípulo de quem recebeu amor filial, respeito e bálsamo para seu isolamento.

Mas agora, reconsiderando a história, questiono se esses dois curandeiros feridos não poderiam ter prestado ainda mais serviços um ao outro. Talvez tenham perdido a oportunidade de algo mais profundo, mais autêntico, mais poderosamente transformador. Talvez a *verdadeira* terapia tenha ocorrido na cena do leito de morte, quando eles foram sinceros com a revelação de que eram companheiros de viagem, ambos simplesmente humanos, demasiadamente humanos. Os vinte anos de segredo, por mais úteis que tenham sido, podem ter obstruído e impedido um tipo mais profundo de ajuda. O que poderia ter acontecido se a confissão de Dion no leito de morte tivesse ocorrido vinte anos antes, se curador e buscador tivessem se unido para enfrentar as questões que não têm respostas?

Tudo isso ecoa as cartas de Rilke a um jovem poeta nas quais ele aconselha: "Tenha paciência com tudo o que não está resolvido e tente amar as questões em si". Eu acrescentaria: "Tente amar também os questionadores".

4
Envolva o paciente

Muitos de nossos pacientes têm conflitos no domínio da intimidade e são ajudados na terapia simplesmente por meio de um relacionamento íntimo com o terapeuta. Alguns temem a intimidade porque acreditam que há algo inaceitável neles, algo repugnante e imperdoável. Diante disso, o ato de revelar-se por completo a outro e ainda assim ser aceito pode ser o principal veículo de ajuda terapêutica. Outros podem evitar a intimidade por medo de exploração, colonização ou abandono; para eles, também, uma relação terapêutica íntima e carinhosa que não resulte na catástrofe esperada torna-se uma experiência emocional corretiva.

Portanto, nada tem precedência sobre o cuidado e a manutenção do meu relacionamento com o paciente, e eu presto atenção a cada nuance de como nos avaliamos um ao outro. O paciente parece distante hoje? Competitivo? Desatento aos meus comentários? Ele faz uso do que eu digo em particular, mas se recusa a reconhecer minha ajuda? É excessivamente respeitoso? Obsequioso? Expressa muito raramente qualquer objeção ou desacordo? Está distante ou suspeitoso? Consigo entrar em seus sonhos ou devaneios? Quais são as palavras que usa em conversas imaginárias comigo? Quero saber todas essas coisas e muito mais. Nunca deixo passar uma sessão sem verificar nosso relacionamento, às vezes com simples perguntas: "Como você e eu estamos hoje?" ou "O que está achando do espaço entre nós hoje?". Às vezes, peço ao paciente que se projete no futuro: "Imagine daqui a meia hora – você está voltando para casa, relembrando nossa sessão. Como você se sentirá sobre você e eu hoje? Quais serão as declarações não ditas ou perguntas não feitas sobre nosso relacionamento hoje?".

5
Ofereça apoio

UM DOS GRANDES VALORES da terapia pessoal intensiva é experimentar por si mesmo o grande valor do apoio positivo. Pergunta: de que os pacientes se lembram quando, anos depois, olham para trás, para a experiência na terapia? Resposta: não são os *insights*, não são as interpretações do terapeuta. Na maioria das vezes, eles se lembram das declarações positivas de apoio de seu terapeuta.

Faço questão de expressar regularmente meus pensamentos e sentimentos positivos sobre meus pacientes, perpassando uma ampla gama de atributos – por exemplo, suas habilidades sociais, curiosidade intelectual, cordialidade, lealdade aos amigos, articulação, coragem para enfrentar seus demônios internos, dedicação para mudar, vontade de se revelar, gentileza amorosa com seus filhos, compromisso de quebrar o ciclo de abuso e decisão de não passar a "batata quente" para a próxima geração. Não seja mesquinho – não faz sentido; há todos os motivos para expressar essas observações e seus sentimentos positivos. E tome cuidado com elogios vazios – torne seu apoio tão incisivo quanto seu feedback ou interpretações. Tenha em mente o grande poder do terapeuta – poder que, em parte, decorre de termos conhecimento dos eventos, pensamentos e fantasias mais íntimas da vida de nossos pacientes. A aceitação e o apoio de alguém que o conhece em seu íntimo são positivos ao extremo.

Se os pacientes derem um passo terapêutico importante e corajoso, elogie-os por isso. Se estive profundamente envolvido na sessão e lamento que ela tenha chegado ao fim, digo que é uma pena ter que encerrar. E (uma confissão – todo terapeuta tem um estoque de pequenas transgressões secretas!) não hesito em expressar isso de forma não verbal, ultrapassando a sessão em alguns minutos.

Com frequência, o terapeuta é o único público que assiste a grandes dramas e atos de coragem. Tal privilégio exige uma resposta ao ator. Embora os pacientes possam ter outros confidentes, é provável que nenhum tenha a compreensão abrangente que o terapeuta tem de certos atos importantes. Por exemplo, anos atrás, um paciente, Michael, um romancista, um dia me informou que acabara de fechar sua caixa postal secreta. Durante anos, essa caixa de correio foi seu meio de comunicação em uma longa série de casos extraconjugais clandestinos. Portanto, fechar a caixa foi um ato importante, e considerei minha responsabilidade apreciar a grande coragem de seu ato e fiz questão de expressar a ele minha admiração por sua ação.

Alguns meses depois, ele ainda se sentia atormentado por imagens e desejos recorrentes por sua última amante. Ofereci apoio.

"Sabe, Michael, o tipo de paixão que você teve nunca se evapora rapidamente. Claro que você vai sentir saudades. É inevitável, isso faz parte da sua humanidade."

"Parte da minha fraqueza, você quer dizer. Eu gostaria de ser um homem de aço e poder deixá-la para sempre."

"Temos um nome para esses homens de aço: robôs. E robô, graças a Deus, você não é. Falamos com frequência sobre sua sensibilidade e sua criatividade – essas são suas qualidades mais ricas –; é por isso que sua escrita é tão poderosa e é por isso que outras pessoas são atraídas por você. Mas essas mesmas características têm um lado sombrio – a ansiedade –, que torna impossível para você viver essas circunstâncias com tranquilidade."

Um belo exemplo de comentário que me trouxe muito conforto ocorreu algum tempo atrás, quando expressei a um amigo – William Blatty, autor de *O exorcista* – meu desapontamento com uma crítica negativa de um de meus livros. Ele respondeu de uma maneira maravilhosamente solidária, que num instante curou minha ferida: "Irv, é claro que você está chateado com a crítica. Graças a Deus! Se você não fosse tão sensível, não seria um escritor tão bom".

Todos os terapeutas descobrirão a própria maneira de apoiar os pacientes. Tenho uma imagem indelével em minha mente: Ram Dass descrevendo sua despedida de um guru com quem estudou por muitos anos em um *ashram* na Índia. Quando Ram Dass lamentou não estar pronto para partir por causa de suas muitas falhas e imperfeições, seu guru levantou-se e, lenta e solenemente, andou à sua volta em minuciosa inspeção, a qual concluiu com um pronunciamento oficial: "Não vejo imperfeições". Nunca circulei os pacientes, inspecionando-os visualmente, e nunca sinto que o processo de crescimento termina, mas, no entanto, essa imagem muitas vezes guiou meus comentários.

O apoio pode incluir comentários sobre a aparência: alguma peça de roupa, um semblante bem descansado e bronzeado, um novo penteado. Se um paciente fica obcecado com a falta de atratividade física, acredito que a coisa humana a fazer é comentar (se de fato se sentir assim) que você o considera atraente e se perguntar sobre as origens do mito de sua falta de atratividade.

Em uma história sobre psicoterapia em *Mamãe e o sentido da vida*, meu protagonista, Dr. Ernest Lash, é encurralado por uma paciente excepcionalmente atrativa que o pressiona com perguntas explícitas: "Sou atraente para os homens? Para você? Se você não fosse meu terapeuta, você se atrairia sexualmente por mim?". Essas indagações são um pesadelo – questões que os terapeutas temem acima de todas as outras. É o medo de tais perguntas que faz muitos terapeutas darem tão pouco de si. Mas acredito que o medo é injustificado. Se você achar que isso é o melhor para o paciente, por que não dizer, como fez meu personagem fictício: "Se tudo fosse diferente, nos conhecêssemos em outro mundo, eu fosse solteiro, não fosse seu terapeuta, aí sim eu acharia você muito atraente e com certeza faria um esforço para conhecê-la melhor". Qual é o risco? Na minha opinião, tal franqueza simplesmente aumenta a confiança do paciente em você e no processo de terapia. É claro que isso não exclui outros tipos de indagação a respeito da questão – sobre, por exemplo, a motivação ou o momento do paciente (sendo "Por que agora?" a pergunta padrão), ou uma preocupação desordenada com fisicalidade ou sedução, que podem obscurecer questões ainda mais significativas.

6

Empatia: olhando pela janela do paciente

É ESTRANHO COMO CERTAS FRASES ou eventos se alojam na mente de alguém e oferecem orientação ou conforto contínuos. Décadas atrás, atendi uma paciente com câncer de mama que passou toda a adolescência travada em uma longa e amarga luta com seu pai pessimista. Ansiosa por alguma forma de reconciliação, por um novo começo para o relacionamento deles, esperava viajar com seu pai para a faculdade – um momento em que ficaria sozinha com ele por várias horas. Mas a tão esperada viagem provou-se um desastre: ele se comportou como sempre, reclamando sobre o riacho feio e cheio de lixo ao longo da estrada. Ela, por outro lado, não viu lixo algum no belo, rústico e intocado riacho. Como a minha paciente não encontrava jeito de responder, por fim, caiu em silêncio e os dois passaram o resto da viagem sem olhar um para o outro.

Em outro momento, ela fez a mesma viagem sozinha e ficou surpresa ao notar que havia *dois* riachos – um de cada lado da estrada. "Dessa vez eu estava dirigindo", disse ela com tristeza, "e o riacho que vi pela janela do lado do motorista era tão feio e poluído quanto meu pai tinha descrito." Quando aprendeu a olhar pela janela de seu pai, porém, já era tarde demais – seu pai estava morto e enterrado.

Essa história permaneceu comigo e, em muitas ocasiões, lembrei a mim mesmo e a meus alunos: "Olhe pela janela do outro. Tente ver o mundo como seu paciente o vê". A mulher que me contou essa história morreu pouco tempo depois, de câncer de mama, e lamento não poder contar a ela como sua história foi útil ao longo dos anos, para mim, meus alunos e muitos pacientes.

Cinquenta anos atrás, Carl Rogers identificou a "precisão empática" como uma das três características essenciais do terapeuta eficaz (juntamente com "aceitação positiva incondicional" e "autenticidade") e lançou o campo da pesquisa em psicoterapia, que acabou reunindo consideráveis evidências para apoiar a eficácia da empatia.

A terapia é aprimorada se o terapeuta entrar com precisão no mundo do paciente. Os pacientes lucram muito apenas com a experiência de serem enxergados e compreendidos por completo. Portanto, é importante que apreciemos como nosso paciente vivencia o passado, o presente e o futuro. Faço questão de verificar repetidamente minhas suposições. Por exemplo:

"Bob, quando penso em seu relacionamento com Mary, é isso que entendo. Você diz que está convencido de que você e ela são incompatíveis, que deseja muito se separar dela, que se sente entediado em sua companhia e evita passar noites inteiras com ela. No entanto, agora, quando ela fez o movimento que você queria e se afastou, você mais uma vez anseia por ela. Acho que ouvi você dizer que não quer ficar com ela, mas não suporta a ideia de ela não estar disponível quando você precisar dela. Estou certo até agora?".

A precisão empática é mais importante no domínio do presente imediato – isto é, o aqui e agora da sessão da terapia. *Tenha em mente que os pacientes veem as sessões de terapia de maneira muito diferente dos terapeutas.* Repetidas vezes, os terapeutas, mesmo os mais experientes, ficam muito surpresos ao redescobrir esse fenômeno. Não é incomum que um de meus pacientes comece uma sessão descrevendo uma intensa reação emocional a algo que ocorreu durante a sessão anterior, e eu me sinto perplexo, sem poder imaginar o que aconteceu para provocar uma reação tão poderosa.

Essas visões divergentes entre paciente e terapeuta chamaram minha atenção pela primeira vez anos atrás, quando eu estava conduzindo uma pesquisa sobre a experiência dos membros de grupos, tanto de terapia quanto os de encontro. Pedi a muitos deles que preenchessem um questionário no qual identificassem os acontecimentos críticos de cada reunião. Os ricos e variados acontecimentos descritos diferiam muito das avaliações dos líderes de seus grupos sobre os acontecimentos críticos de cada reunião, e uma diferença semelhante existia entre a seleção dos membros e líderes dos acontecimentos mais críticos para toda a experiência do grupo.

Meu próximo encontro com as diferenças nas perspectivas do paciente e do terapeuta ocorreu em um experimento informal, no qual um paciente e eu escrevemos resumos de cada sessão de terapia. A experiência tem uma história curiosa. A paciente, Ginny, era uma talentosa escritora que estava sofrendo não só de um grave bloqueio de escrita, mas também de todas as formas de expressividade. A participação de um ano em meu grupo de terapia foi relativamente improdutiva: ela revelou pouco de si mesma, deu pouco de si aos outros membros e me idealizou tanto que nenhum encontro genuíno foi possível. Então, quando Ginny teve que deixar o grupo por causa de pressões financeiras, propus um experimento incomum. Ofereci-me para encontrá-la em terapia individual com a condição de que, como pagamento, ela escrevesse um resumo livre e sem censura de cada sessão, expressando todos os sentimentos e pensamentos que não tivesse verbalizado durante os encontros. Eu, de minha parte, propus fazer exatamente o mesmo e sugeri que cada um de nós entregasse nossos relatórios semanais lacrados à minha secretária e que, a cada poucos meses, lêssemos as anotações um do outro.

Minha proposta tinha muitas serventias. Eu esperava que a tarefa de redação pudesse não apenas liberar a escrita de minha paciente, mas também encorajá-la a se expressar mais livremente na terapia. Talvez, eu esperava, ela ler minhas anotações pudesse melhorar nosso relacionamento. Eu pretendia escrever notas sem censura, revelando minhas experiências durante a sessão: meus prazeres, frustrações e distrações.

Era possível que, se Ginny pudesse me enxergar de forma mais realista, ela pudesse começar a me desidealizar e se relacionar comigo de uma forma mais humana.

(Como um aparte não pertinente a essa discussão sobre empatia, eu acrescentaria que essa experiência ocorreu em um momento em que eu estava tentando desenvolver minha voz como escritor, e minha oferta de escrever em paralelo com minha paciente também teve um motivo autointeressado: ela me proporcionou um exercício de escrita incomum e uma oportunidade de quebrar meus grilhões profissionais para, liberando minha voz, escrever tudo o que me viesse à mente de imediato depois de cada sessão.)

A troca de notas a cada poucos meses forneceu uma experiência semelhante ao efeito *Rashomon*:[3] embora tivéssemos compartilhado a sessão, nós a vivenciamos e nos recordamos dela de forma idiossincrática. Por um lado, valorizamos partes muito diferentes da sessão. Minhas interpretações elegantes e brilhantes? *Ela nem as ouviu.* Em vez disso, Ginny valorizava os pequenos atos pessoais que eu mal notava: elogiar suas roupas, aparência ou escrita, minhas desculpas desajeitadas por chegar alguns minutos atrasado, rir de sua sátira, provocá-la quando encenávamos.[4]

Todas essas experiências me ensinaram a não supor que o paciente e eu tivemos a mesma experiência na sessão. Quando os pacientes discutem sentimentos que tiveram na sessão anterior, faço questão de indagar sobre sua experiência e quase sempre aprendo algo novo e inesperado.

---

3 Em psicologia, "efeito *Rashomon*" se refere à impossibilidade de se determinar o real desenrolar de um evento devido à multiplicidade de relatos díspares. O nome do efeito vem do filme homônimo do diretor Akira Kurosawa. [N.T.]

4 Mais tarde, usei os resumos das sessões no ensino de psicoterapia e fiquei impressionado com seu valor pedagógico. Os alunos relataram que nossas anotações conjuntas assumiram as características de um romance epistolar e, por fim, em 1974, a paciente Ginny Elkin (pseudônimo) e eu as publicamos sob o título *Cada dia mais perto*. Vinte anos depois, o livro foi lançado em brochura e ganhou nova vida. Em retrospecto, o subtítulo, *Terapeuta e paciente contam sua história*, teria sido mais adequado, mas Ginny adorava a velha canção de Buddy Holly, por cuja melodia era apaixonada.

Ser empático é tão parte do discurso cotidiano – cantores populares cantam platitudes sobre estar na pele do outro – que tendemos a esquecer a complexidade do processo. É extraordinariamente difícil saber de fato o que o outro sente; com muita frequência, projetamos nossos sentimentos no outro.

Ao ensinar os alunos sobre empatia, Erich Fromm com frequência citava a declaração de Terêncio de dois mil anos atrás – "Sou humano: nada do que é humano me é estranho" – e nos exortava a estarmos abertos para aquela parte de nós mesmos que corresponde a qualquer ação ou fantasia trazidas pelos pacientes, não importa quão hedionda, violenta, lasciva, masoquista ou sádica. Se não agíssemos assim, ele sugeria que investigássemos por que escolhemos fechar essa parte de nós mesmos.

Claro, o conhecimento do passado do paciente aumenta muito nossa capacidade de olhar pela janela do paciente. Se, por exemplo, os pacientes sofreram uma longa série de perdas, eles verão o mundo através das lentes da perda. Eles podem não estar inclinados, por exemplo, a deixar você chegar muito perto por medo de sofrer mais uma perda. Portanto, a investigação do passado pode ser importante não para construir cadeias causais, mas porque nos permite ser empáticos com mais precisão.

7
Ensine empatia

A PRECISÃO EMPÁTICA É UMA característica essencial não apenas para os terapeutas, mas também para os pacientes, e *devemos ajudá-los a desenvolver empatia pelos outros*. Tenha em mente que, em geral, nossos pacientes vêm nos ver por causa de sua falta de sucesso em desenvolver e manter relacionamentos interpessoais gratificantes. Muitos fracassam em simpatizar com os sentimentos e experiências dos outros.

Acredito que o aqui e agora oferece aos terapeutas uma maneira poderosa de ajudar os pacientes a desenvolver empatia. A estratégia é direta: ajude os pacientes a sentir empatia por você e eles automaticamente farão as extrapolações necessárias para outras figuras importantes em suas vidas. É bastante comum que os terapeutas perguntem aos pacientes como uma determinada afirmação ou ação deles pode afetar os outros. Sugiro que o terapeuta se inclua nessa questão.

Quando os pacientes arriscam um palpite sobre como me sinto, geralmente me concentro nisso. Se, por exemplo, um paciente interpreta algum gesto ou comentário e diz: "Você deve estar muito cansado de me ver", ou "Sei que você sente muito por ter se envolvido comigo", ou "Minha sessão deve ser a mais desagradável do dia", farei um teste de realidade e comentarei: "Tem alguma pergunta aí para mim?".

Isso é, obviamente, um simples treinamento de habilidades sociais: eu incito o paciente a me abordar ou me questionar diretamente, e me esforço para responder de maneira direta e útil. Por exemplo, posso responder: "Você está me interpretando errado. Eu não tenho nenhum desses sentimentos. Estou satisfeito com o nosso trabalho. Você tem mostrado muita coragem, você trabalha duro, nunca perdeu uma sessão, nunca se atrasou, você se arrisca compartilhando muitas coisas íntimas comigo. Em todos os sentidos aqui, você faz o seu trabalho. Mas percebo que, sempre que você arrisca um palpite sobre como me sinto em relação a você, muitas vezes isso não combina com minha experiência interior, e o erro é sempre na mesma direção: você me vê como alguém que se incomoda, mas eu não me incomodo de jeito nenhum".

Outro exemplo:

"Eu sei que você já ouviu essa história antes, mas..." (e o paciente passa a contar uma longa história).

"Estou impressionado com a frequência com que você diz que eu já ouvi essa história antes e depois continua a contá-la."

"É um mau hábito, eu sei. Eu não entendo."

"Qual é o seu palpite sobre como me sinto ouvindo a mesma história de novo?"

"Deve ser entediante. Você provavelmente fica esperando o final da sessão – deve ficar olhando o relógio."

"Existe uma pergunta aí para mim?"

"Bem, é entediante?"

"Eu fico *mesmo* impaciente por ouvir a mesma história mais uma vez. Sinto que ela se interpõe entre nós dois, como se você não estivesse realmente falando comigo. Você estava certo sobre eu verificar o relógio. Sim, mas foi com a esperança de que, quando sua história terminasse, ainda tivéssemos tempo para fazer contato antes do final da sessão."

8
Permita-se dar importância ao paciente

HÁ MAIS DE TRINTA ANOS, ouvi as mais tristes histórias da psicoterapia. Eu estava em Londres, para um estágio de um ano na temida Clínica Tavistock, e me encontrei com um proeminente terapeuta de grupo e psicanalista britânico que, aos 70 anos, estava se aposentando e na noite anterior realizara a reunião final de um grupo de terapia de longo prazo. Os membros, muitos dos quais estavam no grupo havia mais de uma década, refletiram sobre as muitas mudanças que viram uns nos outros e todos concordaram que uma pessoa não tinha mudado nada: o terapeuta! Na realidade, disseram que ele era *exatamente* o mesmo depois de dez anos. Ele então olhou para mim e, batendo em sua mesa para reforçar suas palavras, falou em sua voz mais professoral: "Isso, meu garoto, é uma boa técnica".

Sempre fico triste ao me lembrar desse episódio. É triste pensar em estar junto com outras pessoas por tanto tempo e ainda assim nunca lhes dar importância o suficiente a ponto de ser influenciado e transformado por elas. Eu o estimulo a deixar que seus pacientes sejam importantes para você, deixá-los entrar em sua mente, influenciá-lo, modificá-lo – e não esconder isso deles.

Anos atrás, ouvi uma paciente difamando várias de suas amigas por "dormirem com qualquer um". Isso era típico: ela era extremamente crítica com todos que descrevia para mim. Eu me perguntei em voz alta sobre o impacto de seu julgamento acerca de seus amigos:

"O que você quer dizer?", ela respondeu. "O fato de eu julgar os outros tem algum impacto sobre *você*?"

"Eu acho que isso me deixa cauteloso em revelar coisas sobre mim mesmo. Se estivéssemos envolvidos como amigos, eu seria cauteloso em mostrar a você meu lado sombrio."

"Bem, esta questão parece muito preto no branco para mim. Qual é a sua opinião sobre sexo casual? Você consegue separar o sexo do amor?"

"Claro que consigo. Isso faz parte da nossa natureza humana."

"Isso me causa repulsa."

A sessão terminou desse jeito e, durante dias, senti-me inquieto com nossa interação. Comecei a sessão seguinte, portanto, contando-lhe que fora muito desconfortável pensar que ela sentia repulsa por mim. Minha paciente ficou surpresa com minha reação e me disse que eu a entendera mal: o que ela quisera dizer é que sentia repulsa pela natureza humana e pelos próprios desejos sexuais, não repulsa por mim ou por minhas palavras.

Mais tarde naquela sessão, ela voltou ao incidente e revelou que, embora se arrependesse de ser a causa de desconforto para mim, estava emocionada – e satisfeita – por ter sido importante para mim. Tal intercâmbio catalisou dramaticamente a terapia: nas sessões subsequentes ela confiou mais em mim e assumiu riscos muito maiores.

Recentemente, um de meus pacientes me enviou um e-mail:

"Eu te amo, mas também te odeio porque você vai embora, não apenas para a Argentina e Nova York e, pelo que sei, para o Tibete e Tombuctu, mas porque toda semana você sai, fecha a porta, e é provável que só sintonize no jogo de beisebol ou dê uma olhada na bolsa de valores e faça uma xícara de chá assobiando uma música alegre e não pense em mim de jeito nenhum. E por que você pensaria?"

Essa mensagem dá voz à grande pergunta que muitos pacientes não enunciam: "Você pensa em mim entre as sessões ou saio da sua vida pelo resto da semana?".

Minha experiência é que muitas vezes os pacientes não desaparecem da minha mente durante a semana, e se eu tiver reflexões desde a última sessão que possam ser úteis para eles ouvirem, eu me certifico de compartilhá-las.

Se sinto que cometi um erro na sessão, acredito que seja sempre melhor reconhecê-lo diretamente. Certa vez, uma paciente descreveu um sonho:

"Estou na minha antiga escola primária e falo com uma garotinha que está chorando e saiu correndo da sala de aula. Eu digo: 'Você deve se lembrar de que muita gente te ama e seria melhor não fugir de todas essas pessoas'."

Sugeri que ela era tanto a oradora quanto a garotinha, e que o sonho correspondia e ecoava o que tínhamos discutido em nossa última sessão. Ela respondeu: "Óbvio".

Isso me irritou: ela caracteristicamente ignorou meu comentário e, portanto, insisti em analisar sua fala: "Óbvio". Mais tarde, enquanto pensava nessa sessão insatisfatória, percebi que o problema entre nós se devia em grande parte à minha obstinada determinação de quebrar o "Óbvio" a fim de obter todo o crédito por minha percepção do sonho.

Abri a sessão seguinte reconhecendo meu comportamento imaturo, e então tivemos uma de nossas sessões mais produtivas, na qual ela revelou vários segredos importantes que guardara por muito tempo. A abertura do terapeuta gera a abertura do paciente.

Os pacientes às vezes são importantes o suficiente para entrar em meus sonhos e, se acredito que isso facilitará de alguma forma a terapia, não hesito em compartilhar o sonho. Certa vez, sonhei que encontrei uma paciente em um aeroporto e tentei abraçá-la, mas fui impedido pela grande bolsa que ela segurava. Eu lhe relatei o sonho e o relacionei com nossa discussão em nossa sessão anterior sobre a "bagagem" que ela trouxe para seu relacionamento comigo – ou seja, seus sentimentos fortes e ambivalentes em relação ao pai. Ela ficou comovida por eu compartilhar o sonho e reconheceu a lógica da conexão entre mim e seu pai, mas sugeriu outro significado convincente para o sonho – a saber, que o sonho expressa meu arrependimento por nosso contrato profissional (simbolizado pela bolsa, um recipiente para dinheiro, ou seja, os honorários da terapia) impedir um relacionamento totalmente consumado. Eu não pude negar que sua interpretação fazia sentido e que refletia sentimentos escondidos em algum lugar dentro de mim.

9
Reconheça seus erros

Foi o analista D. W. Winnicott que certa vez fez a observação incisiva de que a diferença entre boas e más mães não é o *cometimento* de erros, *mas o que elas fazem com esses erros.*

Eu atendi uma paciente que tinha deixado seu terapeuta anterior pelo que pode parecer uma razão trivial. No terceiro encontro, ela chorou copiosamente e, ao tentar pegar o lenço de papel, encontrou a caixa vazia. O terapeuta então começou a procurar em vão em seu consultório por um lenço, até por fim correr ao banheiro e voltar com um punhado de papel higiênico. Na sessão seguinte ela comentou que o incidente deve ter sido embaraçoso para ele, ao que ele negou qualquer embaraço. Quanto mais pressionava, mais ele se esquivava e voltava às perguntas: por que ela persistia em duvidar de sua resposta? Por fim, ela concluiu (com razão, pareceu-me) que ele não tinha lidado com ela de maneira autêntica e decidiu que não podia confiar nele para o longo trabalho que tinha pela frente.

Um exemplo de erro reconhecido: uma paciente que tinha sofrido muitas perdas anteriores e lidava com a perda iminente de seu marido, que estava morrendo de um tumor cerebral, certa vez me perguntou se eu pensava nela entre as sessões. Respondi: "Muitas vezes penso na sua situação". Resposta errada! Minhas palavras a ultrajaram. "Como você pode dizer isso?", ela perguntou. "Você, que deveria ajudar – você, que me pede para compartilhar meus sentimentos pessoais mais íntimos.

Essas palavras reforçam meu medo de que eu não tenha um eu – de que todos pensem na minha *situação* e ninguém pense em mim." Mais tarde, ela acrescentou que não apenas ela não tem um eu, mas que também evitei trazer meu eu para minhas reuniões com ela.

Refleti sobre suas palavras durante a semana seguinte e, concluindo que ela estava absolutamente correta, comecei a sessão seguinte confessando meu erro e pedindo-lhe que me ajudasse a identificar e compreender meus pontos cegos nesse assunto. (Há muitos anos li um artigo de Sándor Ferenczi (1873-1933), um talentoso analista, no qual ele relatava ter dito a um paciente: "Talvez você possa me ajudar a localizar alguns dos meus pontos cegos". Aquilo alojou-se em minha mente e muitas vezes o utilizo em meu trabalho clínico.)

Juntos, olhamos para meu alarme com a profundidade de sua angústia e meu profundo desejo de encontrar uma maneira, *qualquer* coisa além de um abraço, para confortá-la. Talvez, sugeri, eu estivesse me afastando dela nas sessões recentes por causa da preocupação de ter sido muito sedutor ao prometer muito mais alívio do que jamais seria capaz de oferecer. Achei que esse era o contexto de minha declaração impessoal sobre a "situação" dela. Teria sido muito melhor, eu disse a ela, simplesmente ter sido sincero sobre meu desejo de consolá-la e minha confusão sobre como proceder.

Se cometer um erro, admita. Qualquer tentativa de disfarce acabará saindo pela culatra. Em algum nível, o paciente sentirá que você está agindo de má-fé e o tratamento sofrerá as consequências. Além disso, a admissão aberta de um erro é um bom modelo para os pacientes e outro sinal de que eles são importantes para você.

10
Crie uma terapia nova para cada paciente

HÁ UM GRANDE PARADOXO inerente a muitas pesquisas contemporâneas em psicoterapia. Pelo fato de os pesquisadores terem uma necessidade legítima de comparar uma forma de tratamento com outra (farmacológica ou outro tipo de psicoterapia), eles devem oferecer uma terapia "padronizada", ou seja, uma terapia uniforme para todos os participantes do projeto e que no futuro poderá ser replicada por outros pesquisadores e terapeutas. (Em outras palavras, os mesmos padrões usados para testar os efeitos de um agente farmacológico: ou seja, que todos os indivíduos recebam a mesma pureza e potência de um medicamento e que exatamente o mesmo medicamento estará disponível para futuros pacientes.) *E, ainda assim, esse próprio ato de padronização torna a terapia menos verdadeira e menos eficaz.* Junte esse problema ao fato de que muitas pesquisas em psicoterapia usam terapeutas inexperientes ou estudantes, e não é difícil entender por que essas pesquisa têm, na melhor das hipóteses, uma conexão muito tênue com a realidade.

Considere a tarefa de terapeutas experientes. Eles devem estabelecer um relacionamento com o paciente caracterizado por congruência, aceitação positiva incondicional e espontaneidade. Eles incitam os pacientes a começar cada sessão com seu "ponto de urgência" (como disse Melanie Klein) e a explorar cada vez mais profundamente suas questões importantes à medida que se desenrolam no momento do encontro. Quais questões? Talvez algum sentimento sobre o terapeuta. Ou algo que pode ter surgido como resultado da sessão anterior ou dos sonhos da noite anterior à sessão. O que quero dizer é que a terapia é espontânea, o relacionamento é dinâmico e está em constante evolução, e há uma sequência contínua de vivenciar e depois examinar o processo.

Em sua essência, o fluxo da terapia deve ser espontâneo, sempre seguindo leitos de rios imprevistos; isso é grotescamente distorcido ao ser empacotado em uma fórmula que permite que terapeutas (ou computadores) inexperientes e treinados de modo inadequado apliquem um curso uniforme de terapia. Uma das verdadeiras abominações geradas pelo movimento da saúde planificada é se apoiar cada vez mais na terapia de protocolo, na qual os terapeutas são obrigados a aderir a uma sequência prescrita, uma programação de tópicos e exercícios a serem seguidos a cada semana.

Em sua autobiografia, Jung descreve sua apreciação da singularidade do mundo interior e da linguagem de cada paciente, uma singularidade que exige que o terapeuta invente uma nova linguagem terapêutica para cada um. Talvez eu esteja exagerando, mas acredito que a atual crise na psicoterapia é tão séria e a espontaneidade do terapeuta está tão ameaçada que uma correção radical é necessária. Precisamos ir ainda mais longe: *o terapeuta deve se esforçar para criar uma nova terapia para cada paciente.*

Os terapeutas devem transmitir ao paciente que sua tarefa primordial é construir um relacionamento em conjunto que se tornará o agente da mudança. É extremamente difícil ensinar essa habilidade em um curso intensivo usando um protocolo. Acima de tudo, o terapeuta deve estar preparado para ir aonde o paciente for, fazer o necessário para continuar construindo confiança e segurança na relação. Para encontrar a melhor maneira de trabalhar, tento adaptar a terapia para cada paciente, e considero o processo de moldar a terapia não o começo ou o prelúdio, mas a essência do trabalho. Essas observações têm relevância mesmo para pacientes em terapia breve, mas dizem respeito sobretudo à terapia com pacientes em posição de poder pagar (ou se qualificar para) terapia de prazo indefinido.

Tento evitar técnicas pré-fabricadas e me saio melhor quando permito que minhas escolhas fluam espontaneamente com base nas demandas da situação clínica imediata. Acredito que a "técnica" é facilitadora quando emana do encontro único do terapeuta com o paciente. Sempre que sugiro alguma intervenção aos meus supervisionados, muitas vezes eles tentam enfiá-la na próxima sessão, o que sempre falha. Por isso, aprendi a começar meus comentários com: "*Não tente fazer isso em sua próxima sessão*, mas nessa situação eu poderia ter dito algo como...". A ideia é que todo o percurso da terapia consiste em pequenas e grandes respostas ou técnicas geradas espontaneamente, impossíveis de programar com antecedência.

É claro que a técnica tem um significado diferente para o novato e para o especialista. A pessoa precisa de técnica para aprender a tocar piano, mas finalmente, para fazer música, deve transcender a técnica aprendida e confiar em seus movimentos espontâneos.

Por exemplo, uma paciente que tinha sofrido uma série de perdas dolorosas apareceu um dia em sua sessão em grande desespero, tendo acabado de saber da morte de seu pai. Ela já estava tão aflita com a morte do marido, alguns meses antes, que não conseguia nem pensar em ir para a casa dos pais para o funeral e ver o túmulo de seu pai ao lado do túmulo de seu irmão, falecido jovem. Tampouco, por outro lado, poderia lidar com a culpa de *não* comparecer ao funeral do próprio pai. Em geral, era uma pessoa extraordinariamente engenhosa e eficaz, que costumava criticar a mim e aos outros por tentar "consertar" as coisas para ela. Mas agora ela precisava de algo de mim – algo tangível, que a absolvesse. Respondi instruindo-a a não ir ao funeral ("ordens médicas", coloquei). Em vez disso, marquei nosso próximo encontro na hora exata do funeral e o dediquei por completo às reminiscências de seu pai. Dois anos depois, ao encerrar a terapia, ela descreveu como essa sessão fora útil.

Outra paciente sentiu-se tão sobrecarregada com o estresse em sua vida que durante uma sessão mal conseguia falar, mas se abraçava e se balançava suavemente. Senti um forte desejo de confortá-la, abraçá-la e dizer-lhe que tudo ficaria bem. Descartei a ideia de um abraço – ela tinha sido abusada sexualmente por um padrasto e eu tinha que estar atento para manter a sensação de segurança de nosso relacionamento. Em vez disso, no final da sessão, por impulso eu me ofereci para mudar o horário da próxima sessão a fim de torná-la mais conveniente para ela. Normalmente ela tinha que faltar ao trabalho para me visitar e dessa vez me ofereci para vê-la antes do trabalho, de manhã cedo.

A intervenção não forneceu o conforto que eu esperava, mas ainda assim se mostrou útil. Lembre-se do princípio fundamental da terapia de que tudo o que acontece joga água no moinho. Nesse caso, a paciente sentiu-se desconfiada e ameaçada por minha oferta. Ela estava convencida de que eu de fato não queria me encontrar com ela, que nossas sessões eram o ponto baixo da minha semana e que eu estava mudando seu horário de consulta para minha conveniência, não dela. Isso nos levou ao território fértil de seu autodesprezo e da projeção de seu ódio por si mesma em mim.

11

O ato terapêutico, não a palavra terapêutica

APROVEITE AS OPORTUNIDADES para aprender com os pacientes. Faça questão de perguntar frequentemente ao paciente qual é a visão dele sobre o que é útil no processo de terapia. Antes, eu destaquei que os terapeutas e pacientes muitas vezes não concordam em suas conclusões sobre os aspectos úteis da terapia. Em geral, a visão dos pacientes sobre eventos úteis na terapia é relacional, muitas vezes envolvendo algum ato do terapeuta que se estendeu para fora do quadro da terapia ou algum exemplo palpável da consistência e presença do terapeuta. Por exemplo, um paciente citou minha disposição de manter a sessão mesmo depois que ele me informou por telefone que estava com gripe. (Um pouco antes, seu terapeuta de casais, temendo o contágio, interrompeu uma sessão quando ele começou a espirrar e tossir.) Outra paciente, que estava convencida de que eu a abandonaria por causa de sua raiva crônica, disse-me no final da terapia que minha intervenção mais útil foi estabelecer uma regra para agendar uma sessão extra automaticamente sempre que ela tivesse explosões de raiva em relação a mim.

Em outro relato de fim de terapia, uma paciente citou um episódio no qual, em uma sessão pouco antes de eu sair de viagem, ela me entregou uma história que tinha escrito e eu lhe enviei um bilhete para dizer como eu tinha gostado da escrita dela. A carta era uma evidência concreta de meu carinho e ela com frequência a procurava para obter apoio durante minha ausência. Uma breve ligação para verificar como está um paciente altamente angustiado ou suicida leva pouco tempo e é muito significativo para o paciente. Uma paciente, uma ladra compulsiva que já tinha cumprido pena de prisão, disse-me que o gesto mais importante em um longo curso de terapia foi um telefonema de apoio que fiz quando estava fora da cidade durante a temporada de compras de Natal – época em que ela muitas vezes ficava fora de controle. Ela sentiu que não poderia ser tão ingrata a ponto de roubar quando eu tinha me esforçado para demonstrar minha preocupação. Se os terapeutas tiverem a preocupação de promover a dependência, podem pedir ao paciente que participe da elaboração de uma estratégia para apoiá-los melhor durante os períodos críticos.

Em outra ocasião, a mesma paciente cometia furtos em lojas de modo compulsivo, mas mudara tanto seu comportamento que agora roubava itens baratos – por exemplo, barras de chocolate ou cigarros. Sua justificativa para roubar era, como sempre, que ela precisava ajudar a equilibrar o orçamento familiar. Essa crença era patentemente irracional: por um lado, ela era rica (mas se recusava a se familiarizar com as propriedades do marido), por outro, a quantia que economizava roubando era insignificante.

"O que posso fazer para ajudá-la agora?", perguntei. "Como posso ajudá-la a superar a sensação de ser pobre?" "Poderíamos começar com você me dando algum dinheiro", ela disse, maliciosamente. Ato contínuo, peguei minha carteira e dei a ela cinquenta dólares em um envelope com instruções para pegar dali o valor do item que ela estava prestes a roubar. Em outras palavras, ela deveria roubar de mim, e não do lojista. A intervenção permitiu que interrompesse a farra compulsiva que tomara conta dela e, um mês depois, ela me devolveu os cinquenta dólares. A partir daí, passamos a nos referir com frequência ao episódio sempre que ela usava a pobreza como explicação.

Um colega me contou que uma vez tratou de uma dançarina que lhe disse, no final da terapia, que o ato mais significativo da terapia foi ele assistir a um de seus espetáculos de dança. Outra paciente, ao final da terapia, citou minha vontade de realizar a auraterapia. Adepta dos conceitos da Nova Era, ela um dia entrou em meu consultório convencida de que estava passando mal por causa de uma ruptura em sua aura. Ela deitou no meu tapete e eu segui suas instruções e tentei curar a ruptura passando minhas mãos da cabeça aos pés alguns centímetros acima de seu corpo. Muitas vezes expressei ceticismo sobre várias abordagens da Nova Era e ela considerou minha concordância em atender seu pedido como um sinal de respeito amoroso.

12
Faça terapia pessoal

EM MINHA OPINIÃO, a psicoterapia pessoal é, de longe, a parte mais importante do treinamento em psicoterapia. Pergunta: qual é o instrumento mais valioso do terapeuta? Resposta (ninguém erra essa): o *self* do terapeuta. Ao longo deste texto, discutirei de várias perspectivas a lógica e a técnica do uso do *self* pelo terapeuta. Deixe-me começar simplesmente afirmando que os terapeutas devem mostrar o caminho aos pacientes por meio de modelos pessoais. Devemos demonstrar nossa disposição de entrar em profunda intimidade com nosso paciente, um processo que exige que sejamos peritos em garimpar a melhor fonte de dados confiáveis sobre nosso paciente: nossos sentimentos.

Os terapeutas devem estar familiarizados com o próprio lado sombrio e ser capazes de sentir empatia por todos os desejos e impulsos humanos. Uma experiência de terapia pessoal permite que o estudante de terapia experimente muitos aspectos do processo terapêutico desde o assento do paciente: a tendência de idealizar o terapeuta, o anseio por dependência, a gratidão por um ouvinte cuidadoso e atento, o poder concedido ao terapeuta. Jovens terapeutas devem trabalhar com suas questões neuróticas; eles devem aprender a aceitar feedback, descobrir os próprios pontos cegos e se enxergar como os outros os enxergam; eles devem avaliar seu impacto sobre os outros e aprender como fornecer um feedback preciso. Por fim, a psicoterapia é um empreendimento psicologicamente exigente, e os terapeutas devem desenvolver consciência e força interior para lidar com os muitos riscos ocupacionais inerentes a ela.

Muitos programas de treinamento insistem que os alunos façam um curso de psicoterapia pessoal: por exemplo, na Califórnia, algumas escolas de pós-graduação em Psicologia agora exigem de dezesseis a trinta horas de terapia individual. É um bom começo, mas só um começo. A autoexploração é um processo que dura toda a vida, e recomendo que a terapia seja tão profunda e prolongada quanto possível – e que o terapeuta inicie a terapia em vários estágios diferentes da vida.

Minha odisseia de terapia, ao longo de meus 45 anos de carreira, é a seguinte: uma psicanálise freudiana ortodoxa de 750 horas, cinco vezes por semana, em minha residência psiquiátrica (com um analista em treinamento na conservadora Baltimore Washington School), um ano de análise com Charles Rycroft (um analista do British Psychoanalytic Institute), dois anos com Pat Baumgartner (uma Gestalt-terapeuta), três anos de psicoterapia com Rollo May (um analista de orientação interpessoal e existencial do William Alanson White Institute), e vários períodos mais curtos com terapeutas de uma variedade de disciplinas, incluindo terapia comportamental, bioenergética, Rolfing, terapia de casais, dez anos (e contando) em um grupo de apoio de terapeutas masculinos, e, na década de 1960, grupos de encontro de uma miríade de sabores, incluindo um grupo de maratona nua.

Observe dois aspectos dessa lista. Em primeiro lugar, a *diversidade de abordagens*. É importante para o jovem terapeuta evitar o sectarismo e fazer uma avaliação dos pontos fortes de todas as abordagens terapêuticas variadas. Embora os alunos possam ter de sacrificar a certeza que acompanha a ortodoxia, eles obtêm algo muito precioso: uma maior apreciação da complexidade e da incerteza subjacentes ao empreendimento terapêutico.

Acredito que não exista melhor maneira de aprender sobre uma abordagem psicoterapêutica do que entrar nela como paciente. Portanto, considerei um período de desconforto em minha vida como uma oportunidade educacional para explorar o que várias abordagens têm a oferecer. É claro que o tipo específico de desconforto deve se adequar ao método; por exemplo, a terapia comportamental é mais adequada para tratar um sintoma específico – por isso, recorri a um behaviorista para me ajudar com a insônia, que ocorria quando viajava para dar palestras ou workshops.

Em segundo lugar, entrei na terapia *em muitos estágios diferentes da minha vida*. Apesar de um excelente e extenso curso de terapia no início da carreira, um conjunto diferente de questões pode surgir em diferentes momentos do ciclo de vida. Foi apenas quando comecei a trabalhar extensivamente com pacientes no fim da vida (na minha quarta década) que experimentei uma considerável e explícita ansiedade com a morte. Ninguém gosta de ansiedade – decerto eu não –, mas gostei da oportunidade de explorar esse domínio interior com um bom terapeuta. Além disso, na época eu estava escrevendo um livro, *Existential Psychotherapy*, e sabia que uma profunda exploração pessoal ampliaria meu conhecimento das questões existenciais. E assim comecei um curso de terapia frutífero e esclarecedor com Rollo May.

Muitos programas de treinamento oferecem, como parte do currículo, um grupo de treinamento experimental – ou seja, um grupo que se concentra no próprio processo. Esses grupos têm muito a ensinar, embora muitas vezes provoquem ansiedade nos participantes (e também não são fáceis para os líderes – eles precisam controlar a competitividade dos alunos e seus complexos relacionamentos fora do grupo). Acredito que um jovem psicoterapeuta geralmente lucra ainda mais com um grupo experiencial "estranho" ou, melhor ainda, com um grupo de psicoterapia contínua de alto desempenho. Apenas sendo membro de um grupo pode-se de fato presenciar fenômenos como a pressão do grupo, o alívio da catarse, o poder inerente ao papel de líder do grupo, o processo doloroso, mas valioso, de obter feedback válido sobre a apresentação interpessoal de alguém. Por último, se você tiver a sorte de estar em um grupo coeso e trabalhador, garanto-lhe que nunca o esquecerá e se esforçará para fornecer essa experiência de grupo terapêutico para seus futuros pacientes.

13
O terapeuta tem muitos pacientes; o paciente, um terapeuta

Há momentos em que meus pacientes lamentam a desigualdade da situação da psicoterapia. Eles pensam em mim muito mais do que eu penso neles. Eu pareço muito maior em suas vidas do que eles na minha. Se os pacientes pudessem fazer qualquer pergunta que desejassem, tenho certeza de que, para muitos, essa pergunta seria: você pensa em mim em algum momento?

Existem muitas maneiras de lidar com essa situação. Uma delas é ter em mente que, embora a desigualdade possa ser irritante para muitos pacientes, ela é ao mesmo tempo importante e necessária. *Queremos* crescer na mente do paciente. Freud uma vez apontou que é importante para o terapeuta ter um tamanho tão grande na mente do paciente que as interações entre o paciente e o terapeuta começam a influenciar o curso da sintomatologia do paciente (ou seja, a psiconeurose é gradualmente substituída por uma neurose de transferência). Queremos que a sessão de terapia seja um dos eventos mais importantes na vida do paciente.

Embora não seja nosso objetivo acabar com todos os poderosos sentimentos em relação ao terapeuta, há momentos em que os sentimentos de transferência são muito disfóricos, momentos em que o paciente fica tão atormentado por sentimentos sobre o terapeuta que alguma descompressão é necessária. Costumo aumentar o teste de realidade comentando sobre a crueldade inerente à situação terapêutica – a natureza básica do arranjo determina que o paciente pense mais no terapeuta do que vice-versa: *o paciente tem apenas um terapeuta, enquanto o terapeuta tem muitos pacientes*. Muitas vezes acho útil a analogia do professor e saliento que o professor tem muitos alunos, mas os alunos têm apenas um professor e, *é claro*, os alunos pensam mais no professor do que ele neles. Se o paciente tem alguma experiência de ensino, isso pode ser particularmente relevante. Outras profissões relevantes – por exemplo, médico, enfermeiro, supervisor – também podem ser citadas.

Outro auxílio que tenho usado com frequência é referir-me à minha experiência pessoal como paciente de psicoterapia, dizendo algo como: "Sei que parece injusto e desigual que você pense mais em mim do que eu em você, que você continue tendo longas conversas mentais comigo entre as sessões, sabendo que não falo da mesma forma em fantasia com você. Mas essa é a natureza do processo. Tive exatamente a mesma experiência durante meu tempo na terapia, quando me sentei na cadeira do paciente e desejei que meu terapeuta pensasse mais em mim".

14
O aqui e agora: use-o, use-o, use-o

O AQUI E AGORA É A PRINCIPAL FONTE de poder terapêutico, a recompensa da terapia, o melhor amigo do terapeuta (e, portanto, do paciente). É tão vital para uma terapia eficaz que o discutirei mais extensivamente do que qualquer outro tópico.

O aqui e agora refere-se aos eventos imediatos da sessão terapêutica, ao que está acontecendo *aqui* (neste consultório, neste relacionamento, no *interstício* – o espaço entre eu e você) e *agora*, nesta sessão imediata. É basicamente uma abordagem a-histórica que *tira a ênfase* (mas *não nega a importância*) do passado histórico do paciente ou dos eventos de sua vida externa.

15
Por que usar o aqui e agora?

A JUSTIFICATIVA PARA USAR o aqui e agora repousa sobre algumas suposições básicas: (1) a importância das relações interpessoais e (2) a ideia de terapia como um microcosmo social.

Para o cientista social e o terapeuta contemporâneo, inter-relacionamentos pessoais são tão óbvia e monumentalmente importantes que insistir no assunto é correr o risco de pregar para os convertidos. Basta dizer que, apesar de nossa perspectiva profissional – quer estudemos nossos parentes primatas não humanos, culturas primitivas, quer analisemos a história de desenvolvimento do indivíduo ou os padrões de vida atuais –, é evidente que somos criaturas intrinsecamente sociais. Ao longo da vida, nosso ambiente interpessoal circundante – colegas, amigos, professores e também a família – exerce enorme influência sobre o tipo de indivíduo que nos tornamos. Nossa autoimagem é formulada em grande parte com base no que enxergamos das avaliações refletidas nos olhos de figuras importantes em nossa vida.

Além disso, a grande maioria dos indivíduos que procuram terapia tem problemas fundamentais em seus relacionamentos; em geral, as pessoas caem em desespero por causa de sua incapacidade de formar e manter relacionamentos interpessoais duradouros e gratificantes. A psicoterapia baseada no modelo interpessoal visa remover os obstáculos aos relacionamentos satisfatórios.

O segundo postulado – que a terapia é um microcosmo social – significa que em algum momento (desde que não estruturemos a coisa de maneira muito pesada) *os problemas interpessoais do paciente se manifestarão no aqui e agora da relação terapêutica*. Se, em sua vida, o paciente é exigente, medroso, arrogante, modesto, sedutor, controlador, crítico ou mal adaptado interpessoalmente de qualquer outra forma, então esses traços entrarão no relacionamento do paciente com o terapeuta. Mais uma vez, essa abordagem é a-histórica: há pouca necessidade de uma extensa anamnese para apreender a natureza dos padrões desadaptativos, *porque em breve eles serão exibidos vivamente no aqui e agora da sessão de terapia*.

Para resumir, a justificativa para usar o aqui e agora é que os problemas humanos são em grande parte relacionais e que os problemas interpessoais de um indivíduo acabarão se manifestando no aqui e agora do encontro terapêutico.

16
Usando o aqui e agora – tenha ouvidos atentos

Um dos primeiros passos na terapia é identificar no aqui e agora os equivalentes dos problemas interpessoais de seu paciente. Uma parte essencial do seu treinamento é aprender a se concentrar no aqui e agora. *Você deve ter ouvidos bem atentos.* Os eventos ordinários de cada sessão de terapia são ricos em dados: considere como os pacientes o cumprimentam, sentam-se, inspecionam ou deixam de inspecionar seus arredores, começam e terminam a sessão, contam sua história, se relacionam com você.

Meu consultório fica em um chalé separado da minha casa por trinta metros de um caminho sinuoso pelo jardim. Como todo paciente segue o mesmo caminho, ao longo dos anos acumulei muitos dados de comparação. A maioria dos pacientes comenta sobre o jardim – a profusão de felpudas flores de lavanda; a fragrância doce e pesada das glicínias; a exuberância de roxo, rosa, coral e carmesim –, mas alguns não. Um homem nunca deixou de fazer algum comentário negativo: a lama no caminho, a necessidade de grades de proteção na chuva ou o som de sopradores de folhas de uma casa vizinha. Dou a todos os pacientes as mesmas instruções para chegar ao meu consultório na primeira visita: desça a rua X por oitocentos metros depois da rua Y, vire à direita na avenida Z, onde há uma placa para o Fresca (um atraente restaurante local) na esquina. Alguns pacientes comentam sobre as orientações, outros não. Um paciente em particular (o mesmo que reclamava do caminho lamacento) me confrontou em uma sessão inicial: "Por que você escolheu o Fresca como seu ponto de referência, em vez do Taco Tio?". (O Taco Tio é uma monstruosidade de *fast food* mexicana na esquina oposta.)

Para cultivar ouvidos atentos, tenha em mente este princípio: *um estímulo, muitas reações*. Se os indivíduos forem expostos a um estímulo complexo comum, é provável que tenham respostas muito diferentes. Esse fenômeno é evidente na terapia de grupo, na qual os membros do grupo experimentam simultaneamente o mesmo estímulo – por exemplo, o choro de um membro, alguém chegando atrasado ou um confronto com o terapeuta – e ainda assim cada um deles tem uma resposta muito diferente ao evento.

Por que isso acontece? Só há uma explicação possível: *cada indivíduo tem um mundo interno diferente, e o estímulo tem um significado diferente para cada um*. Na terapia individual, o mesmo princípio prevalece, apenas os eventos ocorrem sequencialmente, e não simultaneamente (ou seja, muitos pacientes de um terapeuta são, ao longo do tempo, expostos ao mesmo estímulo. A terapia é como um teste de Rorschach vivo – os pacientes projetam nela percepções, atitudes e significados do próprio inconsciente).

Desenvolvo certas expectativas básicas porque todos os meus pacientes encontram a mesma pessoa (supondo que eu seja razoavelmente estável), recebem as mesmas instruções para chegar ao meu consultório, percorrem o mesmo caminho para chegar lá, entram na mesma sala com os mesmos móveis. Assim, a resposta idiossincrática do paciente é muito informativa – uma *via regia* que permite que você entenda o mundo interior do paciente.

Quando a trava da minha porta de tela quebrou, impedindo que ela se fechasse perfeitamente, meus pacientes reagiram de várias maneiras. Uma paciente passava muito tempo mexendo nela e toda semana se desculpava por isso, como se a tivesse quebrado. Muitos a ignoraram, enquanto outros nunca deixaram de apontar o defeito e sugerir que eu deveria consertá-lo. Alguns se perguntaram por que eu demorava tanto.

Mesmo a prosaica caixa de lenços pode ser uma rica fonte de dados. Uma paciente se desculpou por mover ligeiramente a caixa ao extrair um lenço de papel. Outro se recusou a pegar o último lenço da caixa. Outra não me deixou entregar um a ela, afirmando que conseguia pegar sozinha. Certa vez, quando não pude repor uma caixa vazia, um paciente brincou sobre isso durante semanas ("Então você se lembrou desta vez!", ou "Uma caixa nova! Você deve estar esperando uma sessão pesada hoje"). Outro me trouxe de presente duas caixas de lenços.

A maioria dos meus pacientes leu alguns dos meus livros, e suas respostas aos meus escritos constituem uma rica fonte de material. Alguns ficam intimidados por eu ter escrito tanto. Outros expressam preocupação de que não serão interessantes para mim. Um paciente me disse que leu um livro meu aos poucos na livraria e não quis comprar, pois "já tinha feito uma doação no consultório". Outros, que presumem uma economia de escassez, odeiam os livros porque minhas descrições de relacionamentos próximos com outros pacientes sugerem que restará pouco amor para eles.

Além das respostas ao ambiente do consultório, os terapeutas têm uma variedade de outros pontos de referência padrão (por exemplo, início e fim de horário, pagamento de contas) que geram dados comparativos. E, claro, há o instrumento mais elegante e complexo de todos – o Stradivarius da prática da psicoterapia –, o *self* do terapeuta. Terei muito mais a dizer sobre o uso e o cuidado com esse instrumento.

17
Buscando equivalentes no aqui e agora

O QUE O TERAPEUTA DEVE fazer quando um paciente traz à tona uma questão envolvendo alguma interação infeliz com outra pessoa? Geralmente os terapeutas exploram a situação em grande profundidade e tentam ajudar o paciente a entender seu papel na situação, explorando opções de comportamentos alternativos, investigando motivações inconscientes, adivinhando as motivações da outra pessoa e buscando padrões – isto é, situações semelhantes que o paciente criou no passado. Essa estratégia consagrada pelo tempo tem limitações: não apenas o trabalho é passível de ser intelectualizado, mas também muitas vezes é baseado em dados imprecisos fornecidos pelo paciente.

O aqui e agora oferece uma maneira muito melhor de trabalhar. A estratégia geral é encontrar um *equivalente no aqui e agora* da interação disfuncional. Fazendo isso, o trabalho se torna muito mais preciso e imediato. Alguns exemplos:

Keith e os rancores permanentes

Keith, um paciente de longa data e psicoterapeuta praticante, relatou uma interação altamente cáustica com seu filho adulto. O filho, pela primeira vez, decidira tomar as providências para a viagem anual de pesca e acampamento da família. Embora satisfeito com a maturidade de seu filho e por ter sido aliviado do fardo, Keith não conseguiu abrir mão do controle e, quando tentou anular o planejamento do filho, insistindo vigorosamente em uma data um pouco anterior e em um local diferente, seu filho explodiu, chamando o pai de intrusivo e controlador. Keith ficou arrasado e convencido de que tinha perdido para sempre o amor e o respeito de seu filho.

Quais são minhas tarefas nesta situação? Uma de longo alcance, à qual voltaríamos no futuro, era explorar a incapacidade de Keith de abrir mão do controle. Uma tarefa mais imediata era oferecer algum conforto imediato e ajudar Keith a restabelecer o equilíbrio. Procurei ajudar Keith a ganhar perspectiva para que ele pudesse entender que esse contratempo foi apenas um episódio passageiro no horizonte de uma vida inteira de interações amorosas com seu filho. Achei ineficiente analisar com grande e infinita profundidade esse episódio entre Keith e seu filho, que eu nunca conheci e cujos verdadeiros sentimentos eu só podia imaginar. Muito melhor, pensei, seria identificar e trabalhar com um equivalente no aqui e agora do evento perturbador.

Mas que evento do aqui e agora? É aí que ouvidos atentos são necessários. Por acaso, eu tinha indicado recentemente a Keith um paciente que, depois de algumas sessões com ele, não retornou. Keith experimentara grande ansiedade por perder esse paciente e sofreu por um longo tempo até, na sessão anterior, "confessar" a perda. Keith estava convencido de que eu o julgaria com severidade, que não o perdoaria por falhar e que nunca mais o indicaria para outro paciente. Observe a equivalência simbólica desses dois eventos: nos dois, Keith presumiu que um único ato o mancharia para sempre aos olhos de alguém que ele estimava.

Escolhi seguir o episódio do aqui e agora por causa de seu maior imediatismo e precisão. Eu era o alvo da apreensão de Keith e podia examinar meus sentimentos, em vez de me limitar a conjecturar sobre como seu filho se sentia. Eu disse que ele estava me interpretando mal, que eu não tinha dúvidas sobre sua sensibilidade e compaixão e tinha certeza de que ele fazia um excelente trabalho clínico. Era impensável para mim ignorar toda a minha longa experiência com ele com base neste único episódio, e eu disse que no futuro iria encaminhar a ele outros pacientes. Em última análise, tenho certeza de que esse trabalho terapêutico no aqui e agora foi muito mais poderoso do que uma investigação "ali e então" da crise por causa do acampamento, e que ele se lembraria de nosso encontro muito tempo depois de ter esquecido qualquer análise intelectual do episódio com seu filho.

Alice e a grosseria

Alice, uma viúva de 60 anos em uma busca desesperada por outro marido, queixou-se de uma série de relacionamentos fracassados com homens que muitas vezes desapareciam sem explicação de sua vida. Em nosso terceiro mês de terapia, ela fez um cruzeiro com seu último namorado, Morris, que expressou seu desgosto por ela pechinchar preços, furar filas descaradamente e correr para os melhores lugares nos ônibus de turismo. Depois da viagem, Morris desapareceu e se recusou a retornar suas ligações.

Em vez de embarcar em uma análise de seu relacionamento com Morris, voltei-me para meu relacionamento com Alice. Eu tinha consciência de que eu também queria terminar e tinha fantasias prazerosas nas quais ela anunciava que tinha decidido largar a terapia. Embora ela tenha negociado impetuosamente (e com sucesso) um valor mais baixo, continuou a me dizer como era injusto que eu cobrasse tanto dela. Nunca deixou de fazer algum comentário sobre o valor – se eu tinha feito por merecer naquele dia ou sobre minha relutância em cobrar ainda menos por ela ser idosa. Além disso, pressionava por um tempo extra, levantando questões urgentes quando a sessão estava prestes a terminar ou me dando coisas para ler ("quando você preferir", como ela dizia) – seus sonhos, artigos sobre viuvez, diários terapêuticos ou a falácia das crenças de Freud. No geral, era indelicada e, assim como fizera com Morris, transformou nosso relacionamento em algo grosseiro. Eu sabia que essa realidade do aqui e agora era o que precisávamos trabalhar, e uma exploração gentil de como ela tinha endurecido seu relacionamento comigo provou ser tão útil que, meses depois, alguns senhores idosos muito surpresos receberam seus telefonemas de desculpas.

Mildred e a falta de presença

Mildred havia sofrido abuso sexual quando criança e tinha tanta dificuldade em seu relacionamento físico com o marido que seu casamento estava em perigo. Assim que seu marido a tocava sexualmente, ela começava a reviver eventos traumáticos do passado. Esse paradigma tornou muito difícil trabalhar em seu relacionamento com o marido porque exigia que ela primeiro se libertasse do passado – um processo assustador.

Ao examinar o relacionamento aqui e agora entre nós dois, pude perceber muitas semelhanças entre o modo como ela se relacionava comigo e o modo como ela se relacionava com o marido. Muitas vezes me senti ignorado nas sessões. Embora ela fosse uma contadora de histórias cativante e tivesse a capacidade de me entreter longamente, achei difícil estar "presente" com ela – isto é, ligado, engajado, próximo a ela, com algum senso de reciprocidade. Ela divagava, nunca me perguntava sobre mim, parecia ter pouco senso ou curiosidade sobre minha experiência, nunca estava "lá", se relacionando comigo. Aos poucos, conforme eu persistia em focar no "interstício" de nosso relacionamento e na extensão de sua ausência e como eu me sentia excluído por ela, Mildred começou a avaliar sobre até que ponto exilava o marido e, um dia, começou uma sessão dizendo: "Por algum motivo, não sei por que, acabei de fazer uma grande descoberta: nunca olho nos olhos de meu marido quando fazemos sexo".

Albert e a raiva encoberta

Albert, que se deslocava por mais de uma hora até meu consultório, costumava entrar em pânico quando se sentia explorado. Ele sabia que estava cheio de raiva, mas não conseguia encontrar uma maneira de expressá-la. Em uma sessão, ele descreveu um encontro frustrante com uma namorada que, em sua opinião, estava obviamente brincando com ele, mas ele estava paralisado pelo medo de confrontá-la. A sessão parecia repetitiva para mim; tínhamos passado um tempo considerável em muitas sessões discutindo o mesmo material e sempre sentia que lhe oferecia pouca ajuda. Eu podia sentir sua frustração comigo: ele insinuou que tinha falado com muitos amigos que trataram dos mesmos tópicos que eu e, por fim, o aconselharam a repreendê-la ou terminar o relacionamento. Tentei falar por ele:

"Albert, deixe-me ver se consigo adivinhar o que você pode estar sentindo nesta sessão. Você viaja uma hora para me ver e me paga muito dinheiro. No entanto, parece que estamos nos repetindo. Você sente que não lhe dou muito valor. Eu digo as mesmas coisas que seus amigos, que fazem isso de graça. Você deve estar desapontado comigo, até mesmo se sentindo roubado e com raiva de mim por lhe entregar tão pouco."

Ele deu um sorriso amarelo e reconheceu que minha avaliação foi bastante precisa. Era bem por ali. Pedi-lhe que repetisse com as próprias palavras. Ele fez isso com certa apreensão e eu respondi que, embora não pudesse estar feliz por não ter dado a ele o que ele queria, gostei muito de ele dizer essas coisas para mim de modo direto: era melhor sermos mais diretos um com o outro, e, de qualquer maneira, ele estava indiretamente transmitindo esses sentimentos. Todo o intercâmbio provou ser útil para Albert. Seus sentimentos em relação a mim eram análogos aos sentimentos em relação à namorada, e a experiência de expressá-los sem um resultado calamitoso foi extremamente instrutiva.

18
Tratando das questões no aqui e agora

ATÉ AGORA, CONSIDERAMOS COMO reconhecer os principais problemas dos pacientes no aqui e agora. Mas, uma vez que isso seja feito, como procederemos? Como podemos usar essas observações do aqui e agora no trabalho da terapia?

Exemplo

Volte à cena que descrevi anteriormente – a porta de tela com o trinco defeituoso e minha paciente que mexia nela toda semana e sempre se desculpava, muitas vezes, por não conseguir fechá-la.

"Nancy", eu disse, "estou curioso sobre o seu pedido de desculpas para mim. É como se minha porta quebrada e minha negligência em consertá-la fossem de alguma forma sua culpa."

"Você tem razão. Eu sei. Mas continuo fazendo isso."

"Algum palpite sobre o porquê?"

"Acho que tem a ver com como você e terapia são importantes para mim e o meu desejo de não ofender você de forma alguma."

"Nancy, você consegue adivinhar como me sinto toda vez que você se desculpa?"

"Provavelmente é irritante para você."

"Não vou negar. Mas você reconheceu isso bem rápido – como se fosse uma experiência familiar para você. Existe uma história por trás disso?"

"Já ouvi isso antes, muitas vezes", diz ela. "Posso dizer que isso deixa meu marido louco. Sei que irrita muita gente, mas continuo fazendo isso."

"Então, sob o pretexto de pedir desculpas e ser educada, você acaba irritando os outros. E mais, mesmo sabendo disso, você ainda tem dificuldade em parar. Deve ter algum tipo de recompensa para você. Eu me pergunto, qual será?"

Essa conversa e as sessões subsequentes tomaram várias direções frutíferas, particularmente na área de sua raiva contra todos – marido, pais, filhos e eu. Melindrosa em seus hábitos, ela revelou que a porta de tela defeituosa a deixava nervosa. E não apenas a porta, mas também minha escrivaninha bagunçada, cheia de pilhas desordenadas de livros. Ela também afirmou que estava impaciente comigo por eu não trabalhar mais rápido com ela.

Exemplo

Depois de vários meses de terapia, Louise, uma paciente que me criticava muito – em relação à mobília do consultório, ao esquema de cores ruim, à desordem geral da minha mesa, às minhas roupas, à informalidade e à incompletude das minhas contas –, contou-me sobre um nova relação romântica. Durante o curso de seu relato, ela comentou:

"Bem, a contragosto, tenho que admitir que estou melhor."

"Estou impressionado com o 'a contragosto'. Parece que é difícil para você dizer coisas positivas sobre mim e sobre nosso trabalho juntos. O que você pensa sobre isso?"

Nenhuma resposta. Louise silenciosamente balançou a cabeça.

"Apenas pense em voz alta, Louise, qualquer coisa que se passe em sua mente."

"Bem, você vai ficar com de cabeça cheia. Não quero isso."

"Continue."

"Você vai ganhar. E eu vou perder."

"Ganhar e perder? Estamos em uma batalha? O que é essa batalha? E a guerra por trás dela?"

"Não sei, apenas uma parte de mim que sempre esteve lá, sempre zombando das pessoas, procurando o lado ruim delas, vendo elas sentadas em uma pilha de merda."

"E comigo? Estou pensando em como você critica meu consultório. E o caminho até aqui também. Você nunca deixa de mencionar a lama, mas nunca fala sobre as flores desabrochando."

"Isso acontece com meu namorado o tempo todo – ele me traz presentes e não consigo deixar de me concentrar no pouco cuidado que ele teve com o embrulho. Nós brigamos na semana passada quando ele assou um pão para mim e eu fiz um comentário provocativo sobre o canto ligeiramente queimado da crosta."

"Você sempre dá voz a esse seu lado e mantém o outro lado mudo – o lado que valoriza que ele faça pão para você, o lado que gosta de mim e me valoriza. Louise, volte ao início dessa conversa – seu comentário sobre admitir 'a contragosto' que está melhor. Diga-me, como seria se você liberasse a parte positiva de você e falasse diretamente, sem o 'a contragosto'?"

"Isso é perigoso."

"Apenas pense em falar comigo. O que você imagina?"

"Beijar você na boca."

Por várias sessões subsequentes, exploramos seus medos de intimidade, de querer demais, de anseios insatisfeitos e insaciáveis, de seu amor pelo pai e de seu medo de que eu fugisse se de fato soubesse o quanto ela esperava de mim. Observe neste exemplo que me baseei em incidentes ocorridos no passado, no início de nossa terapia. O trabalho aqui e agora não é estritamente a-histórico, pois pode incluir quaisquer eventos que tenham ocorrido ao longo do relacionamento com o paciente. Como disse Sartre, "Introspecção é sempre retrospecção".

19
O aqui e agora energiza a terapia

TRABALHAR NO AQUI E AGORA é sempre mais emocionante do que trabalhar com um foco mais abstrato ou histórico. Isso é particularmente evidente na terapia de grupo. Considere, por exemplo, um episódio histórico para o trabalho de grupo. Em 1946, o estado de Connecticut patrocinou um workshop para lidar com as tensões raciais no local de trabalho. Pequenos grupos liderados pelo eminente psicólogo Kurt Lewin e uma equipe de psicólogos sociais engajaram-se na discussão dos problemas "lá de fora" levantados pelos participantes. Os líderes e observadores (sem os membros do grupo) realizaram reuniões noturnas pós-grupo nas quais discutiram não apenas o conteúdo, mas também o "processo" das sessões. (*Nota bene*: "conteúdo" refere-se às palavras e conceitos reais expressos. "Processo" refere-se à natureza do relacionamento entre os indivíduos que expressam as palavras e conceitos.)

A notícia dessas reuniões noturnas se espalhou e, dois dias depois, os membros dos grupos pediram para comparecer. Depois de muita hesitação (tal procedimento era totalmente inédito), a aprovação foi concedida, e os membros do grupo observaram os líderes e pesquisadores discutindo a respeito deles mesmos.

Existem vários relatos publicados dessa importante sessão na qual a importância do aqui e agora foi descoberta. Todos concordam que o encontro foi eletrizante; os membros ficaram fascinados ao ouvir discussões sobre eles e seus comportamentos. Não demorou para eles não conseguirem mais ficar em silêncio, fazendo comentários como "Não, não foi isso que eu disse" ou "Como eu disse..." ou "O que eu quis dizer...". Os cientistas sociais perceberam que tinham tropeçado em um axioma importante para o treinamento (e também para a terapia): a saber, que aprendemos melhor sobre nós mesmos e nosso comportamento por meio da participação pessoal na interação combinada com a observação e análise dessa interação.

Na terapia de grupo, a diferença entre um grupo discutindo os problemas "lá de fora" dos membros e um grupo engajado no aqui e agora – isto é, uma discussão do próprio processo – é muito evidente: o grupo aqui e agora é enérgico, os membros se engajam e sempre, se questionados (seja por meio de entrevistas, seja por instrumentos de pesquisa), será observado que o grupo ganha vida quando se concentra no processo.

Nos laboratórios de grupo de duas semanas mantidos por décadas em Bethel, Maine, logo ficou evidente para todos que o poder e o fascínio dos grupos de processo – de início chamados de grupos de treinamento de sensibilidade (isto é, sensibilidade interpessoal) e depois de "grupos-T" (treinamento) e ainda mais tarde "grupos de encontro" (termo de Carl Rogers) – ofuscou outros grupos oferecidos pelo laboratório (por exemplo, grupos de teoria, grupos de aplicação ou grupos de solução de problemas) em termos de interesse e entusiasmo dos membros. Na realidade, costumava-se dizer que os grupos-T "devoraram o resto do laboratório". As pessoas querem interagir com as outras, ficam entusiasmadas em dar e receber feedback direto, anseiam por descobrir como as outras as percebem, querem se livrar de suas fachadas e se tornar íntimas.

Muitos anos atrás, quando eu estava tentando desenvolver um modo mais eficaz de liderar grupos de terapia breve na enfermaria de pacientes agudos, visitei dezenas de grupos em hospitais em todo o país e descobri que todos os grupos eram ineficazes – e exatamente pela mesma razão. Cada reunião de grupo usava um formato de "revezamento" ou "check-in" que consistia em membros discutindo, em sequência, algum evento instantâneo – por exemplo, experiências alucinatórias ou inclinações suicidas passadas ou os motivos de sua hospitalização –, enquanto os outros membros ouviam em silêncio e muitas vezes sem interesse nenhum. Acabei formulando, em um texto sobre terapia de grupo para pacientes internados, uma abordagem aqui e agora para esses pacientes com distúrbios agudos, o que, acredito, aumentou enormemente o grau de envolvimento dos membros.

A mesma observação vale para a terapia individual. A terapia é invariavelmente energizada quando se concentra no relacionamento entre terapeuta e paciente. *Cada dia mais perto* descreve um experimento no qual uma paciente e eu escrevemos resumos da sessão de terapia. Era impressionante que sempre que líamos e discutíamos as observações um do outro – ou seja, sempre que nos concentrávamos no aqui e agora –, as sessões de terapia que se seguiam ganhavam vida.

20
Use seus próprios sentimentos como dados

Uma de nossas principais tarefas na terapia é prestar atenção aos nossos sentimentos imediatos – eles representam dados preciosos. Se na sessão você se sentir entediado ou irritado, confuso, sexualmente excitado ou excluído por seu paciente, considere isso uma informação valiosa. É por isso que saliento tanto a terapia pessoal para terapeutas. Se você desenvolver um profundo conhecimento de si mesmo, eliminar a maioria de seus pontos cegos e tiver uma boa base de experiência com pacientes, começará a saber quanto do tédio ou confusão é seu e quanto é evocado pelo paciente. É importante fazer essa distinção, porque se é o paciente que evoca seu tédio na sessão da terapia, então podemos supor com confiança que ele é entediante para outras pessoas em outros ambientes.

Portanto, em vez de ficar consternado com o tédio, dê boas-vindas a ele e procure uma maneira de transformá-lo em vantagem terapêutica. Quando isso começou? O que exatamente o paciente faz que o aborrece? Quando encontro tédio, posso dizer algo assim:

"Mary, deixe-me contar uma coisa. Nos últimos minutos, percebi que tenho me sentido desconectado de você, um tanto distanciado. Não sei por que, mas estou me sentindo diferente agora do que no início da sessão, quando você estava descrevendo seus sentimentos por não ter conseguido o que queria de mim, ou na última sessão, quando você falou mais abertamente. Eu me pergunto, qual é o seu nível de conexão comigo hoje? Seu sentimento é semelhante ao meu? Vamos tentar entender o que está acontecendo."

Alguns anos atrás, tratei de Martin, um comerciante bem-sucedido que teve que fazer uma viagem de negócios no dia da terapia e me pediu para remarcar sua sessão para outro dia da semana. Era impossível para mim organizar isso sem atrapalhar minha agenda, e eu disse a Martin que teríamos que perder aquela sessão e nos encontrar em nosso horário normal na semana seguinte. Mais tarde, porém, ao pensar nisso, percebi que não hesitaria em reorganizar minha agenda para qualquer um dos meus outros pacientes.

Por que não consegui fazer isso por Martin? Foi porque eu não estava ansioso para vê-lo. Algo em seu jeito agressivo tinha me esgotado. Ele criticava incessantemente a mim, os móveis do meu consultório, a falta de estacionamento, minha secretária, meus honorários e em geral começava as sessões referindo-se aos meus erros da semana anterior.

O desgaste do meu apreço por Martin teve vastas implicações. Inicialmente, ele tinha vindo à terapia por causa de uma série de relacionamentos fracassados com mulheres, nenhuma das quais, ele pensava, jamais lhe dera o suficiente – nenhuma se dispunha vezes o bastante a pagar sua parte da conta no restaurante ou no mercado, ou dava presentes de aniversário equivalentes em valor aos que ele tinha dado a elas (sua renda, veja bem, era várias vezes maior que a delas). Quando viajavam juntos, ele insistia que cada um colocasse a mesma quantia em um "cofrinho de viagem" e que todas as despesas de viagem, incluindo gasolina, estacionamento, manutenção do carro, gorjetas e até jornais, fossem pagas com aquele dinheiro. Além disso, ele reclamava com frequência porque suas namoradas não dirigiam, não planejavam viagens ou não sabiam ler os mapas. Por fim, a falta de generosidade de Martin, sua obsessão pela justiça absoluta e suas críticas implacáveis esgotavam as mulheres de sua vida. E ele estava fazendo o mesmo comigo! Foi um bom exemplo de profecia autorrealizável: ele temia tanto não ser cuidado que seu comportamento fez isso acontecer. Foi meu reconhecimento desse processo que me permitiu evitar responder criticamente (isto é, levar para o lado pessoal), mas perceber que esse era um padrão repetido por ele muitas vezes e que, no fundo, ele queria mudar.

21
Enquadre cuidadosamente os comentários sobre o aqui e agora

COMENTÁRIOS SOBRE O AQUI e agora são um aspecto único da relação terapêutica. Existem poucas situações humanas em que temos permissão, muito menos somos *encorajados*, para comentar o comportamento imediato do outro. Parece libertador, até estimulante – e é exatamente por isso que a experiência do grupo de encontro foi tão atraente. Mas também parece arriscado, já que não estamos acostumados a dar e receber feedback.

Os terapeutas devem aprender a embalar seus comentários de modo que pareçam atenciosos e aceitáveis para os pacientes. Considere o feedback sobre o tédio que dei na última dica: evitei usar a palavra "chato" com minha paciente; não é um termo produtivo; parece uma acusação e pode (ou deveria) provocar algum sentimento, expresso ou não, como: "Não estou pagando para você se divertir".

É preferível empregar termos como "distanciado", "desligado" ou "desconectado"; eles dão voz ao seu desejo de estar mais próximo, mais conectado e mais engajado, e é difícil para nossos clientes se ofenderem com isso. Em outras palavras, fale sobre como *você se sente*, não sobre o que o paciente está fazendo.

22
Tudo é água para o moinho do aqui e agora

Tudo o que acontece no aqui e agora é água para o moinho da terapia. Às vezes é melhor oferecer comentários no momento; outras vezes é melhor simplesmente armazenar o episódio e voltar a ele mais tarde. Se, por exemplo, um paciente chora de angústia, é melhor guardar uma pergunta do aqui e agora para outro momento, um em que se possa voltar ao episódio e fazer um comentário: "Tom, eu gostaria de retornar à semana passada. Algo incomum aconteceu: você confiou muito mais a mim seus sentimentos e chorou profundamente, pela primeira vez, na minha frente. Diga-me, como foi isso para você? Qual foi a sensação de derrubar barreiras aqui e permitir que eu veja suas lágrimas?".

Lembre-se, os pacientes não apenas choram ou demonstram sentimentos no vácuo – eles o fazem *na sua presença*, e uma exploração aqui e agora permite compreender o significado completo da expressão dos sentimentos.

Ou considere um paciente que pode ter ficado muito abalado durante uma sessão e, de forma incomum, pede um abraço no final. Se sinto que é a coisa certa a fazer, abraço o paciente, mas nunca deixo em algum momento, em geral na sessão seguinte, de voltar ao pedido e ao abraço. Tenha em mente que a terapia eficaz consiste em uma sequência alternada: *evocação e vivência* do afeto, seguidas de *análise e integração* do afeto. O tempo que se espera até iniciar uma análise do evento afetivo é uma função da experiência clínica. Muitas vezes, quando há um sentimento profundo envolvido – angústia, pesar, raiva, amor –, é melhor esperar até que o sentimento se acalme e a atitude defensiva diminua. (Consulte o capítulo 40, "Feedback: martele quando o ferro estiver frio".)

Jane era uma mulher raivosa e profundamente desmoralizada que, depois de vários meses, desenvolveu confiança suficiente em mim para revelar a profundidade de seu desespero. Várias vezes fiquei tão comovido que procurei oferecer-lhe algum conforto. Mas nunca consegui. Toda vez que eu tentava, ela me rechaçava. Mas ela era tão frágil e hipersensível às críticas percebidas que esperei muitas semanas antes de compartilhar essa observação.

Tudo – em especial, episódios que contêm emoção intensa – é água para o moinho. Muitos eventos ou reações inesperadas ocorrem na terapia: os terapeutas podem receber e-mails raivosos ou ligações de pacientes, podem não ser capazes de oferecer o conforto desejado pelo paciente, podem ser considerados oniscientes, nunca são questionados ou são sempre desafiados, podem se atrasar, cometer um erro na cobrança e até agendar dois pacientes para a mesma hora. Embora me sinta desconfortável ao passar por algumas dessas experiências, também me sinto confiante de que, se as abordar adequadamente, poderei transformá-las em algo útil no trabalho terapêutico.

23
Verifique o aqui e agora a cada sessão

Eu me esforço para perguntar sobre o aqui e agora em cada sessão, mesmo que tenha sido produtiva e não problemática. Eu sempre digo no final da sessão: "Vamos dedicar um minuto para ver como você e eu estamos hoje", ou "Algum sentimento sobre como estamos trabalhando e nos relacionando?", ou "Antes de pararmos, vamos dar uma olhada no que está acontecendo neste espaço entre nós?". Se eu perceber dificuldades, posso dizer algo como: "Antes de pararmos, vamos verificar nosso relacionamento hoje. Você falou sobre se sentir a quilômetros de distância de mim às vezes, e outras vezes muito perto. E hoje? Qual a distância entre nós?". Dependendo da resposta, posso explorar quaisquer barreiras no relacionamento ou sentimentos não expressos sobre mim.

Eu começo esse padrão mesmo na primeira sessão, antes que uma história mais firme tenha sido construída no relacionamento. Na realidade, é particularmente importante começar a estabelecer normas nas primeiras sessões. Na sessão inicial, faço questão de perguntar por que os pacientes escolheram vir até mim. Se eles foram indicados por alguém, um colega ou amigo, quero saber o que disseram sobre mim, quais eram suas expectativas e, em seguida, se a experiência comigo naquela primeira sessão correspondeu ao esperado. Eu costumo dizer algo neste sentido: "A sessão inicial é uma entrevista de mão dupla. Eu entrevisto você, mas também é uma oportunidade para você me avaliar e desenvolver opiniões sobre como seria trabalhar comigo". Faz muito sentido, e em geral o paciente concorda com isso. Então eu sempre continuo com: "Podemos dar uma olhada no que você achou até agora?".

Muitos de meus pacientes me procuram depois de terem lido um de meus livros e, como consequência, faz parte do aqui e agora indagar sobre isso. "O que especificamente neste livro trouxe você até mim? Como a realidade de me ver corresponde a essas expectativas? Alguma preocupação sobre um terapeuta que também é escritor? Quais perguntas você deseja me fazer sobre isso?"

Desde que, muitos anos atrás, escrevi um livro sobre histórias de pacientes (*O carrasco do amor*), presumi que novos pacientes que me consultavam poderiam ter medo de que eu escrevesse sobre eles. Por isso, eu os tranquilizei sobre a confidencialidade e assegurei-lhes que nunca escrevi sobre pacientes sem primeiro obter permissão e sem usar um disfarce profundo de identidade. Mas, com o tempo, observei que as preocupações dos pacientes eram bem diferentes – em geral, eles estavam menos preocupados em ser mencionados do que em não ser interessantes o suficiente para que fossem selecionados.

24
Que mentiras você me contou?

Com frequência, durante o curso da terapia, os pacientes podem descrever exemplos de falsidade em sua vida – algum episódio em que ocultaram ou distorceram informações sobre si mesmos. Usando os ouvidos atentos do aqui e agora, considero essa admissão uma excelente oportunidade para indagar sobre as mentiras que eles me contaram durante o curso da terapia. Sempre há alguma ocultação, alguma informação retida por vergonha, por causa de alguma maneira particular que eles desejam que eu os considere. Uma discussão sobre tais ocultações quase invariavelmente provoca momentos frutíferos na terapia – muitas vezes uma revisão da história do relacionamento terapêutico e uma oportunidade de retrabalhar e ajustar não apenas o relacionamento, mas outros temas importantes que surgiram anteriormente na terapia.

A estratégia geral dos ouvidos atentos é examinar todo o material da sessão em busca de implicações no aqui e agora e, sempre que possível, aproveitar a oportunidade para fazer um exame da relação terapêutica.

25
Tela em branco? Esqueça! Seja real

O PRIMEIRO MODELO POSTULADO do relacionamento terapeuta-paciente ideal foi a agora obsoleta "tela em branco", na qual o terapeuta permanecia neutro e mais ou menos anônimo na esperança de que os pacientes projetassem nessa tábula rasa grandes distorções de transferência. Uma vez que a transferência (a manifestação viva de relações parentais anteriores) estivesse disponível para estudo na análise, o terapeuta poderia reconstruir com mais precisão o início da vida do paciente. Se o terapeuta se manifestasse como um indivíduo distinto, seria mais difícil (assim se pensava) que a projeção ocorresse.

Mas esqueça a tela em branco! Nem hoje nem nunca ela foi um bom modelo de terapia eficaz. A ideia de usar distorções atuais para recriar o passado fazia parte de uma visão antiga, agora abandonada, do terapeuta como arqueólogo, pacientemente raspando a poeira de décadas para entender (e assim, de alguma forma misteriosa, desfazer) o trauma original. *Compreender o passado a fim de apreender o presente relacionamento terapeuta-paciente* é um modelo muito melhor. Mas nenhuma dessas considerações merece o sacrifício de um autêntico encontro humano em psicoterapia.

O próprio Freud seguia, em geral, o modelo da tela em branco? Talvez não. Notamos isso ao ler seus relatos de terapia (ver, por exemplo, as descrições de terapia em *Estudos sobre a histeria*) ou as descrições feitas por seus analisandos de suas sessões com ele.

Pense em Freud oferecendo a seu paciente um charuto "comemorativo" ou de "vitória" depois de fazer uma interpretação particularmente incisiva. Pense nele impedindo os pacientes de se apressarem para outros tópicos e, em vez disso, levando-os a se aquecer com ele no brilho de um *insight* esclarecedor. O psiquiatra Roy Grinker me descreveu um incidente em sua análise com Freud em que o cachorro deste, que sempre assistia à terapia, caminhou até a porta no meio de uma sessão. Freud levantou-se e abriu a porta para o cachorro. Alguns minutos depois, o animal arranhou a porta para retornar e Freud se levantou, abriu a porta e disse: "Veja, ele não aguentou ouvir toda aquela bobagem sobre resistência. Agora ele está voltando para lhe dar uma segunda chance".

Nos casos de *Estudos sobre a histeria*, Freud entrou pessoal e corajosamente na vida de seus pacientes. Ele lhes fez sugestões fortes, interveio em seu nome com os membros da família, planejou comparecer a eventos sociais para ver seus pacientes em outros ambientes, instruiu um paciente a visitar o cemitério e meditar sobre a lápide de um irmão morto.

O modelo inicial de tela em branco recebeu reforço de uma fonte inesperada na década de 1950, quando o modelo de terapia não diretiva de Carl Rogers instruía os terapeutas a oferecer orientação mínima, muitas vezes limitando as intervenções a fazer eco à última frase do paciente. À medida que Carl Rogers amadureceu como terapeuta, logo abandonou essa postura descompromissada com a técnica de entrevista da "última frase" em favor de um estilo interativo muito mais humanista. No entanto, piadas, paródias e mal-entendidos da abordagem não diretiva o perseguiram até o fim de sua vida.

Na terapia de grupo, é bastante evidente que uma das tarefas do terapeuta é demonstrar o comportamento que, de modo gradual, os membros do grupo modelam para si mesmos. O mesmo se dá, embora de modo menos dramático, na terapia individual. A literatura sobre os resultados da psicoterapia apoia fortemente a visão de que a revelação do terapeuta gera a revelação do cliente.

Há muito tempo sou fascinado pela transparência do terapeuta e tenho experimentado a autorrevelação em muitos formatos diferentes.

Talvez meu interesse tenha suas raízes em minha experiência de terapia de grupo, na qual as exigências de transparência do terapeuta são especialmente grandes. Os terapeutas de grupo têm um conjunto de tarefas particularmente complexo, pois devem atender não apenas às necessidades de cada paciente individual do grupo, mas também à criação e manutenção do sistema social envolvente – o pequeno grupo. Portanto, eles devem atender ao desenvolvimento de normas – em especial, normas de autorrevelação tão necessárias para a experiência bem-sucedida de pequenos grupos. O terapeuta não tem método mais potente para construir normas comportamentais do que a modelagem pessoal.

Muitos dos meus experimentos em autorrevelação do terapeuta originaram-se como uma resposta à observação de grupos de terapia por estudantes. Os programas de treinamento em psicoterapia raramente oferecem aos alunos a oportunidade de observar sessões individuais de psicoterapia – os terapeutas insistem na privacidade e na intimidade tão essenciais ao processo de terapia individual. Mas quase todos os programas de treinamento em grupo fornecem observação do grupo por meio de um espelho unidirecional ou reprodução em vídeo. Os terapeutas de grupo, é claro, devem obter consentimento para essa observação, e os membros participantes em geral o concedem, mas de má vontade. Caracteristicamente, eles se ressentem dos observadores e muitas vezes relatam que se veem como "cobaias". Eles questionam se a lealdade primária do terapeuta é para com os membros do grupo ou para com os alunos observadores, e têm grande curiosidade a respeito dos comentários dos observadores (e do líder) sobre eles na discussão pós-grupo.

Para eliminar essas desvantagens da observação em grupo, pedi aos membros do grupo e aos alunos que trocassem de sala depois de cada reunião: os primeiros se deslocam para a sala de observação, onde observam os alunos e eu discutindo o grupo. Os membros do grupo, na reunião seguinte, tiveram reações tão fortes ao observar a reunião pós-grupo que logo modifiquei o formato, convidando-os para a sala de conferência a fim de observar a discussão e responder às observações dos alunos. Logo os membros do grupo estavam dando feedback aos alunos não apenas sobre o conteúdo das observações, mas também sobre o processo – por exemplo, eles serem muito respeitosos com o líder, ou mais cautelosos, rígidos e tensos do que o grupo de terapia.

Usei exatamente o mesmo modelo em grupos diários na enfermaria de internação aguda, onde divido a reunião do grupo em três partes: (1) uma reunião de uma hora com o paciente; (2) uma sessão de "aquário" de dez minutos (os líderes e observadores relembrando o grupo enquanto estão sentados em um círculo interno cercado pelos membros do grupo observador); e (3) um grande círculo final de dez minutos no qual os membros reagem aos comentários dos observadores. A avaliação indica que a maioria dos membros do grupo considera os vinte minutos finais como a parte mais gratificante da reunião.

Em outro formato para transparência pessoal, costumo escrever um resumo detalhado e impressionista das reuniões do grupo ambulatorial e enviá-lo aos membros antes da próxima reunião. Essa técnica teve origem na década de 1970, quando comecei a liderar grupos para pacientes alcoólatras. Durante todo esse tempo, a terapia dinâmica de grupo para pacientes alcoólatras tinha má reputação, e a maioria dos conselheiros de alcoólatras tinha decidido que era melhor deixar o tratamento em grupo nas mãos do AA. Decidi tentar mais uma vez, mas empregar um formato de aqui e agora intensivo e mudar o foco do vício do álcool para os problemas interpessoais subjacentes que alimentavam o desejo de beber. (Todos os membros do grupo foram obrigados a participar do AA ou de algum outro programa para controlar o consumo de álcool.)

O foco no aqui e agora galvanizou o grupo. As reuniões eram eletrizantes e intensas. Infelizmente, intensas até demais! Muita ansiedade foi despertada nos membros, que, como muitos alcoólatras, tinham grande dificuldade em controlar e tolerar a ansiedade de qualquer outra maneira que não fosse a bebida. Os membros do grupo logo começaram a desejar um drinque depois das reuniões e anunciar: "Se eu tiver que assistir a uma reunião como a última, vou parar no bar a caminho de casa".

Como parecia que as reuniões aqui e agora estavam no alvo e lidavam com questões ricas e relevantes para cada membro do grupo, procurei desenvolver algum método para ajudar a diminuir a ameaça e a ansiedade das sessões. Empreguei uma série de técnicas.

Primeiro, uma agenda aqui e agora escrita para cada reunião na lousa contendo itens como os seguintes:

- Fazer John e Mary continuarem examinando suas diferenças, mas lidando um com o outro de maneira menos ameaçadora e ofensiva;
- Ajudar Paul a solicitar ao grupo algum tempo para falar sobre si mesmo.

Em segundo lugar, usamos reproduções de vídeo de partes selecionadas das reuniões.

Em terceiro lugar, depois de cada reunião, eu ditava e enviava aos membros um resumo semanal que não era apenas uma narrativa do conteúdo de cada sessão, mas também uma autorrevelação. Descrevi minha experiência no grupo – minha perplexidade, meu prazer com algumas de minhas contribuições, meu desgosto com os erros que cometi, questões que deixei passar ou membros que senti ter negligenciado.

De todos esses métodos, o resumo semanal foi de longe o mais eficaz, e, desde então, fiz do envio de um resumo detalhado aos membros do grupo antes da reunião seguinte uma prática regular em meus grupos semanais. (Quando tenho um colíder, alternamos a responsabilidade pelo resumo.) O resumo tem muitos benefícios – por exemplo, aumenta a continuidade do trabalho de terapia ao mergulhar o grupo de volta nos temas da reunião anterior –, mas eu o cito aqui porque ele fornece um veículo para a revelação do terapeuta.

"Terapia múltipla" é outro formato de ensino baseado em divulgação que empreguei por vários anos, e nele dois instrutores e cinco alunos (residentes psiquiátricos) entrevistam um único paciente em uma série de seis sessões. Mas, em vez de focar apenas no paciente, fizemos questão de examinar nosso processo de grupo, incluindo questões como o estilo de fazer perguntas dos alunos, seu relacionamento entre si e com os líderes do corpo docente, o grau de competitividade ou empatia com o grupo. Obviamente, dada a crise econômica atual na área da saúde, a terapia múltipla não tem futuro econômico, mas, como um dispositivo de ensino, demonstrou vários efeitos da revelação pessoal dos terapeutas: é um bom modelo para os pacientes e encoraja a própria revelação, acelera o processo terapêutico e demonstra o respeito dos terapeutas pelo processo terapêutico por sua disposição de se envolver pessoalmente nele.

Lembre-se do experimento em que eu e uma paciente chamada Ginny trocamos nossos resumos de cada sessão. Esse formato também foi um exercício desafiador de transparência do terapeuta. A paciente me idealizou tanto, me colocou em um pedestal tão elevado, que um verdadeiro encontro entre nós não era possível. Portanto, em minhas anotações, tentei deliberadamente revelar os sentimentos e experiências muito humanos que tive: minhas frustrações, minhas irritações, minha insônia, minha vaidade. Esse exercício, feito no início de minha carreira, facilitou a terapia e me liberou bastante no trabalho terapêutico subsequente.

Um experimento ousado na transparência do terapeuta que há muito me intriga foi conduzido por Sándor Ferenczi, um psicanalista húngaro que era membro do círculo psicanalítico íntimo de Freud e talvez o confidente profissional e pessoal mais próximo dele. Freud, mais atraído por questões especulativas sobre a aplicação da psicanálise à compreensão da cultura, era pessimista em relação à terapia e raramente mexia em métodos para melhorar a técnica terapêutica. De todos os analistas de seu círculo íntimo, foi Sándor Ferenczi quem implacável e corajosamente buscou a inovação técnica.

Ele nunca foi mais ousado do que em seu experimento radical de transparência de 1932, descrito em seu *Diário clínico*, em que ele levou a autorrevelação do terapeuta ao limite, engajando-se em "análise mútua" – um formato no qual ele e uma de suas pacientes (uma psicoterapeuta que ele já vinha analisando havia algum tempo) alternavam sessões se analisando.

No fim, Ferenczi ficou desanimado e abandonou o experimento por causa de duas preocupações principais: (1) *confidencialidade* – um problema porque o verdadeiro envolvimento na associação livre exigiria que ele compartilhasse qualquer pensamento passageiro sobre seus outros pacientes e (2) *honorários* – Ferenczi se preocupava com o pagamento. Quem deve pagar a quem?

Sua paciente não compartilhava do desânimo de Ferenczi. Ela sentiu que o procedimento facilitou a terapia e que Ferenczi não queria continuar porque temia ter que reconhecer que estava apaixonado por ela. Ferenczi tinha uma opinião contrária. "Não, não, não", opinou; seu verdadeiro motivo era que ele não estava disposto a expressar o fato de que a odiava.

As reações negativas de Ferenczi às suas tentativas de autorrevelação parecem arbitrárias e altamente datadas. Meu romance *Mentiras no divã* tenta refazer seu experimento na terapia contemporânea. O protagonista, um psiquiatra, resolveu ser transparente com uma paciente que, nesse conto de ficção, estava comprometida com a duplicidade. Uma das minhas principais intenções no romance é afirmar que a autenticidade do terapeuta acabará por ser redentora mesmo nas piores circunstâncias – ou seja, um encontro clínico com uma pseudopaciente ardilosa.

26
Três tipos de autorrevelação do terapeuta

É CONTRAPRODUCENTE PARA o terapeuta permanecer opaco e escondido do paciente. Há muitos bons motivos para se revelar ao paciente e nenhum para dissimulação. No entanto, sempre que começo a conversar com terapeutas sobre essa questão, observo um desconforto considerável, que se origina em parte da imprecisão do termo *autorrevelação*. A autorrevelação do terapeuta não é uma entidade única, mas um conjunto de comportamentos, alguns dos quais invariavelmente facilitam a terapia e alguns dos quais são potencialmente problemáticos e contraproducentes. Pode-se chegar a alguma clareza delineando três domínios da revelação do terapeuta: (1) o mecanismo da terapia; (2) sentimentos do aqui e agora; e (3) a vida pessoal do terapeuta. Vamos examinar um por um.

27

O mecanismo da terapia — seja transparente

O GRANDE INQUISIDOR EM *Os irmãos Karamázov*, de Dostoiévski, proclamou que os homens sempre desejaram "magia, mistério e autoridade". Ao longo da história, os curandeiros sabiam disso e encobriam sua prática de cura em um manto de sigilo. O treinamento e as práticas xamanísticas sempre estiveram envoltos em mistério, enquanto os médicos ocidentais usaram, por séculos, equipamentos projetados para inspirar admiração e maximizar um efeito placebo: jalecos brancos, paredes cravejadas de diplomas de prestígio e prescrições escritas em latim.

Neste livro, proponho uma visão diametralmente oposta do processo de cura. Pela própria natureza, o estabelecimento de uma relação autêntica com os pacientes exige que abramos mão do poder do triunvirato magia, mistério e autoridade. A psicoterapia é intrinsecamente tão robusta que ganha muito com a revelação completa do processo e da lógica do tratamento. Um corpo convincente de pesquisa em psicoterapia demonstra que o terapeuta deve preparar novos pacientes com cuidado, informando-os sobre a psicoterapia – suas suposições básicas, sua lógica e o que cada cliente pode fazer para maximizar o próprio progresso.

Os pacientes já estão sobrecarregados com a ansiedade primária que os leva à terapia, e não faz sentido mergulhá-los em um processo que pode criar ansiedade secundária – decorrente da exposição a uma situação social ambígua sem diretrizes para comportamento ou participação adequados. Portanto, é conveniente preparar os pacientes sistematicamente para o processo de psicoterapia.

A preparação de novos pacientes é eficaz em particular na terapia de grupo, porque a situação interacional do grupo é intrinsecamente estranha e assustadora. Novos membros, sobretudo aqueles sem experiência anterior, muitas vezes ficam ansiosos com o poder do pequeno grupo – a pressão do grupo, o grau de intimidade, a intensidade geral. A provisão de uma estrutura para aliviar a ansiedade e o esclarecimento das diretrizes de procedimento são absolutamente essenciais na terapia de grupo.

A preparação para a psicoterapia individual também é essencial. Embora seja provável que os indivíduos tenham tido experiências com relacionamentos intensos, é improvável que tenham estado em um relacionamento que exigiu deles confiar plenamente, revelar tudo para o outro, não esconder nada, examinar todas as nuances de seus sentimentos e receber aceitação sem julgamento. Nas sessões iniciais, abordo importantes regras básicas, incluindo confidencialidade, a necessidade de revelação total, a importância dos sonhos, a necessidade de paciência. Como o foco no aqui e agora pode parecer incomum para os pacientes, apresento sua justificativa. Se um novo paciente descreveu dificuldades de relacionamento (e isso vale para quase todos os pacientes), posso dizer, por exemplo:

"Está claro que uma das áreas que precisamos abordar é o seu relacionamento com os outros. É difícil para mim saber a natureza exata de suas dificuldades nos relacionamentos porque, é claro, conheço as outras pessoas em sua vida apenas através dos seus olhos. Às vezes, suas descrições podem ser involuntariamente tendenciosas, e descobri que posso ser mais útil para você concentrando-me no único relacionamento em que tenho as informações mais precisas – o relacionamento entre você e eu. É por essa razão que com frequência pedirei que você examine o que está acontecendo entre nós dois."

Resumindo, sugiro total divulgação do mecanismo da terapia.

28
Revelando sentimentos aqui e agora – seja discreto

PARA SE ENVOLVER EM UM relacionamento genuíno com o paciente, é essencial *revelar seus sentimentos em relação ao paciente no presente imediato*. Mas a divulgação aqui e agora não deve ser indiscriminada; a transparência não deve ser buscada por si só. Todos os comentários devem passar pelo seguinte teste: esta revelação é o melhor para o paciente? Enfatizarei várias vezes que sua fonte de dados mais valiosa são os próprios sentimentos. Se durante uma sessão você sentir que o paciente está distante, tímido, flertando, escarnecendo, medroso, desafiador, infantil ou exibindo qualquer um de uma miríade de comportamentos que uma pessoa pode ter com outra, tudo isso são dados, dados valiosos, e você deve procurar uma maneira de transformar essa informação em vantagem terapêutica, como mostrado em exemplos de minha revelação de que me senti excluído por um paciente, ou mais próximo e mais envolvido, ou irritado com desculpas repetitivas por mover uma caixa de lenços.

Ilustração clínica

Um paciente costumava descrever episódios problemáticos em sua vida, mas raramente me dava informações sobre a sequência disso. Muitas vezes me senti excluído e curioso. Eu me perguntava, por exemplo, o que aconteceu depois de ele confrontar o chefe com um pedido de aumento.

Qual foi a reação de seu amigo quando ele se recusou a conceder-lhe o empréstimo solicitado? Ele seguiu com seu plano de convidar a colega de quarto de sua ex-namorada para um encontro? Talvez parte da minha curiosidade fosse voyeurística, emanando do meu desejo de saber o fim das histórias. Mas também senti que minhas reações continham informações importantes sobre o paciente. Ele nunca se colocou no meu lugar? Ele não achava que eu tinha alguma curiosidade sobre sua vida? Talvez ele sentisse que não tinha importância para mim. Talvez ele pensasse em mim como uma máquina sem nenhuma curiosidade e desejos próprios.

Por fim, discuti todos esses sentimentos (e conjecturas), e minha revelação o levou a revelar sua preferência por eu não ser uma pessoa real, para que ele não descobrisse minhas deficiências e, consequentemente, acabasse perdendo a confiança em mim.

Ilustração clínica

Um paciente experimentava um sentimento generalizado de ilegitimidade e vergonha em todas as suas transações pessoais e comerciais. No aqui e agora de nossas sessões de terapia, essa culpa, com as rédeas soltas, frequentemente emergia quando ele se castigava por seu comportamento inautêntico em nosso relacionamento. Ele odiava a maneira como tentava me impressionar com sua espertaza e inteligência. Por exemplo, ele adorava idiomas e, embora o inglês fosse sua segunda língua, ele se deleitava em dominar suas nuances e confessou que, antes das sessões, frequentemente pesquisava no dicionário palavras herméticas para usar em nossas conversas. Fiquei consternado com sua autopunição. Por um momento pude experimentar a força de sua culpa e autocrítica, já que eu era um cúmplice completo: sempre me diverti muito com seu jogo de palavras e, sem dúvida, encorajava seu comportamento. Eu compartilhei isso e depois cuidei de nós dois, exclamando: "Mas não estou acreditando nisso. Afinal, onde está o crime? Estamos trabalhando bem juntos, e qual é o problema de aproveitarmos nosso jogo intelectual compartilhado?".

Um terapeuta talentoso (Peter Lomas) descreve a seguinte interação com um paciente que iniciou a sessão de sua maneira característica, falando de maneira retraída e sem esperança sobre sua solidão.

TERAPEUTA: "Você não acha que eu também posso estar sozinho? Estou aqui, sentado com você nesta sala, e você está afastado de mim. Você não reconhece que eu não quero isso, que eu quero conhecê-lo melhor?"

PACIENTE: "Não, como assim? Eu não posso acreditar. Você é autossuficiente. Você não gosta de mim."

TERAPEUTA: "O que faz você pensar que sou autossuficiente? Por que eu deveria ser diferente de você? Eu preciso de pessoas como você. E eu preciso que você pare de se manter longe de mim."

PACIENTE: "O que eu poderia te dar? Não consigo nem imaginar. Eu me sinto um nada. Eu nunca faço nada na minha vida."

TERAPEUTA: "Mas, de qualquer forma, não se gosta das pessoas apenas por suas conquistas, mas pelo que elas são. Não é?"

PACIENTE: "Sim, isso é verdade para mim."

TERAPEUTA: "Então por que você não acredita que os outros podem gostar de você pelo que você é?"

O terapeuta relatou que essa interação diminuiu drasticamente o abismo entre ele e o paciente. O paciente encerrou a sessão dizendo: "É um mundo difícil", mas sua declaração foi feita não no sentido de "pobre infeliz de mim", mas no sentido de "É um mundo difícil para você e para mim, não é? Para você, para mim e para todo mundo".

29
Revelando a vida pessoal do terapeuta – seja cuidadoso

A REVELAÇÃO SOBRE OS DOIS primeiros domínios – o mecanismo da terapia e o aqui e agora (devidamente enquadrado) – parece direta e não problemática. Mas em torno do terceiro tipo de revelação, a vida pessoal do terapeuta, gravita uma considerável controvérsia.

Se a revelação do terapeuta fosse avaliada em um *continuum*, tenho certeza de que ela seria colocada no topo. No entanto, nunca tive a experiência de revelar demais. Pelo contrário, sempre facilitei a terapia quando compartilhei alguma faceta de mim mesmo.

Muitos anos atrás, quando minha mãe morreu, eu fui a Washington para seu funeral e para passar um tempo com minha irmã. Eu estava liderando um grupo ambulatorial na época, e meu coterapeuta, um jovem residente de psiquiatria, não sabia o que fazer e informou ao grupo que eu estaria ausente por causa de uma morte em minha família. As reuniões do grupo estavam sendo gravadas em vídeo para fins de pesquisa e ensino e, quando voltei, uma semana depois, assisti à fita da reunião – uma sessão produtiva e altamente energizada.

O que fazer na próxima reunião? Como não tinha dúvidas de que ocultar a morte de minha mãe seria prejudicial para o processo do grupo, decidi ser transparente e dar ao grupo tudo o que eles solicitaram. É axiomático que, se um grupo evita ativamente alguma questão importante, nenhuma outra questão será abordada de forma eficaz.

Abri a reunião informando-os da morte de minha mãe e respondi a todas as perguntas. Alguns queriam saber detalhes da morte e do funeral, outros perguntaram como eu estava lidando com isso, outros perguntaram sobre minha relação com minha mãe e minha irmã. Respondi a todos com grande franqueza e contei, por exemplo, sobre meu relacionamento turbulento com minha mãe e que tinha escolhido morar na Califórnia em parte para colocar quase cinco mil quilômetros entre nós. Eu disse a eles que, de muitos modos, ela tinha sido um dragão, mas perdeu suas presas com a idade e nos últimos anos nosso relacionamento ficou muito mais próximo e eu fui um filho exemplar. Por fim, o grupo perguntou se havia algo que pudessem fazer por mim na reunião. Respondi que achava que não, porque vinha lidando sem parar com a morte de minha mãe ao conversar intensamente com amigos e familiares. Por fim, eu disse que acreditava que agora tinha energia para trabalhar efetivamente no grupo, e então o grupo voltou aos seus assuntos e teve uma reunião muito produtiva.

Durante anos, usei a gravação dessa reunião para ensinar o processo grupal. Tenho certeza de que minha revelação não apenas removeu um obstáculo potencial para o grupo, mas também de que o fato de eu ter modelado a autorrevelação foi um evento libertador para ele.

Outro exemplo, que descrevi em uma história, "Sete lições avançadas em terapia do luto" (*Mamãe e o sentido da vida*), envolve um episódio semelhante. Pouco antes de me encontrar com uma paciente enlutada, recebi um telefonema informando-me da morte de meu cunhado. Como minha paciente era uma cirurgiã em crise (pelo falecimento do marido e do pai), e eu tinha tempo antes de partir para o aeroporto, resolvi manter minha consulta com ela, e abri a sessão informando-a do que acontecera e dizendo-lhe que, no entanto, tinha decidido manter o encontro com ela.

Ela explodiu com grande fúria e me acusou de tentar comparar minha dor com a dela. "E deixa eu te falar uma coisa", ela acrescentou, "se eu posso aparecer na sala de cirurgia para meus pacientes, então você com certeza pode aparecer para me ver." O episódio provou ser muito útil para a terapia – minha revelação permitiu que ela revelasse sua raiva pelo luto, o que abriu um novo e fértil período em nosso trabalho.

Há muito tempo, um colega trabalhou com um paciente cujo filho tinha morrido de câncer. O longo curso de terapia foi útil, mas não totalmente bem-sucedido. Meu colega, que também tinha perdido um filho pequeno vinte anos antes, optou por não compartilhar essa informação com seu paciente. Muitos anos depois, o paciente o contatou mais uma vez e eles retomaram a terapia. O terapeuta, que continuou a ser assombrado pela própria perda e passou anos escrevendo um longo artigo sobre a morte de seu filho, decidiu compartilhar a escrita com o paciente. Essa revelação, que era novidade para ele, provou ser um grande instrumento para acelerar o trabalho da terapia.

Se os pacientes querem saber se sou casado, se tenho filhos, se gostei de certo filme, se li certo livro ou se me senti constrangido em nosso encontro em algum evento social, sempre respondo diretamente. Por que não? Qual é o problema? Como alguém pode ter um encontro genuíno com outra pessoa enquanto permanece tão opaco?

Volte, uma última vez, ao paciente que me criticou por usar um restaurante sofisticado como ponto de referência para saber como chegar ao meu consultório, deixando de mencionar a lanchonete de *fast-food* vizinha. Optei por responder com franqueza: "Ora, Bob, você está certo! Em vez de dizer vire à direita na Fresca, eu poderia ter dito vire à direita quando chegar à barraca de tacos. E por que fiz essa escolha? Tenho certeza de que é porque prefiro me associar ao restaurante mais refinado. Eu me sentiria desconfortável dizendo: 'Vire na barraca de tacos'". De novo, qual é o risco? Estou apenas reconhecendo algo que ele obviamente sabia. E apenas quando chegamos à minha admissão pudemos nos voltar para a importante questão de explorar seu desejo de me embaraçar.

Assim, de forma alguma a autorrevelação do terapeuta substitui a exploração do processo de questionamentos pessoais do paciente. Faça ambos! Alguns terapeutas fazem questão de responder às perguntas com: "Terei prazer em responder, mas primeiro gostaria de saber o máximo possível sobre essa pergunta". Às vezes eu uso essa abordagem, mas raramente encontrei uma vantagem particular em insistir em qualquer ordem específica ("Primeiro você, e depois eu respondo"). Se for um paciente novo, muitas vezes escolho modelar a revelação e armazenar o episódio em minha mente para retornar mais tarde.

Se for incomum para o paciente fazer perguntas, considere o ato de questionar como água para o moinho e certifique-se de retornar a ele. O tempo deve ser considerado. Com frequência, o terapeuta pode optar por esperar até que a interação termine, talvez até a próxima sessão, e então comentar o seguinte: "Parece-me que algo incomum aconteceu na semana passada: você me fez algumas perguntas pessoais. Podemos revisitar isso? Como foi essa interação para você? O que permitiu que você se aproximasse de mim de uma maneira diferente? O que você achou da minha resposta?".

30
Revelando sua vida pessoal – ressalvas

Um dos temores mais profundos que os terapeutas têm em relação à revelação pessoal é que não haja fim para ela; que, uma vez aberta a porta, o paciente exija mais e mais a ponto de serem interrogados sobre seus segredos mais profundos e embaraçosos. É um medo infundado. Em minha experiência, a esmagadora maioria dos pacientes aceita o que ofereço, não pressiona por mais ou por revelações desconfortáveis, e depois segue para a terapia, como o grupo de terapia fez ao saber da morte de minha mãe.

No entanto, há ressalvas: lembre-se de que, embora os pacientes gozem de sigilo, esse não é o caso dos terapeutas. Tampouco se pode solicitá-lo aos pacientes, que podem no futuro se consultar com outro terapeuta e devem se sentir livres para discutir o que quiserem. Se houver alguma informação que você não deseja que se torne pública, *não a compartilhe na terapia*. Muitos terapeutas são ainda mais cautelosos e tomam cuidado para não compartilhar nenhum material pessoal que, fora do contexto, possa ser mal interpretado e se mostrar embaraçoso.

Mas não permita que essa preocupação restrinja seu trabalho e o torne tão cauteloso e autoprotetor a ponto de perder sua eficácia. Você não pode se proteger de pacientes que o apresentam de maneira distorcida ao próximo terapeuta. Tenha isso em mente na próxima vez que ouvir pacientes descrevendo o comportamento ultrajante de terapeutas anteriores. Não chegue automaticamente à conclusão de que o terapeuta anterior era um tolo ou malfeitor. É melhor ouvir, ter empatia e esperar. Muitas vezes, o paciente acabará fornecendo o contexto do ato do terapeuta, que muitas vezes o lança sob uma luz muito diferente.

Certa vez, encaminhei a esposa de um paciente para um colega, um amigo próximo. Mas, alguns meses depois, meu paciente me pediu outro encaminhamento porque meu colega agiu mal: ele insistiu em cheirar a esposa de meu paciente e comentar sobre seu odor. Cheirar a paciente? Parecia tão bizarro que me preocupei com meu amigo e perguntei o mais gentilmente possível sobre o episódio. Ele me informou que de fato havia um problema de odor com sua paciente: ela costumava usar um perfume que, embora agradável, era tão poderoso e penetrante que alguns de seus outros pacientes reclamaram e insistiram em ser atendidos outro dia ou em outro consultório!

Há momentos em que, para salvar a terapia, somos forçados a fazer escolhas difíceis. Certa vez, um colega me contou sobre um incidente em que uma paciente de longa data entrou em uma sessão muito angustiada porque uma amiga dela alegou ter tido um caso com o terapeuta. Como ele deveria responder? Meu colega, que estava comprometido com a sinceridade, respirou fundo e disse à sua paciente que eles de fato haviam tido um "caso de convenção", em um fim de semana mais de vinte anos antes, e que não tinham tido contato desde então. A revelação teve um impacto considerável sobre ela e galvanizou a terapia subsequente. Ele e sua paciente mergulharam em questões importantes e anteriormente não discutidas, como o ódio dela pelos outros pacientes dele, que ela via como competidores por sua atenção, e sua visão ao longo da vida de si mesma como não escolhida, não feminina e pouco atraente.

Outro exemplo: um supervisionando meu, que era um gay não assumido, relatou um problema irritante que surgiu no primeiro mês de terapia. Um de seus pacientes gays, que o viu malhando em uma academia amplamente usada por gays, o confrontou sobre sua orientação sexual. Meu aluno, muito desconfortável, evitou a pergunta concentrando-se na questão de por que o paciente estava perguntando. Não surpreendentemente, o paciente cancelou sua sessão seguinte e nunca mais voltou à terapia. Segredos grandes e inocultáveis são inimigos do processo terapêutico. Os terapeutas gays talentosos que conheço são abertos sobre sua orientação sexual com sua clientela gay e estão dispostos a ser abertos com seus clientes heterossexuais se isso parecer importante para a terapia.

31
Transparência do terapeuta e universalidade

Um fator terapêutico-chave na terapia de grupo é a universalidade. Muitos pacientes começam a terapia sentindo-se únicos em sua miséria; eles acreditam que só eles têm pensamentos e fantasias horríveis que são proibidas, tabus, sádicas, egoístas e sexualmente perversas. A autorrevelação de pensamentos semelhantes por outros membros do grupo é maravilhosamente reconfortante e proporciona uma experiência do tipo "bem-vindo à espécie humana".

Na terapia individual, nossos pacientes revelam muitos sentimentos que nós, terapeutas, também experimentamos, e há um lugar e um momento na terapia para compartilhá-los. Se, por exemplo, uma paciente expressa culpa pelo fato de que, sempre que visita um pai idoso, sente-se impaciente depois de algumas horas, posso compartilhar que meu limite pessoal para uma visita à minha mãe era de cerca de três horas. Ou, se um paciente está desanimado por não se sentir melhor depois de vinte horas de terapia, não hesito em me referir a essa quantidade como uma "gota no balde", considerando minhas centenas de horas de tratamento em vários cursos de terapia. Ou, se os pacientes ficam perplexos com a intensidade da transferência, conto-lhes meus sentimentos semelhantes quando estava em terapia.

32
Os pacientes resistirão à sua revelação

Meu comentário anterior de que a autorrevelação do terapeuta não estimula o apetite dos pacientes, aumentando suas demandas por mais revelações, é, na realidade, um eufemismo. Muitas vezes ocorre o oposto – os pacientes deixam claro que se opõem a saber muito mais sobre a vida pessoal do terapeuta.

Aqueles que desejam magia, mistério e autoridade relutam em conhecer os truques do terapeuta. Eles são muito confortados pelo pensamento de que existe uma figura sábia e onisciente para ajudá-los. Mais de um de meus pacientes invocou a metáfora do Mágico de Oz para descrever sua preferência pela feliz crença de que o terapeuta conhece o caminho de casa – um caminho claro e seguro para sair da dor. De forma alguma eles querem olhar por trás da cortina e ver um falso mago perdido e confuso. Uma paciente, que vacilava entre me "magicizar" e me humanizar, descreveu o dilema de Oz neste poema, intitulado "Dorothy se rende":

No Kansas, meu voo despencou na planície
Em branco e preto, e duras verdades me acordaram.
Pisando em pantufas, uma vida toda bem-educada,
E taças vazias. Eu tentei. Vasculhei noites de neon
Em busca de esmeraldas dentro de um vidro verde,
De magos atrás de espantalhos,
Eu via aquele cavalo multicor passando a galope...

Mas eu envelheci, e ele era rápido demais para mim.
Fui esfolada pelos ventos furiosos que me carregaram.
Agora, de joelhos, eu escolheria
deixar a vassoura para a bruxa, substituir a cortina,
Recusar-me a ver o homem por trás da voz
Para sempre percorrendo essa estrada mágica
Que me leva a algum lugar que não se parece com meu lar.

Os pacientes querem que o terapeuta seja onisciente, infinitamente confiável e imperecível. Algumas de minhas pacientes que tiveram muitos encontros com homens pouco confiáveis temem minha fragilidade (e a de todos os homens). Outros temem que eu acabe me tornando o paciente. Uma paciente, cujo curso de terapia descrevi em profundidade em *Mamãe e o sentido da vida*, evitou olhar para mim ou perguntar qualquer coisa pessoal, mesmo quando, por exemplo, apareci em uma sessão de muletas depois de uma cirurgia no joelho. Quando perguntei, ela explicou:

"Eu não quero que você tenha uma narrativa para sua vida."
"Uma narrativa?", perguntei. "Como assim?"
"Eu quero te deixar fora do tempo. Uma narrativa tem começo, meio e fim – especialmente um fim."

Ela sofrera a morte de vários homens importantes em sua vida – marido, irmão, pai, afilhado – e estava apavorada com a perspectiva de outra perda. Respondi que não poderia ajudá-la sem que tivéssemos um encontro humano; eu precisava que ela me considerasse uma pessoa real, e a estimulei a fazer perguntas sobre minha vida e minha saúde. Depois de deixar meu consultório naquele dia, ela teve um pensamento obsessivo: *o próximo funeral a que terei de ir será o de Irv.*

33
Evite a cura equívoca

O QUE É "CURA EQUÍVOCA"?[5] É um termo usado nos primórdios da psicanálise para se referir a uma cura de transferência – uma melhora radical e repentina no paciente baseada na magia, emanando de uma visão ilusória do poder do terapeuta.

Uma mulher solteira e isolada de 45 anos costumava deixar meu consultório radiante, com uma profunda sensação de bem-estar que persistia por dias depois de cada sessão. A princípio, só pude dar as boas-vindas ao seu alívio de meses de desespero sombrio. E também a seus comentários inebriantes sobre mim: os muitos *insights* que ofereci a ela, minha extraordinária presciência. Mas não demorou para que eu, ao ouvir suas

---

5 O termo original para cura equívoca, *Schiefheilung,* que também pode ser traduzido como *cura distorcida* ou *cura torta*, está presente no texto freudiano *Psicologia das massas e análise do Eu* (1921). No contexto original, o termo trata de como "não é difícil perceber, em todas as ligações a seitas e comunidades místico-religiosas ou místico-filosóficas, a expressão de curas equívocas de neuroses diversas" (Freud, 1921/2020, p. 224). A *Schiefheilung* seria uma espécie de "pseudocura", pois, apesar da diminuição do sofrimento promovida por tais ligações com movimentos de massa, mantém o participante restrito e infantilizado, gerando assim distorções da realidade a partir da criação de um sistema de delírio. Não seria efetivamente a promoção de uma cura, mas a alimentação/criação de um sintoma que gera dependência, uma distorção da realidade baseada no poder das figuras de autoridade. Este contexto foi transposto por Yalom para a relação analista-analisando com a mulher de 45 anos para descrever uma distorção no processo de cura terapêutica. [N.R.T.]

descrições sobre como, entre as sessões de terapia, ela me envolvia em um manto mágico, como ela se enchia de coragem e paz apenas por ouvir minha voz na secretária eletrônica, ficasse cada vez mais desconfortável com os poderes de xamã.

Por quê? Por um lado, eu sabia que estava encorajando a regressão ao ignorar que sua melhora tinha sido construída sobre areia movediça e que, assim que eu desaparecesse de sua vida, sua melhora evaporaria. Também fiquei desconfortável com a natureza irreal e inautêntica de nosso relacionamento. Quanto mais seus sintomas diminuíam, mais ampla e profunda se tornava a fissura entre nós.

Por fim, enfrentei a questão e expliquei que grande parte da experiência dela em nosso relacionamento era da própria construção – ou seja, eu não tinha participação naquilo. Contei-lhe tudo: que eu não era realmente um manto mágico enrolado em seus ombros, que não participava de muitas das epifanias que ela tinha experimentado em nossas sessões, que gostava de ser tão importante para ela, mas era algo que ao mesmo tempo parecia fraudulento. E toda aquela ajuda mágica que ela teve de mim? Bem, era ela, e não eu, a mágica, era ela quem de fato tinha dado essa ajuda a si mesma.

Meus comentários, ela me disse mais tarde, pareciam poderosos, cruéis e desorientadores. No entanto, ela já tinha mudado o suficiente para integrar a ideia de que sua melhora não veio do meu poder, mas de fontes dentro dela. Além disso, ela acabou entendendo que meus comentários não eram uma rejeição, mas, ao contrário, eram um convite para se relacionar comigo de forma mais próxima e honesta.

Talvez haja momentos em que devemos fornecer "magia, mistério e autoridade" – momentos de grande crise ou momentos em que nossa prioridade é facilitar a terapia para o paciente. Mas se devemos flertar com o papel de mago, aconselho que sejamos breves no flerte e que comecemos a ajudar o paciente a fazer rapidamente a transição para um relacionamento terapêutico mais genuíno.

Certa noite, uma paciente que tinha me idealizado no início da terapia teve dois sonhos: no primeiro, um tornado se aproximava, e eu conduzi, ela e outras pessoas, por uma escada de incêndio que acabou dando em uma parede de tijolos. No segundo sonho, ela e eu estávamos fazendo uma prova e nenhum de nós sabia as respostas. Eu comemorei esses sonhos porque eles informavam à paciente sobre meus limites, minha humanidade, minha necessidade de lidar com os mesmos problemas fundamentais da vida que ela enfrentava.

34

Sobre levar os pacientes mais longe do que você já foi

Muitas vezes, quando encontro um paciente lutando com algumas das mesmas questões neuróticas que me perseguiram ao longo da vida, indago se posso levá-lo mais longe do que eu mesmo cheguei.

Existem dois pontos de vista opostos: uma visão mais antiga e tradicional, a visão analítica, menos em evidência hoje e que sustenta que só o terapeuta minuciosamente analisado pode conduzir os pacientes a uma resolução completa dos problemas neuróticos, enquanto os pontos cegos dos clínicos com questões neuróticas não resolvidas limitam a quantidade de ajuda que podem fornecer.

Um dos aforismos de Nietzsche expressa uma visão oposta: "Alguns não podem afrouxar as próprias correntes, mas podem, no entanto, redimir seus amigos". A visão de Karen Horney sobre a pulsão[6] autorrealizadora (sem dúvida emergindo da obra de Nietzsche) é relevante: se o terapeuta remover os obstáculos, os pacientes amadurecerão naturalmente e realizarão seu potencial, alcançando inclusive um nível de integração além daquele do terapeuta facilitador. Acho essa visão muito mais coerente com minha experiência com pacientes. Na realidade, muitas

---

6 Aqui temos no original em inglês a utilização do termo "*drive*", de forma distinta do termo "*instinct*" evocado anteriormente por Yalom. Optamos por preservar a escolha do autor e traduzi-lo por "pulsão". [N.R.T.]

vezes tive pacientes cuja mudança e coragem me deixaram boquiaberto de admiração.

Existem no mundo das letras consideráveis dados análogos. Alguns dos mais importantes *lebens-philosophers* (filósofos que lidam com problemas inerentes à existência) foram indivíduos singularmente atormentados. Para começar, considere Nietzsche e Schopenhauer (almas extraordinariamente isoladas e angustiadas), Sartre (alcoólatra e viciado em drogas, insensível e explorador nos relacionamentos interpessoais) e Heidegger (que escreveu de maneira muito profunda sobre a autenticidade, mas apoiou a causa nazista e traiu os próprios colegas, incluindo Husserl, professor dele).

O mesmo se pode dizer de muitos dos primeiros psicólogos cujas contribuições substanciais foram tão úteis para muitos: Jung, nenhum modelo de habilidades interpessoais, explorava sexualmente os pacientes, assim como muitos dos membros do círculo íntimo de Freud, por exemplo: Ernest Jones, Otto Rank e Sándor Ferenczi. Considere, também, a quantidade surpreendente de discórdia característica de todos os principais institutos psicanalíticos, cujos membros, apesar de sua experiência em ajudar os outros, têm, ao mesmo tempo, mostrado tanta imaturidade, acrimônia mútua e desrespeito que levaram a seguidas ocorrências de cismas, com institutos novos – e muitas vezes rivais – separando-se sem controle dos institutos-mãe.

35
Sobre ser ajudado pelos seus pacientes

Em *Emergência*, uma peça inacabada, o psicanalista Helmut Kaiser conta a história de uma mulher que visita um terapeuta e implora para que ele ajude seu marido, um psiquiatra que está profundamente deprimido e propenso a se matar. O terapeuta responde que é claro que ficaria feliz em ajudar e sugere que o marido marque uma consulta. A mulher responde que aí está o problema: o marido nega sua depressão e rejeita todas as sugestões para obter ajuda. O terapeuta fica perplexo. Ele diz à mulher que não consegue imaginar como pode ajudar alguém que não quer marcar uma consulta.

A mulher responde que tem um plano. Ela insiste para o psiquiatra se consultar com o marido, fingindo ser um paciente, e gradualmente, à medida que continuam a se encontrar, encontre uma maneira de ajudá-lo.

Essas e outras histórias, bem como minha experiência clínica, são a base do meu romance *Quando Nietzsche chorou*, no qual Friedrich Nietzsche e Josef Breuer serviram simultânea e sorrateiramente como terapeuta e paciente um do outro.

Acredito que seja um lugar-comum os terapeutas serem ajudados por seus pacientes. Com frequência, Jung falava sobre o aumento da eficácia do curador ferido. Ele até afirmou que a terapia funcionava melhor quando o paciente trazia a pomada perfeita para a ferida do terapeuta e que, se o terapeuta não mudasse, o paciente também não mudaria. Talvez os curadores feridos sejam eficazes porque são mais capazes de simpatizar com as feridas do paciente; talvez seja porque eles participam mais profunda e pessoalmente do processo de cura.

Sei que, inúmeras vezes, comecei uma sessão de terapia em um estado de inquietação pessoal e a terminei sentindo-me consideravelmente melhor, isso sem ter comentado de maneira explícita sobre meu estado interior. Acho que a ajuda chegou até mim de várias formas. Às vezes, é o resultado de ser eficaz em meu trabalho, de me sentir melhor comigo mesmo ao usar minhas habilidades e conhecimentos para ajudar os outros. Às vezes, resulta de ser retirado de mim mesmo e entrar em contato com outro. A interação íntima é sempre salutar.

Encontrei esse fenômeno especialmente em minha prática de terapia de grupo. Muitas vezes comecei uma sessão de terapia em grupo sentindo-me incomodado com alguma questão pessoal e terminei a reunião sentindo-me consideravelmente aliviado. O ambiente íntimo de cura de um bom grupo de terapia é quase tangível, e coisas boas acontecem quando alguém entra em sua aura. Scott Rutan, um eminente terapeuta de grupo, certa vez comparou o grupo de terapia a uma ponte construída durante uma batalha. Embora possa haver algumas baixas sofridas durante a fase de construção (ou seja, desistências da terapia de grupo), a ponte, uma vez instalada, pode transportar muitas pessoas para um lugar melhor.

Esses subprodutos surgem quando os curadores estão realizando seu trabalho, momentos em que estes acabam por absorver clandestinamente algumas das coisas boas da terapia. Às vezes, a terapia do curador é mais explícita e transparente. Embora o paciente não esteja lá para tratar o terapeuta, podem surgir momentos em que o terapeuta esteja sobrecarregado com tristezas difíceis de esconder. O luto talvez seja a tristeza mais comum, e muitos pacientes procuram fortalecer o espírito do terapeuta enlutado, como no exemplo que citei anteriormente sobre a resposta do meu grupo de terapia à morte de minha mãe. Também me lembro de cada um de meus pacientes naquela época me procurando de maneira humana – e não apenas para ajudar a me sintonizar para que eu pudesse atender com mais eficiência à sua terapia.

Depois da publicação de *O carrasco do amor*, recebi uma crítica negativa no *The New York Times Book Review* e uma crítica muito positiva no *The New York Times*. Vários de meus pacientes deixaram mensagens para mim ou começaram a próxima sessão perguntando se eu tinha visto a crítica positiva e lamentando a negativa. Em outra ocasião, depois de uma entrevista particularmente difícil para um jornal, um paciente me lembrou que o jornal seria usado para embrulhar peixes no dia seguinte.

Harry Stack Sullivan, um influente teórico psiquiátrico norte-americano, tem a reputação de ter descrito a psicoterapia como uma discussão de questões pessoais entre duas pessoas, uma delas mais ansiosa que a outra. E se o terapeuta desenvolve mais ansiedade do que o paciente, *ele* se torna o paciente e o paciente se torna o terapeuta. Além disso, a autoestima do paciente aumenta radicalmente ao ajudar o terapeuta. Tive várias oportunidades de tratar de figuras importantes em minha vida. Em um caso, pude oferecer consolo a um mentor desesperado e fui chamado para tratar de seu filho. Em outro, muitas vezes aconselhei e confortei um ex-terapeuta idoso, acompanhei-o durante uma longa doença e tive o privilégio de estar ao seu lado no momento de sua morte. Apesar de revelarem a fragilidade dos mais velhos, essas experiências serviram para me enriquecer e fortalecer.

36
Incentive a autorrevelação do paciente

A AUTORREVELAÇÃO É UM ingrediente absolutamente essencial na psicoterapia. Nenhum paciente consegue as vantagens da terapia sem autorrevelação. É uma daquelas coisas automáticas da terapia notadas apenas em sua ausência. Muito do que fazemos na terapia – proporcionar um ambiente seguro, estabelecer confiança, explorar fantasias e sonhos – serve ao propósito de encorajar a autorrevelação.

Quando um paciente se aventura, abre novos caminhos significativos e revela algo novo, algo particularmente difícil de discutir – algo potencialmente embaraçoso, vergonhoso ou incriminador –, então faço questão de focar no processo do comentário assim como em seu *conteúdo*. (Lembre-se de que o processo se refere à natureza do relacionamento entre as pessoas na interação.) Em outras palavras, em algum momento, em geral depois de uma discussão completa do conteúdo, faço questão de voltar minha atenção para o ato da divulgação. Primeiro, tomo o cuidado de tratar essa revelação com ternura e comento como me sinto em relação à disposição do paciente em confiar em mim. Volto então minha atenção para a decisão de compartilhar este material comigo neste momento.

O constructo "revelação vertical *versus* revelação horizontal" pode ajudar a esclarecer este ponto. *Revelação vertical* refere-se à revelação detalhada sobre o conteúdo da revelação. Se a revelação tem a ver, digamos, com estimulação sexual com *crossdressing*, então o terapeuta pode encorajar a revelação vertical, indagando sobre o desenvolvimento histórico do *crossdressing* ou os detalhes e circunstâncias particulares da prática – o que ela é, o que o paciente veste, que fantasias são usadas, se é solitária ou compartilhada, e assim por diante.

A *revelação horizontal*, por outro lado, é a *revelação sobre o ato da revelação*. Para facilitar a revelação horizontal, fazemos perguntas como "O que tornou possível discutir isso hoje? Quão difícil foi para você? Você estava querendo compartilhar isso em sessões anteriores? O que o impediu? Imagino que, uma vez que estamos apenas você e eu aqui, deve ter algo a ver com a forma como você espera que eu responda a você. (Os pacientes costumam concordar com essa verdade evidente.) Como você achou que eu responderia? Que resposta você viu de mim hoje? Há alguma pergunta sobre minha resposta que você gostaria de me fazer?".

Na terapia de grupo, o processo de autorrevelação ganha um foco particularmente nítido porque as diferenças entre os membros do grupo são muito evidentes. Com um consenso considerável, os membros do grupo conseguem classificar seus colegas de acordo com a transparência. Por fim, os grupos ficam impacientes com membros que se fecham, e a relutância em revelar torna-se um foco importante no grupo.

Com frequência, os membros reagem com impaciência a revelações adiadas por muito tempo. "*Agora* você nos conta sobre o caso que teve nos últimos três anos", dizem. "Mas e o tempo todo que você gastou nos últimos seis meses? Veja o tempo que perdemos – todas aquelas reuniões nas quais presumimos que seu casamento estava desmoronando apenas por causa da frieza e desinteresse de sua esposa por você." Esse processo requer intervenção ativa do terapeuta porque os pacientes não devem ser punidos por sua autorrevelação, por mais demorada que seja. O mesmo vale para a terapia individual. Sempre que você sentir vontade de dizer: "Droga, todas essas sessões perdidas, por que você não me disse isso antes?", esse é o momento de fechar a matraca e mudar o foco para o fato de que o paciente *finalmente* desenvolveu a confiança necessária para revelar a informação.

37

O feedback na psicoterapia

A JANELA DE JOHARI, um venerável paradigma de personalidade usado no treinamento sobre autorrevelação e feedback de líderes e membros de grupos, tem muito a oferecer em terapia individual também. Seu nome estranho é uma fusão (Joe + Harry) dos dois indivíduos que o descreveram pela primeira vez – Joe Luft e Harry Ingram. Observe os quatro quadrantes: público, cego, secreto, inconsciente.

	Conhecido pelo *self*	Desconhecido pelo *self*
Conhecido pelos outros	1. Público	2. Cego
Desconhecido pelos outros	3. Secreto	4. Inconsciente

- Quadrante 1 (*conhecido por si mesmo e pelos outros*) é o *self* público.
- Quadrante 2 (*desconhecido por si mesmo e conhecido pelos outros*) é o *self* cego.
- Quadrante 3 (*conhecido por si mesmo e desconhecido pelos outros*) é o *self* secreto.
- Quadrante 4 (*desconhecido para si e para os outros*) é o *self* inconsciente.

Os quadrantes variam em tamanho entre os indivíduos: algumas células são grandes em alguns indivíduos e encolhidas em outros.

Na terapia, tentamos mudar o tamanho das quatro células. Tentamos ajudar a célula pública a crescer à custa das outras três e o *self* secreto a encolher, à medida que os pacientes, por meio do processo de autorrevelação, compartilham mais de si mesmos – primeiro com o terapeuta e depois, criteriosamente, com outras figuras apropriadas em suas vidas. E, é claro, esperamos diminuir o tamanho do *self* inconsciente ajudando os pacientes a explorar e conhecer as camadas mais profundas de si mesmos.

Mas é a célula 2, o *self cego*, que visamos em particular – tanto na terapia individual quanto na de grupo. Um objetivo da terapia é aumentar o teste de realidade e ajudar os indivíduos a se enxergarem como os outros os enxergam. É por meio do feedback que a célula do *self cego* se torna consideravelmente menor.

Na terapia de grupo, o feedback na maior parte é de membro para membro. Nas sessões de grupo, os membros interagem bastante uns com os outros, e dados consideráveis são gerados sobre padrões interpessoais. Se o grupo for conduzido adequadamente, todos receberão muito feedback dos outros membros do grupo sobre como são enxergados por eles. Mas o feedback é uma ferramenta delicada, e os membros logo aprendem que ela será mais útil se:

1. Tiver origem em observações no aqui e agora.
2. Seguir o evento gerador o mais próximo possível.
3. Concentrar-se nas observações e sentimentos específicos gerados no ouvinte, em vez de suposições ou interpretações sobre a motivação de quem fala.
4. O destinatário verificar o feedback com outros membros para obter validação consensual.

No sistema de terapia individual, o feedback é menos variado e volumoso, mas não deixa de ser uma parte instrumental do processo terapêutico. É por meio do feedback que os pacientes se tornam melhores testemunhas do próprio comportamento e aprendem a apreciar o impacto de seu comportamento sobre os sentimentos dos outros.

38
Dê feedback de modo eficaz e gentil

Se você tiver algumas impressões claras sobre o aqui e agora, que pareçam pertinentes às questões centrais de seu paciente, você deve desenvolver modos de transmitir essas observações de uma maneira que o paciente possa aceitá-las.

Há passos que considero úteis no início da terapia. Primeiro, recruto o paciente como um aliado e peço sua permissão para oferecer minhas observações sobre o aqui e agora. Então deixo claro que essas observações são altamente relevantes para as razões de o paciente estar em terapia. Por exemplo, em uma das primeiras sessões eu poderia dizer:

"Talvez eu possa ajudá-lo a entender o que está errado com os relacionamentos em sua vida examinando nosso relacionamento conforme ele ocorre. Mesmo que nosso relacionamento não seja o mesmo que uma amizade, há, no entanto, muita sobreposição, particularmente na natureza íntima de nossa discussão. Se eu puder fazer observações sobre você que possam esclarecer o que acontece entre você e os outros, gostaria de apontá-las. Tudo bem?"

Dificilmente será possível para o paciente rejeitar essa oferta, e, uma vez que tenhamos fechado esse contrato, sinto-me mais encorajado e menos intrusivo ao dar feedback. Como regra geral, tal acordo é uma boa ideia, e posso lembrar o paciente de nosso contrato caso surja algum constrangimento em relação ao feedback.

Considere, por exemplo, estes três pacientes:

- Ted, que por meses fala em voz baixa e se recusa a encontrar meu olhar;
- Bob, um CEO eficiente e poderoso, que vem a cada sessão com uma agenda escrita, faz anotações durante a sessão e me pede para repetir muitas das minhas declarações para não perder uma palavra;
- Sam, que divaga e patina em histórias longas, tangenciais e sem sentido.

Cada um desses três pacientes relatou grande dificuldade em estabelecer relacionamentos íntimos e, em cada caso, seu comportamento aqui e agora era obviamente relevante para seus problemas de relacionamento. A tarefa, em cada instância, era encontrar um método adequado para compartilhar minhas impressões.

"Ted, estou muito ciente do fato de que você nunca encontra meu olhar. É claro que não sei por que você desvia o olhar, mas sei que isso me leva a falar com você com muita delicadeza, quase como se você fosse frágil, e essa sensação de sua fragilidade me leva a pesar cuidadosamente tudo o que digo a você. Acredito que esse cuidado me impeça de ser espontâneo e de me sentir próximo de você. Esse comentário te surpreende? Você já ouviu isso antes?"

"Bob, deixe-me compartilhar alguns sentimentos. As anotações e agendas que você traz para as sessões significam para mim o quanto você está trabalhando para fazer bom uso desse tempo. Agradeço sua dedicação e preparação, mas ao mesmo tempo essas atividades têm um impacto grande em mim. Fico preso em uma atmosfera altamente profissional, e não pessoal, em nossas sessões, e também muitas vezes me sinto tão minuciosamente examinado e avaliado que minha espontaneidade acaba sufocada.

Acho que sou mais cauteloso com você do que gostaria. Será que você afeta os outros da mesma maneira?"

"Sam, deixa eu te interromper. Você está contando uma longa história e estou começando a me sentir perdido – estou perdendo de vista a relevância disso para o nosso trabalho. Muitas de suas histórias são tremendamente interessantes. Você é um ótimo contador de histórias e eu me envolvo em suas narrativas, mas ao mesmo tempo elas funcionam como uma barreira entre nós. As histórias me afastam de você e impedem um encontro mais profundo. Outras pessoas já disseram isso antes?"

Observe com cuidado as palavras nessas respostas. Em cada uma, eu me atenho às minhas observações do comportamento que vejo e que sentimentos esse comportamento causa. Eu tomo cuidado para evitar palpites sobre o que o paciente está tentando fazer – isto é, não comento que o paciente está tentando me evitar por não olhar para mim, ou me controlar por meio das agendas, ou me entretendo com as longas histórias. Se me concentro em meus sentimentos, é muito menos provável que eu evoque uma atitude defensiva deles – afinal, trata-se de meus sentimentos, e eles não podem ser contestados. Em cada caso, também introduzo a ideia de que é meu desejo estar mais próximo desses pacientes e conhecê-los melhor, e que o comportamento em questão me distancia deles e pode distanciar os outros também.

39
Aumente a receptividade ao feedback usando "partes"

Mais algumas sugestões sobre feedback. Evite dar feedback generalizado; em vez disso, torne-o focado e explícito. Evite só responder afirmativamente a perguntas gerais dos pacientes sobre se você gosta deles. Em vez disso, aumente a utilidade de sua resposta reformulando a pergunta e discutindo os aspectos do paciente que o aproximam e os que o afastam dele.

O uso de "partes" costuma ser um recurso útil para diminuir a postura defensiva. Considere, por exemplo, um paciente que quase sempre atrasa o pagamento da terapia. Sempre que discute isso, ele fica extremamente embaraçado e oferece muitas desculpas esfarrapadas. Eu considero úteis formulações como as seguintes:

> "Dave, entendo que pode haver razões realistas para você não pagar a terapia em dia. Percebo que você trabalha duro aqui, que me valoriza e que considera nosso trabalho valioso. Mas também acho que há uma pequena parte de você que é resistente, que tem fortes sentimentos sobre me pagar. Por favor, eu gostaria de falar com essa parte."

O uso de "partes" é um conceito útil para minar a negação e a resistência em muitas fases da terapia, e muitas vezes é uma maneira graciosa e gentil de explorar a ambiguidade. Além disso, para pacientes que não toleram ambiguidade e tendem a enxergar a vida em preto e branco, é uma introdução eficaz à noção de tons de cinza.

Por exemplo, considere um de meus pacientes gays que é imprudente em relação ao sexo desprotegido e oferece uma série de racionalizações. Minha abordagem foi: "John, entendo que você acredita que, nesta situação, sua chance de contrair HIV é de apenas uma em 1,5 mil. Mas também sei que existe uma parte particularmente imprudente ou descuidada em você. Quero conhecer e conversar com essa parte – a parte 1/1,5 mil de você".

Ou para um paciente desanimado ou suicida: "Entendo que você se sinta profundamente desanimado, que às vezes tenha vontade de desistir, que neste momento tenha até vontade de tirar a própria vida. Mas você ainda está aqui hoje. Alguma parte de você trouxe o resto de você para o meu consultório. Agora, por favor, quero falar com essa parte de você, a parte que quer viver".

40

Feedback: martele quando o ferro estiver frio

Uma nova paciente, Bonny, entra em meu consultório. Ela tem 40 anos, é atraente e tem um rosto angelical que brilha como se tivesse acabado de ser lavado. Embora ela seja popular e tenha muitos amigos, ela me conta que sempre é deixada para trás. Os homens ficam felizes em ir para a cama com ela, mas invariavelmente optam por sumir de sua vida em algumas semanas. "Por quê?", ela pergunta. "Por que ninguém me leva a sério?"

Em meu consultório, ela está sempre borbulhante e entusiasmada, e me lembra um animado guia turístico ou um adorável cachorrinho abanando o rabo. Ela parece uma criança pequena – direta, divertida, descomplicada, mas muito irreal e desinteressante. Não é difícil entender por que os outros não a levam a sério.

Tenho certeza de que minhas observações são importantes e que devo usá-las na terapia. Mas como? Como posso evitar machucá-la e fazê-la se fechar e ficar na defensiva? Um princípio que sempre se mostrou útil para mim é *martelar quando o ferro estiver frio* – ou seja, dar feedback sobre esse comportamento quando ela estiver se comportando de maneira diferente.

Por exemplo, um dia ela chorou amargamente em meu consultório ao falar sobre o casamento de sua irmã mais nova. A vida estava passando; seus amigos estavam todos se casando, enquanto ela não fazia nada além de envelhecer. Rapidamente se recompondo, ela abriu um enorme sorriso e se desculpou por "ser um bebê" e se deixar abater tanto em meu consultório. Aproveitei a oportunidade para lhe dizer que não só as desculpas eram desnecessárias, mas, ao contrário, era importante para ela compartilhar comigo seus momentos de desespero.

"Eu me sinto", eu disse, "muito mais perto de você hoje. Você parece muito mais real. É como se eu de fato conhecesse você agora, melhor do que nunca."
Silêncio.
"O que está pensando, Bonny?"
"Então eu tenho que desabar para você sentir que me conhece?"
"Entendo que você possa pensar isso. Deixe-me explicar. Muitas vezes, quando você vem ao meu consultório, tenho a sensação de que você é brilhante e divertida; ainda assim, de alguma forma, sinto-me distante da verdadeira você. Há uma certa efervescência que você tem nessas horas que é muito charmosa, mas também funciona como uma barreira, nos separando. Hoje é diferente. Hoje estou me sentindo conectado de verdade com você – e meu palpite é que esse é o tipo de conexão que você deseja em seus relacionamentos sociais. Diga-me, minha reação parece bizarra? Ou familiar? Mais alguém já disse isso para você? É possível que o que eu estou dizendo tenha alguma relevância para o que acontece com você em outros relacionamentos?"

Outra técnica relacionada emprega estados de idade. Às vezes, vejo um paciente em um estado de idade, às vezes em outro, e tento encontrar uma maneira aceitável de compartilhar isso com o paciente, em geral comentando sobre isso quando vejo o paciente em um estado apropriado para a idade. Alguns pacientes acham esse conceito particularmente importante e podem se monitorar com frequência e falar sobre a idade que sentem durante uma determinada sessão.

41

Fale sobre a morte

O MEDO DA MORTE SEMPRE se infiltra sob a superfície. Ele nos assombra ao longo da vida, e erguemos defesas – muitas baseadas na negação – para ajudar a lidar com a consciência de morte. Mas não podemos deixá-la de lado. Ela transborda em nossas fantasias e sonhos. Explode solta em cada pesadelo. Quando crianças, nos preocupávamos com a morte, e uma de nossas principais tarefas de desenvolvimento era lidar com o medo da obliteração.

A morte é um visitante em todos os cursos de terapia. Ignorar sua presença passa a mensagem de que ela é terrível demais para ser discutida. No entanto, a maioria dos terapeutas evita discussões diretas sobre a morte. Por quê? Alguns terapeutas a evitam porque não sabem o que fazer com a morte. "Para quê?", eles dizem. "Vamos voltar ao processo neurótico, uma coisa sobre a qual podemos fazer algo." Outros terapeutas questionam a relevância da morte para o processo terapêutico e seguem a recomendação do grande Adolph Meyer, que aconselhou não coçar onde não coça. Outros ainda se recusam a abordar um assunto que inspira grande ansiedade em um paciente já ansioso (e também no terapeuta).

No entanto, existem várias boas razões pelas quais devemos enfrentar a morte no decorrer da terapia. Primeiro, tenha em mente que a terapia é uma exploração profunda e abrangente do curso e do significado da vida de alguém; dada a centralidade da morte em nossa existência, dado que a vida e a morte são interdependentes, como podemos ignorá-la? Desde o início do pensamento escrito, os humanos perceberam que tudo desaparece, que tememos o desaparecimento e que devemos encontrar uma maneira de viver apesar do medo e do desaparecimento. Os psicoterapeutas não podem se dar ao luxo de ignorar os muitos grandes pensadores que concluíram que aprender a viver bem é aprender a morrer bem.

42
Morte e melhoria da vida

A MAIORIA DOS PROFISSIONAIS de saúde mental que cuidam de pacientes no fim da vida foi aconselhada, durante seu treinamento, a ler *A morte de Ivan Ilitch*, de Tolstói. Ivan Ilitch, um mesquinho burocrata agonizante, se depara com uma visão impressionante no final de sua vida: ele percebe que está morrendo muito mal porque viveu muito mal. Sua visão gera uma grande mudança pessoal e, em seus últimos dias, a vida de Ivan Ilitch é inundada por uma paz e significado que ele nunca antes alcançara. Muitas outras grandes obras da literatura contêm uma mensagem semelhante. Por exemplo, em *Guerra e paz*, Pierre, o protagonista, se transforma depois do cancelamento de última hora de um pelotão de fuzilamento. Scrooge, em *Um conto de Natal*, não se torna um novo homem de repente por causa da alegria do Natal; ao contrário, sua transformação ocorre quando o espírito do futuro permite que ele testemunhe a própria morte e pessoas estranhas brigando por suas posses. A mensagem em todas essas obras é simples e profunda: embora a fisicalidade da morte nos destrua, a ideia da morte pode nos salvar.

Nos anos em que trabalhei com pacientes terminais, atendi muitos pacientes que, diante da morte, passaram por mudanças pessoais significativas e positivas. Os pacientes sentiam que tinham se tornado sábios; repriorizavam seus valores e começavam a banalizar as trivialidades de suas vidas. Era como se o câncer curasse a neurose – fobias e preocupações interpessoais paralisantes pareciam desaparecer.

Sempre levei alunos para observar meus grupos de pacientes com câncer. Normalmente, em uma instituição de ensino, os grupos permitem a observação dos alunos, mas o fazem de má vontade e muitas vezes com algum ressentimento latente. Mas não meus grupos de pacientes com câncer terminal! Pelo contrário, eles acolheram com satisfação a oportunidade de compartilhar o que aprenderam. "Mas que pena", ouvi tantos pacientes lamentarem, "que tivemos que esperar até agora, até que nossos corpos estivessem crivados de câncer, para aprender a viver".

Heidegger falou de dois modos de existência: o modo cotidiano e o modo ontológico.[7] No modo cotidiano, somos consumidos e distraídos pelo ambiente material – ficamos maravilhados com a forma *como as coisas são* no mundo. No modo ontológico, estamos focados no ser *per se* – isto é, ficamos maravilhados com o fato *de as coisas serem* no mundo. Quando existimos no modo ontológico – o reino além das preocupações cotidianas –, estamos em um estado de prontidão particular para a mudança pessoal.

Mas como passamos do modo cotidiano para o modo ontológico? Os filósofos costumam falar de "experiências limítrofes" – experiências urgentes que nos tiram do "cotidiano" e fixam nossa atenção no próprio "ser". A experiência limítrofe mais poderosa é o confronto com a própria morte. Mas e as experiências limítrofes na prática clínica cotidiana?

---

7 Os termos escolhidos por Yalom para designar os modos de ser descritos por Heidegger são peculiares. Em *Ser e tempo* (1927), Heidegger descreve autenticidade (*Eigentlichkeit*) e inautenticidade (*Uneigenlichkeit*) como modos de ser distintos. O modo de ser inautêntico refere-se ao modo de ser do cotidiano, enquanto o modo de ser autêntico é o que Yalom chama de modo ontológico. A escolha pelo termo ontológico parece se dar pelo fato de que, para Heidegger, é no modo de ser autêntico, possibilitado pelo despertar da angústia (um afeto fundamental que propicia experiências limítrofes), que nós nos reaproximamos de nossas verdades existenciais fundamentais (ontológicas), das quais estamos sempre em fuga. O rompimento com o modo de ser cotidiano nos revela a condição intranquila de que somos uma questão para nós mesmos, e que, portanto, somos, dia após dia, uma tarefa para nós mesmos. O modo de ser cotidiano alivia o fardo do fato de termos que ser. [N.R.T.]

Como o terapeuta acha uma alavanca para a mudança disponível no modo ontológico em pacientes que não enfrentam a morte iminente?

Cada curso de terapia é repleto de experiências que, embora menos dramáticas, ainda podem alterar a perspectiva de modo efetivo. O luto, lidar com a morte do outro, é uma experiência limítrofe cujo poder raramente é aproveitado no processo terapêutico. Muitas vezes, no trabalho de luto, concentramo-nos extensa e exclusivamente na perda, nos assuntos inacabados no relacionamento, na tarefa de nos separarmos dos mortos e entrarmos mais uma vez no fluxo da vida. Embora todos esses passos sejam importantes, não devemos negligenciar o fato de que a morte do outro também serve para confrontar cada um de nós, de forma dura e pungente, com a própria morte. Anos atrás, em um estudo sobre o luto, descobri que muitos cônjuges enlutados iam além de simplesmente se recuperar e retornar ao seu nível de funcionamento anterior ao luto: entre um quarto e um terço dos sujeitos atingiam um novo nível de maturidade e sabedoria.

Além da morte e do luto, surgem muitas outras oportunidades para o discurso relacionado à morte durante o curso de cada terapia. Se tais questões nunca surgirem, acredito que o paciente está seguindo as instruções secretas do terapeuta. A morte e a mortalidade formam o horizonte de todas as discussões sobre envelhecimento, mudanças corporais, fases e muitos marcadores importantes da vida, como aniversários, ida dos filhos para a faculdade, o fenômeno do ninho vazio, aposentadoria, nascimento de netos. Uma reunião de classe pode ser um catalisador particularmente potente. Todo paciente discute, em um momento ou outro, relatos de jornais sobre acidentes, atrocidades, obituários. E também há a pegada inconfundível da morte em todos os pesadelos.

43
Como falar sobre a morte

Eu prefiro falar da morte de forma direta e reta. No início da terapia, faço questão de obter um histórico das experiências de morte de meus pacientes, fazendo perguntas como "Quando você tomou consciência da morte?", "Com quem você discutiu o assunto?", "Como os adultos em sua vida responderam às suas perguntas?", "Que mortes você já experimentou?", "A que funerais compareceu?", "Tem crenças religiosas sobre a morte?", "Como suas atitudes sobre a morte mudaram ao longo da vida?", "Tem fortes fantasias e sonhos sobre a morte?".

Eu abordo pacientes com ansiedade de morte severa do mesmo modo direto. Uma dissecação calma e prática da ansiedade costuma ser reconfortante. Com frequência, é útil dissecar o medo e indagar com calma sobre o que é aterrorizante na morte. As respostas a essa pergunta geralmente incluem medo do processo de morrer, preocupações com quem fica, preocupações com a vida depois da morte (que levantam a questão ao transformar a morte em um evento não terminal) e preocupações com a obliteração.

Uma vez que os terapeutas demonstrem sua equanimidade pessoal ao discutir a morte, seus pacientes levantarão o assunto com muito mais frequência. Por exemplo, Janice, 32 anos, mãe de três filhos, tinha feito uma histerectomia dois anos antes. Preocupada em ter mais filhos, ela tinha inveja de outras mães jovens, raiva quando era convidada para chás de bebês de amigos e rompeu totalmente com sua melhor amiga grávida por causa de uma inveja profunda e amarga.

Nossas sessões iniciais focaram em seu desejo implacável de ter mais filhos e as ramificações desse desejo em tantas esferas de sua vida. Na terceira sessão, perguntei-lhe se ela sabia no que estaria pensando se não estivesse pensando em ter filhos.

"Vou te mostrar", disse Janice. Abriu a bolsa, tirou uma mexerica, descascou-a, ofereceu-me um gomo (que aceitei) e comeu o resto.

"Vitamina C", disse ela. "Eu como quatro mexericas por dia."

"E por que a vitamina C é tão importante?"

"Me impede de morrer. Morrer – essa é a resposta para sua pergunta sobre em que eu estaria pensando. Eu penso o tempo todo em morrer."

A morte perseguia Janice desde os 13 anos, quando sua mãe morreu. Cheia de raiva de sua mãe por ter ficado doente, ela se recusou a visitá-la no hospital durante as últimas semanas de sua vida. Pouco depois, ela entrou em pânico porque pensou que um episódio de tosse indicava câncer de pulmão e não se tranquilizou nem com os médicos do pronto-socorro. Como sua mãe tinha morrido de câncer de mama, Janice tentou retardar o crescimento dos seios amarrando o peito e dormindo de barriga para baixo. A culpa por ter abandonado a mãe a marcou por toda a vida, e ela acreditava que dedicar-se aos filhos era uma expiação por não ter cuidado da mãe, bem como uma forma de garantir que não morreria sozinha.

Tenha em mente que as preocupações com a morte costumam se disfarçar com trajes sexuais. O sexo é o grande neutralizador da morte, a antítese vital absoluta da morte. Alguns pacientes que estão expostos a grandes ameaças de morte, de repente, tornam-se amplamente preocupados com pensamentos sexuais. (Existem estudos TAT [Testes de Apercepção Temática] documentando o aumento do conteúdo sexual em pacientes com câncer.) O termo francês para orgasmo, *la petite mort* ("a pequena morte"), significa a perda orgástica do *self*, que elimina a dor da separação – o "eu" solitário desaparecendo no "nós" fundido.

Certa vez, uma paciente com câncer abdominal maligno veio à terapia porque tinha se apaixonado pelo cirurgião a ponto de fantasias sexuais sobre ele substituírem seus medos da morte. Quando, por exemplo, ela marcara uma importante ressonância magnética na qual ele estaria presente, a decisão sobre qual roupa vestir a consumiu a ponto de ela perder de vista o fato de que sua vida estava em jogo.

Outro paciente, um "eterno *puer*", um prodígio matemático com grande potencial, permaneceu infantil e intimamente ligado à mãe até a idade adulta. Com um dom extraordinário para conceber grandes ideias, improvisar *brainstormings*, compreender rapidamente os fundamentos de novos e complexos campos de investigação, ele nunca conseguiu reunir a determinação necessária para concluir um projeto, construir uma carreira, uma família ou um lar. A preocupação com a morte não era consciente, mas entrou em nossas discussões por meio de um sonho:

"Minha mãe e eu estamos em uma sala grande. Assemelha-se a um quarto da nossa antiga casa, mas tem uma praia como uma das paredes. Caminhamos até a praia e minha mãe insiste para que eu entre na água. Estou relutante, mas pego uma cadeirinha para ela se sentar e relaxar. A água está muito escura, e logo, à medida que afundo até os ombros, as ondas se transformam em granito. Acordo com falta de ar e encharcado de suor."

A imagem das ondas de granito que o cobrem, uma poderosa imagem de terror, morte e enterro, ajudou-nos a compreender a sua relutância em deixar a infância e a mãe e entrar plenamente na idade adulta.

44

Fale sobre o significado da vida

Nós, humanos, parecemos ser criaturas em busca de significado que tiveram o infortúnio de ser jogadas em um mundo desprovido de significado intrínseco. Uma de nossas principais tarefas é inventar um significado forte o suficiente para sustentar uma vida e executar a manobra complicada de negar nossa autoria pessoal desse significado. Desse modo, concluímos que ele estava "lá fora", esperando por nós. Nossa busca contínua por sistemas de significado substancial muitas vezes nos lança em crises de significado.

Mais indivíduos procuram terapia por causa de preocupações sobre o sentido da vida do que os terapeutas costumam perceber. Jung relatou que um terço de seus pacientes o buscavam por esse motivo. As queixas assumem diversas formas. Por exemplo: "A minha vida não tem coerência", "Não tenho paixão por nada", "Por que estou vivendo? Qual é a finalidade?", "Certamente a vida deve ter algum significado mais profundo", "Eu me sinto tão vazio – assistir à TV todas as noites me faz sentir sem sentido, inútil", "Mesmo agora, com 50 anos, ainda não sei o que quero fazer quando crescer".

Certa vez, tive um sonho (descrito em *Mamãe e o sentido da vida*) no qual, enquanto pairava perto da morte em um quarto de hospital, de repente me vi em um parque de diversões (na Casa dos Horrores). Quando o carrinho estava prestes a entrar na boca negra da morte, de repente avistei minha mãe morta no meio da multidão, vendo tudo, e gritei para ela: "Mamãe, mamãe, como me saí?".

O sonho, e especialmente meu chamado – "Mamãe, mamãe, como me saí?" –, me assombrou por muito tempo, não por causa das imagens de morte do sonho, mas por causa de suas implicações sombrias sobre o significado da vida. Seria possível, pensei, que eu tivesse conduzido toda a minha vida com o objetivo principal de obter a aprovação de minha mãe? Como eu tive um relacionamento conturbado com ela e não valorizava sua aprovação enquanto ela estava viva, o sonho era muito mais mordaz.

A crise de significado retratada no sonho me levou a explorar minha vida de uma maneira diferente. Em uma história que escrevi logo depois do sonho, conversei com o fantasma de minha mãe a fim de curar o rompimento entre nós e entender como os significados de nossas vidas se entrelaçavam e se conflitavam um com o outro.

Alguns workshops experienciais usam estratégias para encorajar discursos sobre o significado da vida. Talvez o mais comum seja perguntar aos participantes o que eles desejam para o epitáfio de sua lápide. A maioria dessas investigações sobre o sentido da vida leva a uma discussão de objetivos como altruísmo, hedonismo, dedicação a uma causa, generatividade, criatividade, autorrealização. Muitos sentem que os projetos de significado assumem uma importância mais profunda e poderosa se forem autotranscendentes – isto é, dirigidos a algo ou alguém fora de si mesmos, como o amor por uma causa, pessoa ou essência divina.

O recente sucesso precoce de jovens milionários *high-tech* muitas vezes gera uma crise de vida que pode ser instrutiva sobre sistemas de significado de vida não autotranscendentes. Muitos desses indivíduos iniciam suas carreiras com uma visão clara – prosperar, ganhar muito dinheiro, viver bem, ganhar o respeito dos colegas, se aposentar cedo. E um número sem precedentes de jovens na casa dos 30 fez exatamente isso. Mas então surgiu a pergunta: "E agora? E quanto ao resto da minha vida – os próximos quarenta anos?".

A maioria dos jovens milionários high-tech que conheci continuam fazendo praticamente a mesma coisa: abrem novas empresas, tentam repetir o sucesso. Por quê? Eles dizem a si mesmos que precisam provar que não foi por acaso, que podem fazer aquilo sozinhos, sem um sócio ou mentor específico. Eles sobem o sarrafo. Para sentir que eles e sua família estão seguros, não precisam de mais um ou dois milhões no banco – eles precisam de cinco, dez, até mesmo cinquenta milhões para se sentirem seguros. Eles percebem a inutilidade e a irracionalidade de ganhar mais dinheiro quando já têm mais do que podem gastar, mas isso não os faz parar. Eles percebem que estão subtraindo tempo de suas famílias, de coisas mais próximas do coração, mas simplesmente não conseguem deixar o jogo para lá. "O dinheiro está aí fora", eles me dizem. "Tudo o que tenho a fazer é pegar." Eles têm que fazer acordos. Um empresário do ramo imobiliário me disse que achava que iria desaparecer se parasse. Muitos temem o tédio – mesmo o mais leve cheiro de tédio os faz voltar correndo para o jogo. Schopenhauer disse que o desejo em si nunca é realizado – assim que um desejo é satisfeito, outro aparece. Embora possa haver uma pausa muito breve, algum período fugaz de saciedade, de imediato isso é transformado em tédio. "Toda vida humana", disse ele, "é jogada para a frente e para trás entre a dor e o tédio."

Ao contrário de minha abordagem de outras preocupações existenciais fundamentais (morte, isolamento, liberdade), acho que o significado da vida é mais bem abordado obliquamente. O que devemos fazer é mergulhar em um dos muitos significados possíveis, em especial um com base autotranscendente. É o engajamento que conta, e nós, terapeutas, agimos melhor ao identificar e ajudar a remover os obstáculos ao engajamento. A questão do sentido da vida, como ensinou o Buda, não é edificante. É preciso mergulhar no rio da vida e deixar a questão se dissipar.

45
Liberdade

DESCREVI ANTERIORMENTE QUATRO preocupações fundamentais, quatro fatos fundamentais da existência – morte, isolamento, falta de sentido, liberdade – que, quando confrontados, provocam ansiedade profunda. A ligação entre "liberdade" e ansiedade não é intuitiva porque, à primeira vista, "liberdade" parece conter apenas conotações positivas diretas. Afinal, ao longo da civilização ocidental, não ansiamos e lutamos pela liberdade política? No entanto, a liberdade tem um lado mais sombrio. Vista da perspectiva da autocriação, escolha, vontade e ação, a liberdade é psicologicamente complexa e permeada de ansiedade.

Somos, num sentido muito profundo, responsáveis por nós mesmos. Somos, como disse Sartre, os autores de nós mesmos. Em última análise, através do acréscimo de nossas escolhas, nossas ações e omissões, nós projetamos a nós mesmos. Não podemos fugir dessa responsabilidade, dessa liberdade. Nas palavras de Sartre, "estamos condenados à liberdade".

Nossa liberdade é ainda mais profunda do que nosso projeto de vida individual. Há mais de dois séculos, Kant nos ensinou que somos responsáveis por fornecer forma e significado não apenas ao mundo interno, mas também ao mundo exterior. Nossos encontros com o mundo exterior são sempre processados pelo nosso aparato psicológico e neurológico. A realidade não é como imaginávamos na infância – não entramos (e depois saímos) de um mundo bem estruturado. Em vez disso, desempenhamos o papel central na constituição desse mundo – e o constituímos como se ele parecesse ter uma existência independente.

E a relevância do lado sombrio da liberdade para a ansiedade e para o trabalho clínico? Uma resposta pode ser encontrada olhando para baixo. Se somos constituintes do mundo primordial, então onde está o chão sólido abaixo de nós? O que está abaixo de nós? O nada, *Das Nichts*, como dizem os filósofos existenciais alemães. O abismo, o abismo da liberdade. E com a percepção do nada no âmago do ser vem uma ansiedade profunda.

Portanto, embora o termo *liberdade* esteja ausente das sessões de terapia e dos manuais de psicoterapia, seus derivados – responsabilidade, vontade, desejo, decisão – são habitantes altamente visíveis de todos os empreendimentos psicoterapêuticos.

46
Ajudando os pacientes a assumir responsabilidades

Enquanto os pacientes persistirem em acreditar que seus principais problemas são resultado de algo fora de seu controle – ações de outras pessoas, nervos ruins, problemas sociais, injustiças de classe, genes –, então nós, terapeutas, somos limitados no que podemos oferecer. Podemos lamentar, sugerir métodos mais adaptativos de resposta aos ataques e injustiças da vida; podemos ajudar os pacientes a atingir a equanimidade ou ensiná-los a serem mais eficazes na alteração de seu ambiente.

Mas se esperamos uma mudança terapêutica mais significativa, devemos encorajar nossos pacientes a assumir responsabilidades – isto é, a compreender como eles mesmos contribuem para seu sofrimento. Uma paciente pode, por exemplo, descrever uma série de experiências horríveis no mundo dos solteiros: os homens a maltratam, os amigos a traem, os patrões a exploram, os amantes a enganam. Mesmo que o terapeuta esteja convencido da veracidade dos eventos descritos, chega um momento em que este deve se atentar para o papel do próprio paciente na sequência dos eventos. De fato, o terapeuta pode ter que dizer: "Mesmo que 99% das coisas ruins que acontecem com você sejam culpa de outra pessoa, quero olhar para o outro um por cento – a parte que é sua responsabilidade. Temos que olhar para o seu papel, mesmo que seja muito limitado, porque é onde posso ajudar mais".

A prontidão para aceitar a responsabilidade varia muito de paciente para paciente. Alguns chegam rapidamente a uma compreensão de seu papel em seus fracassos; outros acham que assumir responsabilidades é tão difícil que isso constitui a maior parte da terapia e, uma vez dado esse passo, a mudança terapêutica pode ocorrer quase automaticamente e sem esforço.

Todo terapeuta desenvolve métodos para facilitar a tomada de responsabilidades. Às vezes, ressalto para um paciente muito explorado que para cada explorador deve haver um explorado – isto é, se eles se encontram repetidamente em um papel de explorado, então decerto o papel deve ter alguma atração para eles. Qual deve ser? Alguns terapeutas fazem a mesma observação ao confrontar os pacientes com a pergunta: "Qual é a recompensa para você nessa situação?".

O formato da terapia de grupo oferece uma alavanca particularmente poderosa para ajudar os pacientes a compreenderem sua responsabilidade pessoal. Todos os pacientes começam o grupo juntos em pé de igualdade e, nas primeiras semanas ou meses, cada membro assume um papel interpessoal específico no grupo – um papel que é semelhante ao papel que cada um ocupa em sua vida externa. Além disso, o grupo está a par de como cada membro molda esse papel interpessoal. Essas etapas são muito mais óbvias quando rastreadas no aqui e agora do que quando o terapeuta tenta reconstruí-las com base no relato não confiável do próprio paciente.

A ênfase do grupo de terapia no feedback inicia uma sequência de tomada de responsabilidade:

1. Os membros aprendem como seu comportamento é enxergado pelos outros.
2. Eles, então, aprendem como seu comportamento faz os outros se sentirem.
3. Eles observam como seu comportamento molda a opinião dos outros sobre eles.
4. Por fim, eles aprendem que esses três primeiros passos moldam a maneira como eles se sentem a respeito de si mesmos.

Assim, o processo começa com o comportamento do paciente e termina com a forma como cada um passa a ser valorizado pelos outros e por si mesmo.

Essa sequência pode formar a base de poderosas intervenções do terapeuta de grupo. Por exemplo: "Joe, vamos dar uma olhada no que está acontecendo com você no grupo. Aqui está você, depois de dois meses, não se sentindo bem consigo mesmo neste grupo e com vários dos membros impacientes com você (ou intimidados, ou esquivos, ou zangados, ou aborrecidos, ou se sentindo seduzidos ou traídos). O que aconteceu? Isso é familiar para você? Você estaria disposto a dar uma olhada em seu papel para que isso aconteça?".

Os terapeutas individuais também tiram proveito dos dados do aqui e agora, pois apontam a responsabilidade do paciente no processo terapêutico – por exemplo, o atraso do paciente, a ocultação de informações e sentimentos, o esquecimento de registrar sonhos.

A tomada de responsabilidade é um primeiro e essencial passo no processo terapêutico. Uma vez que os indivíduos reconhecem seu papel na criação da própria situação de vida, eles também percebem que eles, e apenas eles, têm o poder de mudar essa situação.

Olhar para trás em sua vida e aceitar a responsabilidade pelo que fez a si mesmo pode resultar em grande arrependimento. O terapeuta deve antecipar esse arrependimento e tentar reformulá-lo. Com frequência exorto os pacientes a se projetarem no futuro e a considerarem como podem viver *agora*, de modo que daqui a cinco anos possam olhar para trás sem que o arrependimento os domine novamente.

47
Nunca (ou quase nunca) tome decisões pelo paciente

HÁ ALGUNS ANOS, MIKE, um médico de 33 anos, veio para a terapia por causa de um dilema urgente: ele tinha alugado uma casa no Caribe e planejava sair de férias em um mês. Mas havia um problema – um problemão. Ele tinha convidado duas mulheres para acompanhá-lo e ambas aceitaram – Darlene, sua namorada de longa data, e Patricia, um estouro de mulher que ele conhecera alguns meses antes. O que ele deveria fazer? Ele estava paralisado de ansiedade.

Ele descreveu seu relacionamento com as duas mulheres. Darlene, uma jornalista, era uma rainha do baile de formatura que ele reencontrou em uma reunião da escola alguns anos atrás. Ele a achou bonita e sedutora e se apaixonou por ela na hora. Embora Mike e Darlene morassem em cidades diferentes, eles mantiveram um romance intenso nos últimos três anos, falavam diariamente ao telefone e passavam a maior parte dos fins de semana e férias juntos.

Nos últimos meses, no entanto, o ardor do relacionamento tinha esfriado. Mike sentia-se menos atraído por Darlene, a vida sexual deles definhara, as conversas telefônicas pareciam inconstantes. Além disso, suas funções jornalísticas exigiam tantas viagens que muitas vezes era difícil para ela passar os fins de semana fora e impossível se mudar para mais próximo dele. Mas Patrícia, sua nova amiga, parecia a realização de um sonho: pediatra, elegante, rica, a oitocentos metros de distância e doida para ficar com ele.

Parecia um não problema. Repeti para ele suas descrições das duas mulheres, me perguntando o tempo todo: "Onde está o problema?". A decisão parecia tão óbvia – Patrícia era muito certa e Darlene muito problemática – e o prazo tão iminente que senti a tentação mais forte de intervir e dizer a ele para seguir em frente e anunciar sua decisão, a única decisão razoável a ser tomada. Onde estava o enrosco? Por que piorar as coisas para a pobre Darlene, amarrando-a cruel e desnecessariamente?

Embora eu tenha evitado a armadilha de dizer a ele explicitamente o que fazer, consegui transmitir minhas opiniões. Nós, terapeutas, temos nossos pequenos truques – afirmações como: "Eu me pergunto o que o impede de agir de acordo com a decisão que você já parece ter tomado". (E eu me pergunto o que diabos os terapeutas fariam sem o artifício do "eu me pergunto"?). E assim, de uma forma ou de outra, prestei a ele o grande serviço (em apenas três sessões em ritmo acelerado!) de mobilizá-lo a escrever a inevitável carta de "Sinto muito" para Darlene e zarpar para um cintilante pôr do sol caribenho com Patricia.

Mas a coisa não cintilou por muito tempo. Nos meses seguintes, coisas estranhas aconteceram. Embora Patricia continuasse a ser a mulher dos sonhos, Mike ficou desconfortável com sua insistência em proximidade e compromisso. Ele não gostou quando ela lhe deu as chaves de seu apartamento e insistiu que ele fizesse o mesmo. E então, quando Patricia sugeriu que eles morassem juntos, Mike recusou. Em nossas sessões, ele começou a falar com grande entusiasmo sobre como valorizava seu espaço e solidão. Patrícia era uma mulher extraordinária, sem defeitos. Mas ele se sentiu invadido. Ele não queria morar com ela, nem com ninguém, e logo se separaram.

Era hora de Mike procurar outro relacionamento, e um dia ele me mostrou um anúncio que tinha postado em um serviço de encontros por computador. Especificava características particulares da mulher que ele desejava (beleza, lealdade, uma idade aproximada e histórico) e descrevia o tipo de relacionamento que ele buscava (um arranjo exclusivo, mas separado, no qual ele e ela manteriam o próprio espaço, falariam com frequência no telefone e passariam fins de semana e férias juntos). "Sabe de uma coisa, doutor", ele disse melancolicamente, "é uma descrição muito parecida com a Darlene."

A MORAL DA HISTÓRIA É: cuidado com a pressa de tomar decisões pelo paciente. É sempre uma má ideia. Como esse exemplo ilustra, não apenas nos falta uma bola de cristal, mas também trabalhamos com dados não confiáveis. A informação fornecida pelo paciente não apenas é distorcida, mas tende a mudar com o passar do tempo ou conforme o relacionamento com o terapeuta muda. É inevitável surgirem fatores novos e inesperados. Se, como neste caso, a informação que o paciente apresenta apoia fortemente um curso de ação específico, então o paciente, por uma série de razões, está buscando apoio para uma decisão particular que pode ou não ser o curso de ação mais inteligente.

Fiquei cético em relação aos relatos dos pacientes sobre a culpabilidade dos cônjuges. Repetidas vezes tive a experiência de conhecer o cônjuge e ficar surpreso com a falta de convergência entre a pessoa à minha frente e a pessoa sobre quem ouvi falar por tantos meses. O que em geral é omitido nos relatos de discórdia conjugal é o papel do paciente no processo.

Ficaremos em muito melhor posição se contarmos com dados mais confiáveis – dados não filtrados pelo viés do paciente. Existem duas fontes particularmente úteis de observações mais objetivas: sessões de casais, em que um terapeuta pode ver a interação entre os parceiros, ou o foco no relacionamento terapêutico no aqui e agora, em que os terapeutas podem ver qual é a contribuição dos pacientes para os seus relacionamentos interpessoais.

Uma ressalva: há ocasiões em que a evidência de que o paciente está sendo abusado por outro é tão forte – e a necessidade de uma ação decisiva tão clara – que cabe ao terapeuta exercer toda a influência possível sobre certas decisões. Eu faço tudo o que posso para desencorajar uma mulher com evidência de abuso físico de retornar a um ambiente em que ela provavelmente voltará a ser espancada. Daí a cláusula "Ou quase nunca" no título deste capítulo.

48
Decisões: uma *via regia* para o fundamento existencial

APRESSAR-SE EM TOMAR DECISÕES pelos pacientes é uma boa maneira de perdê-los. Pacientes a quem se atribui uma tarefa que eles não podem ou não querem realizar são pacientes infelizes. Se eles se ressentem por serem controlados, se sentem inadequados ou estremecem com a perspectiva de desapontar seu terapeuta, o resultado costuma ser o mesmo – eles desistem da terapia.

Mas, além da possibilidade de erro técnico, há uma razão ainda mais premente para não tomar decisões pelos pacientes: há algo muito melhor a fazer com dilemas relativos a decisões. As decisões são uma *via regia*, uma estrada principal, para um rico domínio existencial: o reino da liberdade, responsabilidade, escolha, arrependimento, desejo e vontade. Contentar-se com conselhos preventivos superficiais é abrir mão da oportunidade de explorar esse domínio com seu paciente.

Como os dilemas de decisão inflamam a ansiedade com a liberdade, muitos se esforçam ao máximo para evitar decisões ativas. É por isso que alguns pacientes buscam libertar-se das decisões e, por meio de artifícios astutos, induzem terapeutas incautos a retirar deles o fardo de tomá-las.

Ou forçam outras pessoas em suas vidas a tomar a decisão por eles: todo terapeuta já viu pacientes que terminam relacionamentos maltratando seus parceiros de tal forma que eles escolhem ir embora. Outros apenas esperam alguma transgressão aberta do outro: por exemplo, uma de minhas pacientes envolvida em um relacionamento altamente destrutivo disse: "Não consigo terminar esse relacionamento, mas rezo para poder pegá-lo na cama com outra mulher para eu o largar".

Um dos meus primeiros passos na terapia é ajudar os pacientes a assumir a responsabilidade por suas ações. Tento ajudá-los a entender que eles tomam uma decisão mesmo não decidindo ou manipulando alguém para tomar a decisão por eles. Uma vez que os pacientes aceitem essa premissa e assumam seu comportamento, então, de uma maneira ou de outra, coloco a questão-chave da terapia: "Você está satisfeito com isso?". (Satisfeito tanto com a natureza da decisão quanto com seu modo de tomá-la.)

Vejamos, por exemplo, um homem comprometido infiel que se distancia de sua esposa e a maltrata tanto que ela, e não ele, toma a decisão de terminar o casamento. Prossigo revelando seu padrão de renegar suas decisões, um padrão que resulta em seu sentimento de ser controlado por eventos externos. Enquanto ele negar a própria ação, é improvável que vá haver uma mudança real, já que sua atenção estará voltada para a mudança de seu ambiente e não para si mesmo.

Quando esse paciente percebe sua responsabilidade no término do casamento e percebe também que foi ele quem escolheu terminar, então volto sua atenção para o quanto ele está satisfeito com a forma como tomou a decisão. Ele agiu de boa-fé com sua companheira de tantos anos, com a mãe de seus filhos? Que arrependimentos ele terá no futuro? Que respeito ele terá por si próprio?

49
Foque a resistência à decisão

POR QUE AS DECISÕES SÃO DIFÍCEIS? No romance *Grendel*, de John Gardner, o protagonista, confuso com os mistérios da vida, consulta um sábio padre que profere uma simples frase: "Tudo desvanece, e as alternativas se excluem".

"As alternativas se excluem" – esse conceito está no cerne de muitas das dificuldades da decisão. Para cada "sim" deve haver um "não". As decisões são caras porque exigem renúncia. Esse fenômeno atraiu grandes mentes ao longo dos tempos. Aristóteles imaginou um cachorro faminto incapaz de escolher entre duas porções de comida igualmente atraentes, e os escolásticos medievais escreveram sobre o burro de Burridan, que morreu de fome entre dois fardos de feno igualmente cheirosos.

No capítulo 42, descrevi a morte como uma experiência limítrofe capaz de mover um indivíduo de um estado mental cotidiano para um estado ontológico (um estado de ser no qual temos consciência de ser), no qual a mudança é mais possível. A decisão é outra experiência limítrofe. Ela não apenas nos confronta com o grau com que nos criamos, mas também com os limites das possibilidades. Tomar uma decisão nos isola de outras possibilidades. Escolher uma mulher, uma carreira ou uma escola significa abrir mão da possibilidade de outras. Quanto mais enfrentamos nossos limites, mais temos que abrir mão do mito de sermos especiais, de potencial ilimitado, de nossa imperecibilidade e imunidade às leis do destino biológico. É por essas razões que Heidegger se referiu à morte como a *impossibilidade de novas possibilidades*. O caminho para a decisão pode ser difícil porque leva ao território tanto da finitude quanto da falta de fundamento – domínios encharcados de ansiedade. *Tudo desvanece, e as alternativas se excluem.*

50
Facilitando a conscientização por meio de conselhos

EMBORA AJUDEMOS OS PACIENTES a lidar com dilemas relacionados a decisões principalmente ao ajudá-los a assumir responsabilidades e expondo suas profundas resistências a escolher, cada terapia usa uma série de outras técnicas de facilitação.

Às vezes eu ofereço conselhos ou prescrevo certos comportamentos *não como uma forma de usurpar a decisão do meu paciente, mas para dar um choque em um pensamento ou padrão de comportamento arraigado.* Por exemplo, Mike, um pesquisador de 34 anos, se perguntava se deveria visitar seus pais durante uma viagem profissional que estava por vir. Em todas as vezes que fizera isso nos últimos anos, sem exceção, brigara com o pai, um rude operário que se ressentia de ter de encontrá-lo no aeroporto e o repreendia por não ter alugado um carro.

Sua última viagem provocara uma cena tão amarga no aeroporto que ele encurtou a visita e partiu sem voltar a falar com o pai. No entanto, ele queria ver sua mãe, de quem era próximo e que concordava com ele em sua avaliação de seu pai como um pão-duro vulgar e insensível.

Eu instei Mike a visitar seus pais, mas também a dizer a seu pai que ele insistia em alugar um carro. Mike pareceu chocado com minha sugestão. Seu pai sempre o encontrava no aeroporto – esse era o seu papel. Talvez seu pai pudesse ficar magoado por não ser necessário. Além disso, para que desperdiçar o dinheiro? O carro seria inútil depois que chegasse na casa dos pais. Por que pagar para que ele ficar parado, sem uso por um ou dois dias?

Lembrei-lhe de que seu salário como pesquisador era mais que o dobro do de seu pai. E se ele estava preocupado com a possibilidade de seu pai se magoar, por que não tentar ter uma conversa gentil por telefone com ele, explicando os motivos da decisão de alugar o carro?

"Uma conversa telefônica com meu pai?", Mike disse. "Impossível. Nunca nos falamos ao telefone. Só falo com minha mãe quando telefono."

"Tantas regras. Tantas regras familiares fixas", eu meditei. "Você diz que quer que as coisas mudem com seu pai. Para que isso aconteça, algumas regras familiares podem ter que ser mudadas. Qual é o risco de abrir tudo para discussão – por telefone, pessoalmente, até mesmo por carta?"

O paciente enfim cedeu às minhas sugestões e, com o próprio estilo e voz, começou a mudar seu relacionamento com o pai. Mudar uma parte do sistema familiar sempre afeta outras partes e, nesse caso, sua mãe substituiu seu pai como o principal problema familiar por várias semanas. Uma hora isso também foi resolvido; a família se uniu aos poucos, e Mike tinha uma noção aguçada do papel que desempenhara na distância que existira entre ele e o pai.

OUTRO PACIENTE, JARED, não conseguiu tomar as providências necessárias para renovar seu *green card*. Embora eu soubesse que havia questões dinâmicas subjacentes à sua procrastinação, teríamos que esperar para explorá-las porque, se ele não agisse imediatamente, seria forçado a deixar o país, abandonando não apenas um promissor empreendimento de pesquisa e um relacionamento romântico florescente, mas também a terapia. Perguntei se ele queria minha ajuda com o pedido de *green card*.

Ele respondeu que sim, e traçamos um curso e um cronograma de ação. Ele prometeu que, dentro de vinte e quatro horas, me enviaria por e-mail cópias de seus pedidos de cartas de referência de ex-professores e empregadores e, em nossa próxima visita, sete dias depois, traria seu formulário preenchido ao meu consultório.

Essa intervenção foi suficiente para resolver a crise do *green card* e nos permitiu então voltar nossa atenção para o significado de sua procrastinação, seus sentimentos sobre minha intervenção, seu desejo de que eu assumisse seu lugar e sua necessidade de ser observado e socorrido.

Outro exemplo envolve Jay, que desejava romper um relacionamento com Meg, uma mulher de quem ele era próximo havia vários anos. Ela tinha sido uma amiga íntima de sua esposa e ajudara a cuidar dela durante uma doença terminal, apoiando-o depois durante um terrível luto de três anos. Ele se apegou a Meg e morou com ela durante esse tempo, mas, ao se recuperar de sua dor, percebeu que eles não eram compatíveis e, depois de outro doloroso ano de indecisão, acabou pedindo que ela se mudasse.

Embora não a desejasse como esposa, ele era extremamente grato a ela e ofereceu-lhe um apartamento sem cobrar aluguel em um prédio de sua propriedade. Depois disso, teve uma série de relacionamentos de curto prazo. Sempre que um desses relacionamentos terminava, ele ficava tão agoniado com o isolamento que voltava a Meg até que alguém mais adequada aparecesse. O tempo todo ele continuou a dar a Meg pequenos sinais de que talvez, no final das contas, ele e ela pudessem se tornar um casal mais uma vez. Meg respondeu colocando sua vida em suspenso e permanecendo em estado de perpétua prontidão para ele.

Sugeri a ele que suas ações de má-fé com Meg eram responsáveis não apenas por ela estar parada na vida, mas também por grande parte da sua própria disforia e culpa. Ele negou que estivesse agindo de má-fé e citou como prova sua generosidade para com Meg ao oferecer a ela um apartamento sem cobrar aluguel. Se ele de fato se sentia generoso com ela, observei, por que não a ajudar de alguma maneira que não a mantivesse ligada a ele – por exemplo, dar-lhe um presente em dinheiro ou a posse do apartamento. Mais algumas dessas sessões de confronto resultaram em seu reconhecimento para si mesmo e para mim de que ele estava se recusando egoisticamente a deixá-la partir – ele queria mantê-la em espera, como um *backup*, como um seguro contra a solidão.

EM CADA UM DESSES CASOS, o conselho que ofereci não pretendia ser um fim em si mesmo, mas um meio de encorajar a exploração: das regras dos sistemas familiares, do significado e da recompensa da procrastinação e dos anseios de dependência, da natureza e das consequências da má-fé.

Na maioria das vezes, é o processo de dar conselhos que ajuda, e não o conteúdo específico do conselho. Por exemplo, um médico chegou à terapia paralisado pela procrastinação. Ele estava com sérios problemas em seu hospital por causa de sua incapacidade de preencher prontuários médicos, o que resultou em uma montanha de várias centenas de prontuários em seu consultório.

Tentei de tudo para mobilizá-lo. Visitei seu consultório para avaliar a magnitude da tarefa. Pedi-lhe que trouxesse gráficos e um gravador de voz ao meu consultório para que eu pudesse fazer sugestões sobre sua técnica de gravação. Construímos uma programação semanal de gravações, e eu telefonei para ele para saber se ele a estava cumprindo.

Nenhuma dessas intervenções específicas foi especialmente útil, mas mesmo assim ele foi tocado pelo processo – ou seja, meu cuidado ter ido além do espaço do consultório. A consequente melhoria em nosso relacionamento acabou levando a um bom trabalho terapêutico, resultando na descoberta de métodos próprios para lidar com seu acúmulo.

51
Facilitando decisões — outras estratégias

COMO TODOS OS TERAPEUTAS, tenho técnicas de mobilização favoritas, desenvolvidas ao longo de muitos anos de prática. Às vezes acho útil ressaltar o absurdo da resistência com base em eventos passados irreversíveis. Certa vez, tive um paciente resistente, muito travado na vida, que persistia em culpar a mãe por eventos ocorridos décadas antes. Ajudei-o a compreender o absurdo de sua posição, pedindo-lhe que repetisse várias vezes esta afirmação: "Não vou mudar, mãe, até que você me trate de maneira diferente de quando eu tinha 8 anos". De vez em quando, ao longo dos anos, usei esse dispositivo de maneira eficaz (com variações de palavras, é claro, para adequá-lo à situação particular de um paciente). Às vezes, simplesmente lembro aos pacientes que, mais cedo ou mais tarde, eles terão que abrir mão do objetivo de ter um passado melhor.

Outros pacientes dizem que não podem agir porque não sabem o que querem. Nesses casos, tento ajudá-los a localizar e vivenciar seus desejos. Isso pode ser desgastante e, no final das contas, muitos terapeutas ficam cansados e querem gritar: "Você nunca quer nada?". Karen Horney às vezes dizia, talvez exasperada: "Você já pensou em se perguntar o que deseja?". Alguns pacientes não sentem que têm o direito de querer nada, outros tentam evitar a dor da perda abrindo mão do desejo. ("Se eu nunca desejar, nunca mais ficarei desapontado.") Outros, ainda, não experimentam ou expressam desejos na esperança de que os adultos ao seu redor adivinhem seus desejos.

Ocasionalmente, pode ser que indivíduos reconheçam o que desejam apenas quando isso lhes é tirado. Algumas vezes, ao trabalhar com indivíduos confusos sobre seus sentimentos em relação a um companheiro, achei útil imaginar (ou encenar) uma conversa telefônica na qual o outro rompe o relacionamento. O que eles sentem então? Tristeza? Dor? Alívio? Euforia? Podemos então encontrar uma maneira de permitir que esses sentimentos alimentem seu comportamento e decisões proativos?

Algumas vezes galvanizei pacientes apanhados em um dilema de decisão citando uma frase de *A queda*, de Camus, que sempre me afetou profundamente: "Acredite-me, para certos seres, pelo menos, não possuir aquilo que não se deseja é a coisa mais difícil do mundo".

Eu tentei muitas maneiras de ajudar os pacientes a se enxergarem de forma mais objetiva. Às vezes, mostra-se útil um truque para alterar a perspectiva que aprendi com Lewis Hill, um supervisor. Eu recruto o paciente como um autoterapeuta da seguinte forma:

"Mary, estou um pouco perdido com uma das minhas pacientes e gostaria da sua ajuda; talvez você possa ter algumas sugestões úteis. Estou atendendo com uma mulher inteligente, sensível e atraente de 45 anos que me diz que está em um casamento absolutamente terrível. Durante anos, ela planejou deixar o marido quando a filha fosse para a faculdade. Esse tempo já passou e, apesar de estar muito infeliz, ela continua na mesma situação. Ela diz que seu marido não é amoroso e é verbalmente abusivo, mas ela não está disposta a convidá-lo para entrar na terapia de casais, já que ela decidiu terminar e, se ele mudar na terapia, ficaria mais difícil para ela. Mas já se passaram cinco anos desde que sua filha saiu de casa, ela ainda está lá e tudo continua igual. Ela não entrará nem sairá da terapia conjugal. Eu me pergunto se ela está desperdiçando a única vida que tem só para puni-lo. Ela diz que quer que ele faça o movimento. Ela reza para pegá-lo na cama com outra mulher (ou com um homem – ela tem suas suspeitas sobre isso), aí então ela poderia ir embora."

Claro, Mary rapidamente percebe que a paciente é ela mesma. Ouvir-se descrita a distância em terceira pessoa pode permitir que ela ganhe mais objetividade sobre sua situação.

52
Conduza a terapia como uma sessão contínua

Muitos anos atrás, fiz terapia com Rollo May durante um período de dois anos. Ele morava e trabalhava em Tiburon, e eu em Palo Alto, a pouco mais de uma hora de carro. Eu achei que poderia tentar fazer bom uso do trajeto ouvindo a fita da sessão de terapia da semana anterior. Rollo concordou com a gravação e logo descobri que ouvir a fita melhorava maravilhosamente a terapia, pois eu mergulhava mais rápido nos temas importantes que haviam surgido na sessão anterior. Foi tão útil que, desde então, tornou-se rotina, para mim, gravar sessões para pacientes que fazem uma longa viagem até meu consultório. Ocasionalmente, faço o mesmo com pacientes que moram perto, mas têm alguma incapacidade peculiar de se lembrar da sessão anterior – talvez uma grande instabilidade de afeto ou breves episódios dissociativos.

Essa técnica em particular ilustra uma faceta importante da terapia, a saber, que *a terapia funciona melhor se for parecida com uma sessão contínua*. Sessões de terapia descontínuas são muito menos eficazes. Usar cada sessão de terapia para resolver as crises que se desenvolveram durante a semana é uma maneira ineficiente de trabalhar. Quando comecei na área, ouvi David Hamburg, o chefe da psiquiatria em Stanford, referir-se de modo jocoso à psicoterapia como "cicloterapia" e, de fato, há algo a ser dito a favor dessa visão, pois estamos sempre empenhados em "trabalhar". Abrimos novos temas, trabalhamos neles por um tempo, passamos para outras questões, mas voltamos regular e repetidamente aos mesmos temas, cada vez aprofundando a investigação. Esse aspecto cíclico do processo de psicoterapia foi comparado à troca de um pneu de automóvel. Colocamos as porcas no parafuso, apertamos cada uma uniformemente até voltarmos à primeira e, em seguida, repetimos o processo até que o pneu esteja no lugar ideal.

É raro ser eu a começar a sessão. Como a maioria dos terapeutas, prefiro esperar pelo paciente. Quero saber seu "ponto de urgência" (como Melanie Klein se referia). No entanto, se alguma vez abro a sessão, é invariavelmente para me referir à última reunião. Portanto, se houvesse uma sessão importante, emocional ou truncada, eu poderia começar: "Discutimos muitas coisas importantes na semana passada. Eu me pergunto que tipo de sentimentos você levou para casa com você".

Minha intenção, é claro, é vincular a sessão atual à anterior. Minha prática de escrever resumos para o grupo de terapia e enviá-los aos membros do grupo antes da próxima reunião serve exatamente ao mesmo propósito. Às vezes, os grupos começam com os membros discordando do resumo. Eles apontam terem visto as coisas de forma diferente ou que agora têm uma compreensão diferente da do terapeuta. Eu acolho a discordância porque ela estreita a continuidade das sessões.

53
Faça anotações de cada sessão

Se os terapeutas devem ser historiadores do processo terapêutico e cuidar da continuidade das sessões, segue-se que eles devem manter alguma crônica dos eventos. Planos de saúde e a ameaça de litígio, as pragas gêmeas que hoje ameaçam a estrutura da psicoterapia, nos deram um presente positivo: elas levaram os terapeutas a fazer anotações regulares.

Nos tempos antigos das secretárias, eu rotineiramente ditava e transcrevia resumos detalhados de cada sessão. (Grande parte do material para este e outros livros é extraído dessas notas.) Hoje, logo depois da sessão, dedico alguns minutos a inserir no computador as principais questões discutidas em cada sessão, bem como meus sentimentos e assuntos inacabados. Sempre organizo minha agenda para, sem falta, gastar os minutos necessários para ler as anotações antes da próxima sessão. Se eu descobrir que não há nada de significativo para escrever, isso em si é um dado importante e provavelmente significa que a terapia está estagnada e que o paciente e eu não estamos desbravando novos caminhos. Muitos terapeutas que atendem pacientes várias vezes por semana têm menos necessidade de anotações detalhadas porque as sessões permanecem na mente de forma mais vívida.

54
Incentive o automonitoramento

A AVENTURA TERAPÊUTICA É UM exercício de autoexploração, e eu incito os pacientes a aproveitar qualquer oportunidade para aprimorar nossa investigação. Se um paciente que sempre se sente desconfortável em reuniões sociais relata que recebeu um convite para uma grande festa, costumo responder: "Maravilhoso! Que oportunidade de aprender sobre si mesmo! Só que dessa vez monitore a si mesmo – e certifique-se de fazer algumas anotações para depois discutirmos na próxima sessão".

As visitas domiciliares aos pais são fontes de informação particularmente ricas. Por sugestão minha, muitos de meus pacientes começam a ter conversas mais longas e profundas com irmãos. E qualquer tipo de reunião de escola em geral é uma mina de ouro de dados, assim como qualquer oportunidade de revisitar relacionamentos antigos. Também exorto os pacientes a tentar obter feedback de outras pessoas sobre como eles eram ou são percebidos. Conheço um homem idoso que reencontrou alguém de sua turma da quinta série que lhe disse que se lembrava dele como um "menino bonito com cabelo preto como carvão e um sorriso esperto". Ele chorou ao ouvir isso. Ele sempre se considerou sem graça e desajeitado. Se alguém, qualquer um, tivesse apenas dito *àquela época* que ele era bonito, isso teria, ele acreditava, mudado toda a sua vida.

55
Quando seu paciente chora

O QUE VOCÊ FAZ QUANDO UM amigo chora na sua presença? Normalmente você tenta oferecer algum conforto. "Pronto, pronto", você pode dizer como consolo, ou pode abraçar seu amigo, correr para pegar lenços de papel ou procurar alguma maneira de ajudar seu amigo a recuperar o controle e parar de chorar. A situação da terapia, no entanto, exige algo além de reconfortar.

Como o choro muitas vezes significa a entrada em câmaras mais profundas de emoção, a tarefa do terapeuta não é ser educado e ajudar o paciente a parar de chorar. Muito pelo contrário – você pode querer encorajar seus pacientes a mergulhar ainda mais fundo. Você pode simplesmente incentivá-los a compartilhar os pensamentos: "Não tente sair desse espaço. Fique nele. Por favor, continue falando comigo; tente colocar seus sentimentos em palavras". Ou você pode fazer uma pergunta que costumo usar: "Se suas lágrimas tivessem voz, o que estariam dizendo?".

A psicoterapia pode ser pensada como *uma sequência alternada de expressão de afeto e análise de afeto*. Em outras palavras, você encoraja atos de expressão emocional, mas sempre reflete sobre as emoções expressas. Essa sequência é muito mais evidente na terapia de grupo, já que essas fortes emoções são evocadas em um ambiente grupal, mas também é evidente no ambiente individual, particularmente no ato de chorar. Portanto, quando ocorre o choro, primeiro mergulho o paciente no conteúdo e no significado do choro e depois me certifico de analisar o ato de chorar, sobretudo no que diz respeito ao aqui e agora. Portanto, indago não apenas sobre os sentimentos em relação ao choro em geral, mas, em particular, como é para ele chorar *na minha presença*.

56
Dê a si mesmo um tempo entre os pacientes

Acredito que essa dica impopular será rapidamente ignorada por muitos terapeutas cuja prática é arrastada pela corrente rápida da necessidade econômica, mas de qualquer maneira, aí vai ela.

Não prejudique a si mesmo e ao paciente não deixando um bom tempo entre as sessões. Sempre mantive anotações detalhadas de cada sessão e nunca começo uma sessão sem consultá-las. Minhas anotações muitas vezes indicam assuntos inacabados – temas e tópicos que devem ser investigados ou sentimentos entre mim e o paciente que não foram totalmente trabalhados. Se você levar cada sessão a sério, o paciente também levará.

Alguns terapeutas apertam tanto a agenda que acabam sem nenhum intervalo entre os pacientes. Mesmo dez minutos são, a meu ver, insuficientes se boa parte desse tempo for gasta retornando ligações. Nunca levo menos de dez minutos completos e prefiro quinze minutos para fazer anotações, ler anotações e pensar entre os pacientes. Intervalos de quinze minutos apresentam complicações: os pacientes devem ser agendados em horários estranhos – por exemplo, dez minutos antes ou depois da hora cheia –, mas todos os meus pacientes aceitaram isso com calma. Também alonga o seu dia e pode diminuir a renda. Mas vale a pena. Acredita-se que Abraham Lincoln tenha dito que, se tivesse oito horas para cortar uma árvore, passaria várias dessas horas afiando seu machado. Não se torne o lenhador apressado demais para afiar o machado.

57

Expresse abertamente seus dilemas

Quando estou empacado e tenho dificuldade em responder a um paciente, em geral é porque estou preso entre dois ou mais pensamentos conflitantes. Acredito que você quase nunca estará errado se expressar abertamente um dilema desses. Seguem alguns exemplos.

"Ted, deixe-me interromper. Sinto-me hoje um pouco preso entre dois sentimentos opostos: por um lado, sei que a história de seu conflito com seu chefe é importante e sei também que muitas vezes você se sente magoado quando o interrompo; mas, por outro lado, tenho a sensação mais forte de que você está evitando algo importante hoje."

"Mary, você diz que não acredita que estou sendo totalmente sincero com você, que sou muito diplomático e delicado. Acho que você está certa: eu me contenho. Muitas vezes me sinto preso em um dilema: por um lado, desejo ser mais natural com você e, por outro lado, porque sinto que você se magoa facilmente e que dá poder desmesurado aos meus comentários, sinto que devo considerar minhas palavras com muito, muito cuidado."

"Pete, estou com um dilema. Sei que Ellie é o assunto que você deseja discutir comigo: sinto você fazer muita pressão para isso e não quero te frustrar. Mas, por outro lado, você diz que sabe que seu relacionamento com ela não faz sentido, que tudo parece errado, que nunca vai dar certo.

Parece-me que temos que ir além ou abaixo de Ellie e tentar descobrir mais sobre o que alimenta esse seu sentimento tão poderoso. As descrições dos detalhes de sua interação com Ellie ocuparam tanto de nossas últimas sessões que temos pouco tempo para uma exploração mais profunda. Sugiro que limitemos o tempo para discutir Ellie, talvez a dez minutos em cada sessão."

"Mike, não quero evitar sua pergunta. Sei que acha que me esquivo de suas perguntas pessoais. Não quero fazer isso e prometo voltar a elas. Mas acho que seria mais útil para o nosso trabalho se primeiro examinássemos todas as razões por trás de suas perguntas."

Um último exemplo. Susan era uma paciente que veio me ver quando estava prestes a deixar o marido. Depois de vários meses de terapia produtiva, ela se sentiu melhor e melhorou seu relacionamento com o marido. Em uma sessão, ela descreveu uma conversa recente com o marido durante o ato sexual, na qual imitou (e também distorceu) uma afirmação minha, o que lhes rendeu boas gargalhadas. A zombaria conjunta de mim serviu para aproximá-los.

Como responder? Eu tinha várias possibilidades. Primeiro, esse evento refletiu quão próxima ela se sentia do marido – o mais próximo que eles estiveram por muito tempo, talvez anos. Vínhamos trabalhando arduamente para esse objetivo, e eu poderia ter expressado um pouco do meu prazer com o progresso dela. Ou poderia ter respondido à sua distorção da minha observação. Ou poderia ter comentado sobre como ela lidava com triângulos em geral – ela tinha um padrão bem estabelecido de grande desconforto em relacionamentos de três vias, incluindo o triângulo de Édipo – ela, seu marido e filho; ela e dois amigos; e agora ela, seu marido e eu. Mas meu sentimento predominante era que ela tinha me tratado com má-fé e não gostei disso. Eu sabia que ela era muito grata e tinha muitos sentimentos positivos em relação a mim, mas, mesmo assim, ela escolhera banalizar seu relacionamento comigo para aumentar seu relacionamento com o marido. Mas esse sentimento era justificado?

Eu não estava colocando meu ressentimento pessoal no caminho do que era profissionalmente melhor para a paciente?

Por fim, decidi revelar cada um desses sentimentos e meu dilema sobre revelá-los. Minha revelação nos levou a uma discussão frutífera de várias questões importantes. Ela entendeu de imediato que nosso triângulo era um microcosmo e que outras amigas dela devem ter experimentado sentimentos semelhantes aos meus. Sim, era verdade que o marido dela se sentia ameaçado por mim e que ela queria acalmá-lo zombando de mim. Mas talvez também fosse verdade que ela tinha inconscientemente alimentado seus sentimentos competitivos? E não tinha como ela oferecer a ele alguma segurança genuína e, ao mesmo tempo, manter a integridade de seu relacionamento comigo? Dar voz aos meus sentimentos abriu uma investigação sobre seu padrão arraigado e desadaptativo de jogar uma pessoa contra a outra.

58

Faça visitas domiciliares

Fiz umas poucas visitas domiciliares aos meus pacientes. Bastante poucas – mas todas, sem exceção, mostraram-se proveitosas. Cada visita me mostrou aspectos de meus pacientes que de outra forma eu nunca teria conhecido – seus *hobbies*, o caráter intrusivo de seu trabalho, sua sensibilidade estética (evidenciada pelos móveis, decorações, obras de arte), seus hábitos recreativos, evidências de livros e revistas em casa. Um paciente que se queixava da falta de amigos tinha uma casa particularmente descuidada, que mostrava pouca preocupação com a sensibilidade dos visitantes. Uma mulher jovem, atraente e bem-arrumada, que procurou ajuda por sua incapacidade de estabelecer um bom relacionamento com os homens, mostrou tão pouco cuidado com o ambiente de sua casa – tapetes muito manchados, uma dúzia de caixas de papelão cheias de correspondências velhas, móveis esfarrapados – que não foi surpresa para mim que seus visitantes masculinos pulassem fora.

Em uma visita domiciliar a outra paciente, descobri pela primeira vez que ela tinha mais de uma dúzia de gatos e que sua casa fedia tanto a urina que era impossível para ela receber convidados. A casa de um homem seco e insensível continha, para minha surpresa, paredes cobertas com exemplos de suas belas paisagens e caligrafias chinesas.

A discussão que antecede a visita domiciliar pode ser particularmente produtiva. Os pacientes podem demonstrar ansiedade sobre tal exposição; podem vacilar sobre se devem fazer uma limpeza na casa ou permitir que sua casa seja vista ao natural. Uma paciente ficou muito ansiosa e resistiu à minha visita por algum tempo. Quando vi seu apartamento, ela pareceu muito envergonhada ao me mostrar uma parede coberta com lembranças de amantes passados: bonecos de carnaval, ingressos de óperas, instantâneos do Taiti e de Acapulco. O constrangimento dela? Ela tinha um forte desejo de ganhar meu respeito por sua capacidade intelectual e tinha vergonha de eu vê-la tão aprisionada pelo passado. Ela sabia que era tolice ficar eternamente sonhando com seus amores passados e sentiu que eu ficaria desapontado com ela quando visse quão intensamente ela fazia isso.

Outro paciente, em profundo luto, falou tantas vezes sobre a presença dos pertences e fotografias de sua esposa que sugeri uma visita domiciliar e descobri que sua casa estava repleta de lembranças materiais dela, incluindo, no meio da sala, o velho sofá surrado em que ela tinha morrido. As paredes estavam cobertas por fotos, tanto dela quanto fotos que ela tinha tirado, e por estantes cheias de seus livros. O mais importante de tudo: havia muito pouco dele na casa – seus gostos, interesses e pertences! A visita se mostrou significativa para o paciente em termos de processo – eu me importava o suficiente para fazer a visita – e deu início a um estágio de mudança dramática quando ele declarou que queria minha ajuda para mudar sua casa. Juntos, elaboramos um cronograma e uma abordagem para uma série de alterações domésticas que tanto facilitaram quanto refletiram o progresso no trabalho do luto.

Outros, ainda, mostraram pouco cuidado consigo mesmos, como se não merecessem nenhuma beleza, nenhum conforto em suas vidas. Um paciente, para minha surpresa, provou ser um acumulador, com centenas de revistas velhas e listas telefônicas amontoadas pela casa – um fato que eu nunca teria aprendido de outra forma. A paciente de um de meus alunos, que também era acumuladora, enfim concordou, depois de dois anos de terapia, com uma visita do terapeuta usando estas palavras: "Você tem que prometer que não vai chorar". Seu comentário sugere que a permissão para a visita foi uma indicação de que ela tinha genuinamente iniciado o processo de mudança.

Visitas domiciliares são eventos significativos, e não pretendo sugerir que os terapeutas iniciantes empreendam tal passo levianamente. Os limites precisam primeiro ser estabelecidos e respeitados, mas, quando a situação exigir, devemos estar dispostos a ser flexíveis, criativos e individualizados na terapia que oferecemos. Por outro lado, porém, questiona-se por que a tradição da visita domiciliar, outrora tão comum na área da saúde, hoje parece tão ousada e cheia de riscos. Fico feliz em ver as mudanças ocorrendo agora, começando com os terapeutas familiares, que com mais frequência fazem questão de agendar sessões nas casas de seus pacientes.

59
Não leve as explicações muito a sério

EM UM EXPERIMENTO QUE descrevi anteriormente, no qual um paciente e eu registramos nossas visões de cada sessão de terapia, aprendi que nos lembramos e valorizamos aspectos muito diferentes do processo. Eu valorizava minhas interpretações intelectuais, enquanto elas causavam pouco impacto no paciente, que valorizava, em vez disso, os pequenos atos pessoais relevantes para nosso relacionamento. A maioria dos relatos de psicoterapia publicados em primeira mão aponta para a mesma discrepância: *os terapeutas dão um valor muito maior do que os pacientes à interpretação e ao* insight. Nós, terapeutas, supervalorizamos grosseiramente o conteúdo da caça ao tesouro intelectual; tem sido assim desde o início, quando Freud nos deu um mau começo com duas de suas metáforas sedutoras, mas equivocadas.

A primeira foi a imagem do terapeuta-arqueólogo limpando, de modo cuidadoso, a poeira de memórias enterradas para descobrir a verdade – o que de fato aconteceu nos primeiros anos do paciente: o trauma original, a cena primária, os eventos primordiais. A segunda metáfora foi a do quebra-cabeça. Encontre apenas a última peça que faltava, sugeriu Freud, e todo o quebra-cabeça será resolvido. Muitas de suas histórias de casos parecem mistérios, e os leitores avançam ansiosamente, prevendo um desfecho suculento no qual todos os enigmas encontrarão sua solução.

Naturalmente, transmitimos nosso entusiasmo pela caça intelectual aos nossos pacientes e observamos ou imaginamos suas reações de "eureca" às nossas interpretações. Nietzsche disse: "Chegamos a inventar uma expressão no rosto do outro com quem conversamos para coincidir com o pensamento brilhante que pensamos ter proferido". Freud não se esforçou para esconder seu entusiasmo por soluções intelectuais. Mais de um de seus ex-pacientes descreveu seu hábito de pegar sua caixa de "charutos Victory" para celebrar uma interpretação incisiva. E a mídia popular há muito representa essa visão equivocada da terapia. Hollywood retrata de modo muito característico psicoterapeutas cambaleando através de muitos obstáculos, seguindo muitas trilhas erradas, superando a luxúria e o perigo para chegar por fim ao grande, redentor e esclarecedor *insight*.

Não quero dizer que o empreendimento intelectual não seja importante. De fato é, mas não pelos motivos que costumamos pensar. Ansiamos pelo conforto da verdade absoluta porque não conseguimos suportar a desolação de uma existência puramente caprichosa. Como disse Nietzsche, "a verdade é uma ilusão sem a qual uma certa espécie não poderia sobreviver". Ungidos como somos com uma necessidade intrínseca de buscar soluções e preenchimento ao estilo Gestalt, nos apegamos tenazmente à crença de que uma explicação, alguma explicação, é possível. Isso torna as coisas suportáveis, nos unge com um senso de controle e domínio.

Mas não é o *conteúdo* do tesouro intelectual que importa, mas a *caçada*, que é a perfeita tarefa do acasalamento terapêutico, oferecendo algo a cada participante: os pacientes se deleitam com a atenção prestada aos mínimos detalhes de sua vida, e o terapeuta é fascinado pelo processo de resolver o enigma de uma vida. A vantagem disso é que mantém o paciente e o terapeuta estreitamente conectados enquanto o verdadeiro agente da mudança – *o relacionamento terapêutico* – germina.

Na prática, existe uma grande complexidade na articulação entre o projeto intelectual e a relação terapeuta-paciente. Quanto mais os terapeutas sabem sobre a vida do paciente, seja passada ou presente, mais entram nela e se tornam uma testemunha mais próxima e solidária. Além disso, muitas interpretações se dirigem explicitamente a melhorar a relação terapeuta-paciente – repetidamente, os terapeutas se concentram em identificar e esclarecer os obstáculos que bloqueiam o encontro entre eles e o paciente.

No nível mais fundamental, a relação entre *insight* e mudança permanece um enigma. Embora tenhamos como certo que o *insight* leva à mudança, de modo algum essa sequência foi estabelecida empiricamente. Na realidade, existem analistas experientes e ponderados que levantaram a possibilidade de uma sequência inversa – isto é, que o *insight* vem *na sequência* da mudança, em vez de precedê-la.

E, por fim, tenha em mente a máxima de Nietzsche: "Não há verdade, só interpretação". Portanto, mesmo que ofereçamos algum *insight* extraordinário, elegantemente embalado, devemos perceber que é uma construção, *uma* explicação, não *a* explicação.

Considere uma viúva desesperada que não tolerava ficar sozinha e sem par, mas mesmo assim sabotava qualquer novo relacionamento potencial com um homem. Por quê? Ao longo de vários meses de investigação, chegamos a várias explicações:

- Ela temia ser amaldiçoada. Todo homem que ela amou teve um fim prematuro. Ela evitava a intimidade para proteger o homem de seu carma ruim.
- Ela temia que um homem chegasse muito perto porque ele seria capaz de vê-la e descobrir sua maldade fundamental, sua sujeira e fúria assassina.
- Se ela de fato se permitisse amar outra pessoa, seria um reconhecimento final de que seu marido estava realmente morto.
- Amar outro homem constituiria traição: significaria que seu amor pelo marido não era tão profundo quanto ela pensava.
- Ela teve muitas perdas e não poderia sobreviver a mais uma. Os homens eram muito frágeis; sempre que ela olhava para um novo homem em sua vida, ela via seu crânio cintilando sob sua pele e era assediada por pensamentos de que ele logo se tornaria um saco de ossos secos.

- Ela odiava enfrentar o próprio desamparo. Em alguns momentos seu marido ficava bravo com ela, e a raiva dele a arrasava. Ela estava determinada a não deixar isso acontecer de novo, a nunca dar a ninguém tanto controle sobre ela.
- Se contentar com um homem significava desistir da possibilidade de qualquer outro, e ela relutava em abrir mão de suas possibilidades.

Qual dessas explicações era verdadeira, era a correta? Uma? Algumas? Todas? Cada uma representa uma construção diferente: há tantas explicações quanto sistemas explicativos. Nenhuma na época provou fazer a diferença crucial. Mas a busca por explicações nos manteve engajados, e nosso engajamento acabou fazendo a diferença. Ela mergulhou e escolheu se relacionar profundamente comigo, e eu não me esquivei dela. Não fui destruído por sua raiva, permaneci perto dela, segurei sua mão quando ela estava mais desesperada, permaneci vivo e não fui vítima de seu amaldiçoado carma.

60
Dispositivos de aceleração de terapia

GRUPOS DE TERAPIA OU DE CRESCIMENTO pessoal usaram, durante décadas, técnicas de aceleração ou "descongelamento". Algumas que considero úteis incluem a "queda de confiança", na qual o grupo forma um círculo em torno de um membro que, de olhos fechados, cai de costas para ser salvo pelos membros do grupo. No exercício "ultrassecreto", cada um dos membros escreve, em tiras de papel uniformes, sem detalhes de identificação, um ultrassegredo que seria arriscado revelar. Os segredos são então redistribuídos, e cada membro lê o segredo de outra pessoa e discute como se sentiria se tivesse tal segredo. Outra técnica é reproduzir seções selecionadas da gravação de uma reunião anterior. Ou, em grupos de estudantes, os membros alternam o papel do líder do grupo e criticam o desempenho uns dos outros. Ou, para quebrar um longo silêncio inicial, o líder pode sugerir uma rápida "volta" na qual os membros revelam algumas de suas associações livres durante o silêncio.

Todas essas técnicas de descongelamento ou aceleração são apenas *o primeiro estágio do exercício*. Em cada instância, o líder do grupo deve fazer um balanço, ajudando os membros do grupo a coletar os dados gerados pelo exercício: por exemplo, suas atitudes em relação a confiança, empatia e autorrevelação.

Uma das intervenções mais poderosas que usei (em grupos de pacientes com câncer, bem como em um ambiente didático para grandes audiências) é o exercício "Quem sou eu?". Cada membro recebe oito tiras de papel e é instruído a escrever uma resposta para "Quem sou eu?" em cada uma delas. (Algumas respostas prováveis: esposa, mulher, cristã, amante de livros, mãe, médica, atleta, pessoa muito sexual, contadora, artista, filha etc.) Em seguida, cada membro organiza as tiras em ordem da mais periférica à mais central (isto é, mais próximo do núcleo).

Depois disso, os membros são instruídos a meditar sobre uma tira, começando pela mais periférica, e imaginar como seria abrir mão dessa parte de sua identidade. Um sinal (uma campainha suave) a cada dois minutos os move para o próximo papel, e depois que o sino toca oito vezes e todos os papéis foram percorridos, o procedimento é revertido e os membros se reapropriam de cada um dos aspectos de sua identidade. Na discussão pós-exercício (essencial neste exercício como em todos os outros), os membros conversam sobre as questões evocadas por eles: por exemplo, questões de identidade e *self* central, a experiência de abrir mão, fantasias sobre a morte.

Em geral, acho esses dispositivos de aceleração menos necessários ou úteis na terapia individual. Algumas abordagens terapêuticas – por exemplo, a Gestalt-terapia – usam muitos exercícios que, se empregados com critério, podem facilitar a terapia. Mas também é verdade que alguns jovens terapeutas erram ao desenvolver uma sacola de exercícios e recorrem a ela para incrementar a terapia sempre que ela parece ter esfriado. Os terapeutas iniciantes devem aprender que há momentos para ficar em silêncio, às vezes em comunhão silenciosa, às vezes simplesmente esperando que os pensamentos dos pacientes apareçam de uma forma que possa ser expressa.

No entanto, de acordo com o conselho de que é preciso inventar uma terapia diferente para cada paciente, há momentos apropriados para um terapeuta desenvolver algum exercício que atenda às necessidades de um determinado paciente.

Em outra parte deste texto, discuto vários desses dispositivos: uma visita domiciliar, dramatização ou pedir aos pacientes que escrevam seu epitáfio. Também peço aos pacientes que tragam fotos antigas de família. Não apenas me sinto mais ligado ao paciente quando compartilho algumas de suas imagens de figuras importantes do passado, mas a memória do paciente de eventos e sentimentos significativos do passado é grandemente catalisada pelas fotos antigas. Pode ser útil pedir aos pacientes que escrevam uma carta (para ser compartilhada comigo, e não necessariamente enviada) para alguém com quem eles possam ter assuntos importantes pendentes – por exemplo, um pai indisponível ou falecido, uma ex-esposa, um filho.

A técnica mais comum que uso é a dramatização informal. Se, por exemplo, uma paciente discute sua incapacidade de confrontar um parceiro sobre alguma questão – digamos que ela está ansiosa com uma semana de férias à beira-mar com uma amiga porque precisa de um tempo todos os dias para ficar sozinha para meditar, ler ou pensar. Posso sugerir um breve exercício de encenação em que ela interpreta sua amiga e eu assumo seu papel para demonstrar como ela pode fazer tal pedido. Em outras ocasiões, posso fazer o oposto: bancar a outra pessoa e fazê-la praticar o que pode dizer.

A técnica da cadeira vazia de Fritz Perls às vezes é útil. Eu instruo alguns pacientes com uma forte voz interior autodepreciativa a colocar a parte autocrítica deles em uma cadeira vazia e conversar com ela, então trocar de cadeira e assumir o papel de juiz que faz comentários críticos ao *self* manifesto. Reforço, mais uma vez, que tais técnicas são úteis não como fins em si mesmas, mas para gerar dados para exploração posterior.

61

Terapia como ensaio geral para a vida

Muitos terapeutas ficam horrorizados quando ouvem críticos caracterizarem seu trabalho como uma mera "compra de amizade". Embora haja um grão de verdade nisso, não justifica a caracterização. A amizade entre terapeuta e paciente é uma condição necessária no processo de terapia – *necessária, mas não suficiente*. A psicoterapia não é um substituto para a vida, mas um ensaio geral para a vida. Em outras palavras, embora a psicoterapia exija um relacionamento próximo, o relacionamento não é um fim – é um meio para um fim.

A proximidade no relacionamento terapêutico serve a muitos propósitos. Ela oferece um lugar seguro para os pacientes se revelarem o mais plenamente possível. Mais do que isso, oferece a eles a experiência de serem aceitos e compreendidos depois de uma revelação profunda. Ensina habilidades sociais: o paciente aprende o que um relacionamento íntimo exige. E o paciente aprende que a intimidade é possível, até alcançável. Há, por fim, e talvez o mais importante de tudo, a observação de Carl Rogers de que a relação terapêutica serve como um ponto de referência interno ao qual os pacientes podem retornar em sua imaginação. Tendo alcançado esse nível de intimidade, eles podem nutrir a esperança e até a expectativa de relacionamentos semelhantes.

Com frequência, ouve-se falar de pacientes (tanto em terapia de grupo quanto em terapia individual) que são excelentes pacientes ou membros do grupo, mas permanecem essencialmente inalterados em suas vidas externas. Eles podem se relacionar bem com o terapeuta individual ou podem ser membros-chave de grupos – revelando-se, trabalhando duro, catalisando a interação – e, ainda assim, não aplicam o que aprenderam à sua situação externa. Em outras palavras, eles usam a terapia como um substituto, em vez de um ensaio para a vida.

Essa distinção pode ser útil no momento de decidir pela alta de um paciente. Obviamente, a mudança de comportamento na situação terapêutica não basta: os pacientes devem transferir essa mudança para seu ambiente de vida. Nos estágios finais da terapia, sou enérgico em garantir a transferência do aprendizado. Se achar necessário, começo a treinar ativamente, a pressionar o paciente a experimentar novos comportamentos nos ambientes de trabalho, social e familiar.

62
Use a queixa inicial como alavanca

Não perca contato com as queixas iniciais dos pacientes. Como ilustra o exemplo a seguir, as razões para procurar terapia apresentadas na primeira sessão podem ser úteis para você durante as fases difíceis da terapia.

Uma terapeuta de 55 anos procurou meu consultório por causa de um impasse em seu trabalho com Ron, um estudante de psicologia clínica de 40 anos que ela vinha atendendo havia alguns meses. Pouco tempo antes, Ron tinha sido rejeitado por uma mulher com quem saíra algumas vezes e, a partir de então, tornou-se mais exigente nas sessões de terapia, insistindo que sua terapeuta segurasse sua mão e lhe desse abraços reconfortantes. Para apoiar seus pedidos, ele levou uma cópia do meu livro *Mamãe e o sentido da vida*, no qual descrevi os efeitos salubres de segurar a mão de uma viúva enlutada. Ron fazia birra, recusava-se a apertar as mãos no final das sessões e fez uma lista das deficiências de sua terapeuta.

A terapeuta se sentia cada vez mais desconfortável, confusa, manipulada e irritada com o comportamento infantil de Ron. Todas as abordagens que ela tinha tentado para melhorar o impasse falharam e, ficando assustada com a profundidade da raiva de seu paciente, ela estava pensando em encerrar a terapia.

Na supervisão, revisamos o motivo inicial de Ron para procurar terapia: trabalhar seu relacionamento com as mulheres. Um homem atraente que formava relacionamentos com mulheres com facilidade, Ron passava a maioria das noites com seus amigos de bar pegando mulheres para encontros de uma noite e logo passando para outras. Nas poucas ocasiões em que achou uma mulher atraente e desejou continuar o relacionamento, foi largado rapidamente. Ele não tinha certeza do porquê, mas imaginou que ela estaria cansada de sua insistência em ter o que queria o tempo todo. Foi precisamente por causa dessas questões que ele escolheu uma terapeuta mulher.

Esta informação lançou muita luz sobre o impasse da terapia e forneceu uma alavanca importante. O contratempo entre o paciente e a terapeuta não foi uma complicação infeliz, mas um desenvolvimento inevitável e essencial. *É claro* que Ron exigiria muito de sua terapeuta. *É claro* que ele iria rebaixá-la e *é claro* que ela gostaria de deixá-lo. Mas como transformar isso em uso terapêutico?

Lembre-se do capítulo 40, "Feedback: martele quando o ferro estiver frio". O tempo é muito importante: as interpretações são mais eficazes quando o afeto do paciente diminuiu o suficiente para permitir que ele assuma uma visão mais desapaixonada de seu comportamento. Quando esse momento chegar, use a alavancagem oferecida pelo problema apresentado. Apoie-se na aliança terapêutica e sugira que terapeuta e paciente tentem juntos entender o curso dos acontecimentos. Por exemplo:

"Ron, acho que o que está acontecendo entre nós nas últimas semanas é muito importante. Deixe-me falar o porquê. Pense nos motivos pelos quais você veio para a terapia. Foi por causa de problemas que surgiram persistentemente entre você e as mulheres. Dado isso, era inevitável que questões desconfortáveis surgissem entre nós dois. E isso aconteceu. Portanto, mesmo que não seja confortável para você – nem para mim – devemos considerar isso uma bela oportunidade de aprendizado. Aconteceram coisas aqui que refletem o que acontece em sua vida social, mas há uma diferença fundamental – e é isso que a situação terapêutica tem de único:

não vou interromper o contato e vou ficar disponível para você descobrir algo de que nunca teve conhecimento em relacionamentos anteriores – os sentimentos evocados na outra pessoa por suas ações."

Em seguida, a terapeuta pôde compartilhar os sentimentos que tinha sobre o comportamento de Ron, tendo o cuidado de enquadrá-los de maneira gentil e solidária.

63
Não tenha medo de tocar no seu paciente

No início de meu curso de psiquiatria no Johns Hopkins, participei de uma conferência de casos analíticos na qual um debatedor criticou veementemente um jovem terapeuta que estava apresentando um caso clínico porque ele ajudou sua paciente (uma senhora idosa) a vestir o sobretudo no final de uma sessão. Seguiu-se um longo e acalorado debate. Alguns membros menos críticos da conferência concordaram que, embora fosse óbvio que o terapeuta tinha errado, a idade avançada da paciente e a forte tempestade de neve do lado de fora diminuíam a gravidade da transgressão.

Nunca esqueci aquela conferência, e mesmo agora, décadas depois, eu e um colega residente de quem permaneci amigo ainda brincamos com o caso do sobretudo e a visão desumana da terapia que ele representava. Levou anos de prática e experiências corretivas para desfazer o dano de um treinamento tão rígido.

Uma dessas experiências corretivas ocorreu enquanto eu desenvolvia métodos para liderar grupos de apoio para pacientes com câncer. Alguns meses depois de meu primeiro grupo se reunir, uma participante sugeriu uma maneira diferente de encerrar a reunião. Ela acendeu uma vela, pediu que déssemos as mãos e conduziu uma meditação guiada. Eu nunca tinha segurado as mãos de um paciente antes, mas nessa situação não tive escolha. Participei e senti de imediato, como todos os membros, que era uma maneira inspirada de encerrar nossas reuniões e, por vários anos, encerramos cada sessão dessa maneira. A meditação era calmante e restauradora, mas foi o dar as mãos que me tocou particularmente. Limites artificiais – paciente e terapeuta, doente e saudável, moribundo e vivo – evaporavam quando todos nos sentíamos unidos uns aos outros por uma humanidade comum.

Faço questão de tocar cada paciente em toda sessão – um aperto de mão, um tapinha no ombro, em geral no final, enquanto acompanho o paciente até a porta. Se um paciente quer segurar minha mão por mais tempo ou quer um abraço, eu recuso apenas se houver algum motivo convincente – por exemplo, preocupações sobre sentimentos sexuais. Mas, seja qual for o contato, faço questão de fazer um relato na próxima sessão – talvez algo tão simples como: "Mary, nossa última sessão terminou de maneira diferente – você segurou minha mão por um longo tempo [ou "Você pediu um abraço"]. Parecia que você estava sentindo algo forte. O que você consegue se lembrar disso?". Acredito que a maioria dos terapeutas tem as próprias regras secretas sobre o toque. Décadas atrás, por exemplo, uma terapeuta idosa e habilidosa me disse que por muitos anos seus pacientes rotineiramente terminavam a sessão beijando-a na bochecha.

Permita-se o toque. Mas certifique-se de que este se torne água para o moinho interpessoal.

Se um paciente está em grande desespero por causa de, digamos, o ressurgimento de um câncer ou qualquer outro evento terrível da vida e pede durante a sessão para segurar minha mão ou um abraço, eu não recuso, da mesma forma como não me recusaria a ajudar uma senhora idosa a enfrentar uma tempestade de neve vestindo o sobretudo. Se não conseguir encontrar uma maneira de aliviar a dor, posso perguntar o que ele ou ela gostaria de mim naquele dia: sentar em silêncio, fazer perguntas e orientar mais ativamente as sessões? Aproximar minha cadeira? Dar as mãos? Na medida do possível, tento responder de maneira amorosa e humana, mas depois, como sempre, faço um balanço: falo sobre os sentimentos que minhas ações produziram e também compartilho meus sentimentos. Se eu tiver preocupação de que minhas ações possam ser interpretadas como sexuais, compartilho essas preocupações abertamente e deixo claro que, embora sentimentos sexuais possam ser experimentados no relacionamento terapêutico e devam ser expressos e discutidos, eles nunca serão praticados. Nada é mais importante, reitero, do que o paciente se sentir seguro no consultório e na sessão da terapia.

Eu nunca, é claro, pressiono pelo contato. Se, por exemplo, um paciente sai com raiva, recusando um aperto de mão, eu de imediato respeito esse desejo de distância. Pacientes com problemas mais profundos podem, às vezes, experimentar sentimentos poderosos e idiossincráticos sobre o toque e, se não tiver certeza desses sentimentos, faço perguntas explícitas: "Vamos apertar as mãos hoje, como de costume? Ou é melhor, hoje, não fazermos isso?". Em todos esses casos, invariavelmente examino o episódio na sessão seguinte.

Esses pontos gerais servem como um farol na terapia. Dilemas sobre o toque na terapia não são comuns, mas quando ocorrem é importante que os terapeutas não sejam limitados por preocupações legalistas e sejam capazes, como demonstra o exemplo a seguir, de serem receptivos, responsáveis e criativos em seu trabalho.

Uma mulher de meia-idade que eu atendia havia um ano tinha perdido a maior parte do cabelo por causa da radioterapia para um tumor cerebral. Ela estava preocupada com sua aparência e frequentemente comentava como os outros a achavam horrível sem sua peruca. Perguntei como ela achava que eu reagiria. Ela sentiu que eu também mudaria minhas opiniões sobre ela e a acharia tão repulsiva que me afastaria dela. Eu opinei que não poderia me imaginar me afastando dela.

Nas semanas seguintes, ela cogitou tirar a peruca em meu consultório e, em uma sessão, anunciou que chegara a hora. Ela engoliu em seco e, depois de me pedir para desviar o olhar, tirou a peruca e, com a ajuda do espelho de bolso, arrumou as mechas que sobraram. Quando voltei meu olhar para ela, tive um momento, apenas um momento, de choque ao ver como ela envelhecera de repente, mas rapidamente me reconectei com a essência da pessoa adorável que conhecia e alimentei a fantasia de passar meus dedos por suas mechas de cabelo. Quando ela perguntou sobre meus sentimentos, compartilhei a fantasia. Seus olhos se encheram de lágrimas e ela pegou o lenço de papel. Eu decidi ir ainda mais longe. "Vamos experimentar?", perguntei. "Seria maravilhoso", ela respondeu, e então me aproximei dela e acariciei seu cabelo e couro cabeludo. Embora a experiência tenha durado apenas alguns momentos, ela permaneceu indelével em nossas mentes. Ela sobreviveu ao câncer e, anos depois, quando voltou por causa de uma outra questão, comentou que eu tocar seu couro cabeludo tinha sido uma epifania, uma ação afirmativa que mudou de modo radical sua imagem negativa de si mesma.

Um testemunho semelhante veio de uma viúva que estava tão desesperada que muitas vezes vinha ao meu consultório muito angustiada para falar, mas foi profundamente consolada por eu segurar sua mão. Muito mais tarde, ela comentou que foi um ponto de virada na terapia: isso deu a ela firmeza e permitiu que se sentisse conectada a mim. Minha mão, disse ela, era o lastro que a impedia de cair no desespero.

64
Nunca se envolva sexualmente com seus pacientes

A ALTA INCIDÊNCIA DE TRANSGRESSÕES sexuais tornou-se um grave problema nos últimos anos, não só na psicoterapia, é claro, mas em todas as situações em que um existe um diferencial de poder: o sacerdócio, as forças armadas, o local de trabalho corporativo e político, a medicina, as instituições educacionais – são muitos os exemplos. Embora tais transgressões constituam um problema importante em cada um desses cenários, elas têm um significado particular no campo da psicoterapia, em que relacionamentos íntimos e intensos são essenciais para o trabalho e relacionamentos sexuais são destrutivos para todas as partes – tanto terapeutas quanto pacientes.

A psicoterapia é duplamente amaldiçoada por tais transgressões. Não apenas os pacientes individuais são traídos e prejudicados, mas a reação resultante é muito destrutiva para todo o campo. Os terapeutas foram forçados a ficar na defensiva. As organizações profissionais instruem os profissionais a serem extremamente cautelosos. Eles são advertidos não apenas contra qualquer intimidade incomum, mas também contra qualquer aparência de intimidade, porque a prática jurídica assume que onde há fumaça, há fogo. Em outras palavras, somos aconselhados a adotar uma mentalidade de "fotografia comprometedora", ou seja, evitar qualquer momento que, mesmo fora de contexto, possa parecer suspeito. Evite a informalidade, dizem os terapeutas; evite nomes próprios, não ofereça café ou chá, não ultrapasse os cinquenta minutos e não veja um membro do sexo oposto na última sessão do dia (todas infrações das quais me declaro culpado). Algumas clínicas consideraram filmar todas as sessões para garantir a segurança dos pacientes. Conheço um terapeuta que, processado injustamente, agora recusa qualquer contato físico, até mesmo um aperto de mão, com os pacientes.

Trata-se de desenvolvimentos perigosos. Se não recuperarmos o equilíbrio nessa área, sacrificaremos a própria essência da psicoterapia. É por esse motivo que escrevi a dica anterior sobre toques. E é para garantir que o estudante não caia no erro de igualar intimidade terapêutica e intimidade sexual que me apresso a fazer os seguintes comentários sobre a transgressão sexual.

Fortes sentimentos sexuais assombram o contexto terapêutico. Como poderia ser diferente, dada a extraordinária intimidade entre paciente e terapeuta? Os pacientes desenvolvem regularmente sentimentos de amor e/ou sexuais por seu terapeuta. A dinâmica dessa transferência positiva costuma ser avassaladora. Por um lado, os pacientes são expostos a uma situação muito rara, gratificante e deliciosa. Cada frase sua é examinada com interesse, cada evento de sua vida passada e presente é explorado, eles são nutridos, cuidados, aceitos e apoiados incondicionalmente.

Alguns indivíduos não sabem como responder a tamanha generosidade. O que eles podem oferecer em troca? Muitas mulheres, sobretudo aquelas com baixa autoestima, acreditam que a única coisa real que têm a oferecer é um favor sexual. Sem sexo – uma mercadoria da qual elas podem ter dependido em relacionamentos anteriores – elas só podem prever uma perda de interesse e, por fim, o abandono pelo terapeuta. Para outros, que alçam o terapeuta a uma posição irreal, elevada e grandiosa, pode haver também o desejo de se fundir com algo maior do que eles mesmos. Outros ainda podem competir por amor com os pacientes desconhecidos na prática do terapeuta.

Todas essas dinâmicas devem fazer parte do diálogo terapêutico: de uma forma ou de outra, criaram dificuldades para o paciente em sua vida, e é bom, não lamentável, que surjam no aqui e agora do paciente durante a sessão de terapia. Como a atração pelo terapeuta é esperada, esse fenômeno, como todos os eventos na sessão da terapia, deve ser abordado de modo explícito e compreendido. Se os terapeutas se sentirem excitados pelo paciente, essa própria excitação constitui um dado sobre o modo de ser do paciente (supondo que o terapeuta tenha clareza das próprias reações).

Os terapeutas não gratificam os pacientes masoquistas batendo neles. Eles também não devem se envolver sexualmente com pacientes que desejam sexo. Embora a maioria das transgressões sexuais ocorra entre um terapeuta homem e uma paciente mulher (por esta razão eu uso "ele" para o terapeuta nesta discussão), questões e tentações semelhantes se aplicam a terapeutas mulheres e gays.

Os terapeutas que têm um histórico de se sentirem pouco atraentes para as mulheres podem ficar entusiasmados e desestabilizados quando procurados avidamente por pacientes do sexo feminino. Tenha em mente que os sentimentos que surgem na situação terapêutica em geral pertencem mais ao papel do que à pessoa: não confunda a adoração transferencial com um sinal de sua irresistível atratividade ou charme pessoal.

Alguns terapeutas encontram dificuldades porque têm uma vida sexual insatisfatória ou vivem muito isolados para fazer os contatos sexuais apropriados e necessários. Obviamente, é um grave erro olhar para a própria prática como uma oportunidade para tais contatos. É importante que os terapeutas façam o que for necessário para corrigir sua situação – seja terapia individual, terapia conjugal, serviços de namoro, aplicativos, o que você quiser. Quando me encontro com esses terapeutas em terapia ou supervisão, quero dizer a eles, e com frequência faço isso, que *qualquer* opção, inclusive contratar uma prostituta, é preferível à escolha calamitosa de se envolver sexualmente com os pacientes; quero dizer a eles, e frequentemente faço isso, que encontrem uma maneira de satisfazer suas necessidades sexuais com um dos bilhões de parceiros em potencial no mundo: qualquer um, exceto seus pacientes. Isso não é uma opção profissional ou moral.

Se, em última análise, o terapeuta não consegue encontrar solução para os impulsos sexuais indisciplinados e não consegue ou não quer obter ajuda de uma terapia pessoal, então acredito que ele não deveria praticar psicoterapia.

A transgressão sexual também é destrutiva para os terapeutas. Os terapeutas transgressores, ao se examinarem com sinceridade, entendem que estão agindo para a própria satisfação, e não a serviço de seu paciente. Os terapeutas que se comprometeram muito com uma vida de serviço cometem grande violência contra si mesmos e seus preceitos morais mais íntimos. Em última análise, eles pagam um preço devastadoramente alto, não apenas do mundo externo na forma de censura, punição civil e desaprovação generalizada, mas também internamente, na forma de vergonha e culpa difusas e persistentes.

65
Procure por questões ligadas a aniversários e estágios de vida

PARA MUITOS PACIENTES, certas datas podem ter grande significado. Como resultado de muitos anos trabalhando com pessoas enlutadas, aprendi a respeitar a persistência e o poder das reações a aniversários. Muitos cônjuges enlutados sentem-se atingidos por ondas repentinas de desespero que coincidem com os marcos da morte de seus cônjuges – por exemplo, a data do diagnóstico definitivo, da morte ou do funeral. Não raro, o paciente não tem consciência das datas precisas – um fenômeno que sempre me pareceu uma prova persuasiva, se fosse necessária, da existência da influência do inconsciente sobre pensamentos e sentimentos conscientes. Tais reações a aniversários podem ocorrer inabalavelmente por anos, até décadas. A literatura profissional contém muitos estudos surpreendentes documentando a reação a aniversários, como o aumento da incidência de hospitalização psiquiátrica nessas datas, mesmo décadas depois, relativas aos dias da morte dos pais.

De vários modos, certas datas notáveis oferecem aberturas para investigação terapêutica. Aniversários, especialmente aniversários significativos, podem oferecer uma janela aberta para preocupações existenciais e levar a uma maior contemplação do ciclo de vida. Na idade adulta, as comemorações de aniversário são sempre, a meu ver, eventos agridoces com um lado de lamentação. Algumas pessoas são afetadas por um aniversário que significa uma vida mais longa do que seus pais. Datas de aposentadoria, aniversários de casamento ou divórcio e muitos outros marcos trazem para o indivíduo a inexorável marcha do tempo e a transitoriedade da vida.

66
Nunca ignore a "ansiedade da terapia"

EMBORA EU RESSALTE que a psicoterapia é um processo criativo e espontâneo moldado pelo estilo único de cada profissional e personalizado para cada paciente, existem, no entanto, certas regras universais. Uma dessas regras é *sempre explorar a ansiedade relacionada à sessão*. Se um paciente sente ansiedade durante a sessão, depois da sessão (no caminho para casa ou mais tarde, enquanto pensa sobre ela), ou ao se preparar para a próxima sessão, sempre faço questão de focar profundamente nessa ansiedade.

Embora a ansiedade às vezes possa surgir do *conteúdo* da discussão terapêutica, é muito mais comum que ela se origine do *processo* – dos sentimentos sobre o relacionamento paciente-terapeuta.

Por exemplo, um paciente descreveu sentir-se ansioso ao entrar em meu consultório:

"Por quê? O que o deixa ansioso em vir para cá?", perguntei.

"Fico com medo. Sinto que estou em areia movediça aqui."

"Qual seria o equivalente a cair na areia movediça em nossa terapia?"

"Você se cansar das minhas reclamações e lamentações e não querer me ver de novo."

"Isso deve complicar muito as coisas para você. Eu te digo para expressar todos os seus pensamentos difíceis. Isso já é problemático o suficiente, mas você acrescenta algo mais – que também toma cuidado para não me sobrecarregar ou me desencorajar."

Ou outra paciente:

"Eu não queria vir hoje. Fiquei chateada a semana toda com o que você me disse quando peguei o lenço."

"O que você me ouviu dizer?"

"Que você estava farto das minhas reclamações e de eu não aceitar sua ajuda."

"O que eu lembro é algo muito diferente. Você estava chorando e, querendo te dar um conforto, estendi a mão para oferecer um lenço de papel. Fiquei impressionado com a rapidez com que você se moveu para pegar o lenço sozinha – como se para evitar pegar algo da minha mão – e tentei encorajá-la a explorar seus sentimentos sobre aceitar minha ajuda. Mas isso não é de forma alguma o mesmo que uma crítica ou eu estar 'farto'."

"Eu tenho alguns sentimentos sobre aceitar sua ajuda. Eu penso em você como tendo uma capacidade limitada de cuidado – apenas cem pontos – e não quero usar todos os meus pontos."

Se um paciente desenvolve ansiedade *durante* a sessão, eu me torno um detetive e recruto a ajuda do paciente para examinar microscopicamente a sessão a fim de determinar com precisão quando o desconforto surgiu. O processo de tal investigação implica que a ansiedade não aparece caprichosamente como a chuva, mas é explicável: ela tem causas que podem ser descobertas (e, portanto, evitadas e controladas).

Às vezes, se tenho um forte palpite de que pode haver uma reação retardada aos eventos do momento, sugiro, no final da sessão, um experimento mental envolvendo projeção no futuro:

"Ainda temos vários minutos pela frente, mas eu me pergunto se você poderia sentar, fechar os olhos e imaginar que a sessão acabou e você está voltando para casa. O que você estará pensando ou sentindo? Como você considerará nossa sessão de hoje? Que sentimentos você terá sobre mim ou sobre a maneira como estamos nos relacionando?"

67
Doutor, acabe com a minha ansiedade

Se um paciente está sobrecarregado de ansiedade e pede ou implora por alívio, costumo achar útil perguntar: "Diga-me, o que seria a coisa perfeita para eu dizer? O que posso dizer que faria você se sentir melhor?". É claro que não estou falando com a mente racional do paciente, mas sim me dirigindo à parte infantil do paciente e pedindo associações livres sem censura.

Em resposta a essa pergunta, uma paciente me disse: "Quero que você me diga que sou o bebê mais lindo e perfeito do mundo". Eu então disse a ela exatamente o que ela pediu e juntos examinamos os efeitos calmantes de minhas palavras, bem como outros sentimentos emergentes: seu constrangimento por seus desejos infantis e sua grande irritação por ela ter que me dizer o que falar para ela. Esse exercício de autoconsolo cria um certo paradoxo: o paciente é jogado em um estado de espírito juvenil e dependente ao pedir ao terapeuta que pronuncie palavras mágicas de alívio, mas, ao mesmo tempo, é forçado a assumir uma posição de autonomia ao inventar as próprias palavras que irão acalmá-la.

68

Sobre ser o carrasco do amor

Não gosto de trabalhar com pacientes apaixonados. Talvez seja por inveja – eu também desejo encantamento. Talvez seja porque amor e psicoterapia são fundamentalmente incompatíveis. O bom terapeuta luta contra a escuridão e busca a iluminação, enquanto o amor romântico é sustentado pelo mistério e desmorona depois da inspeção. Eu odeio ser o carrasco do amor.

UM PARADOXO: EMBORA ESSAS linhas iniciais de *O carrasco do amor* expressem meu desconforto em trabalhar com pacientes apaixonados, elas, no entanto, levaram muitos pacientes apaixonado a se consultarem comigo.

Claro, o amor vem em muitas formas, e essas linhas se referem apenas a um tipo particular de experiência de amor: o estado de espírito apaixonado, obcecado e muito enfeitiçado que possui inteiramente o indivíduo.

Essa experiência costuma ser gloriosa, mas há momentos em que a paixão causa mais angústia que prazer. Às vezes, a realização do amor é perpetuamente fugidia – por exemplo, quando uma ou ambas as partes são casadas e não querem deixar o casamento. Às vezes, o amor não é recíproco – uma pessoa ama e a outra evita o contato ou deseja apenas um relacionamento sexual. Às vezes, o ente querido é totalmente inatingível – um professor, um ex-terapeuta, a esposa de um amigo. Com frequência, alguém pode ficar tão absorto no amor que dedica muito tempo esperando por uma breve visão do amado, negligenciando todo o resto – trabalho, amigos, família. Um amante em um caso extraconjugal pode se afastar de seu cônjuge, pode evitar a intimidade para esconder o segredo, pode recusar a terapia de casal, pode deliberadamente manter o relacionamento conjugal insatisfatório para diminuir a culpa e justificar o caso.

Por mais variadas que sejam as circunstâncias, a experiência é a mesma – o amante idealiza o ser amado, fica obcecado por ele, muitas vezes desejando nada mais do que passar o resto da vida desfrutando sua presença.

Para desenvolver um relacionamento empático com pacientes apaixonados, você não deve perder de vista o fato de que a experiência deles é maravilhosa: a fusão extática e feliz; a dissolução do "eu" solitário no "nós" encantado pode ser uma das grandes experiências da vida do paciente. Em geral, é aconselhável expressar sua apreciação pelo estado de espírito deles e abster-se de criticar o sentimento dourado que cerca o amado.

Ninguém jamais colocou esse dilema melhor do que Nietzsche, que, pouco depois de "voltar a si" de um apaixonado (mas casto) caso de amor com Lou Salomé, escreveu:

> Um dia, um pardal passou voando por mim; e [...] pensei ter visto uma águia. Agora o mundo inteiro está ocupado me provando o quanto estou errado – e há uma bela fofoca europeia sobre isso. Bem, quem está melhor? Eu, "o iludido", como dizem, que por causa desse canto do pássaro morei um verão inteiro em um mundo superior de esperança – ou aqueles a quem não há como enganar?

Portanto, deve-se ser delicado com um sentimento que permite viver em um "mundo superior de esperança". Aprecie o arrebatamento do paciente, mas também ajude-o a se preparar para o seu fim. Porque sempre acaba. Existe uma verdadeira propriedade do amor romântico: ele nunca dura – a evanescência faz parte da natureza de um estado de amor apaixonado. Mas tenha cuidado ao tentar apressar sua morte. Não tente competir com o amor mais do que faria com crenças religiosas poderosas – são duelos que você não consegue vencer (e há semelhanças entre estar apaixonado e experimentar o êxtase religioso: um paciente referiu-se ao seu "estado de Capela Sistina", outro descreveu seu amor como sua condição celestial e imperecível). Seja paciente – deixe para o cliente descobrir e expressar sentimentos sobre a irracionalidade de seus sentimentos ou desilusão com a pessoa amada. Quando tais expressões ocorrem, lembro-me cuidadosamente das palavras do paciente. Se e quando ele reentrar naquele estado mais uma vez e reidealizar a amada, posso lembrá-lo de seus comentários.

Ao mesmo tempo, exploro a experiência tanto quanto faria com qualquer estado emocional poderoso. Eu digo coisas como "Que maravilha para você... é como voltar à vida, não é? É fácil entender por que você não quer desistir disso. Vamos ver o que permitiu que você experimentasse isso agora? Conte-me sobre sua vida nas semanas anteriores a isso. Quando foi a última vez que você sentiu um amor assim? O que aconteceu com esse amor?".

Há vantagens em se concentrar no estado de enamoramento, e não na pessoa que é amada. É a experiência, o estado emocional de amar – não a outra pessoa – que é tão atraente. A frase de Nietzsche "Ama-se o desejo por alguém, não o desejado" muitas vezes foi inestimável em meu trabalho com pacientes atormentados pelo amor.

Como a maioria das pessoas sabe (embora tente não saber) que a experiência não persistirá para sempre, tento introduzir gentilmente alguma perspectiva de longo prazo e desencorajar o paciente de tomar qualquer decisão irreversível com base em sentimentos que, é provável, sejam evanescentes.

Estabeleça os objetivos da terapia no início de suas reuniões. Que tipo de ajuda estão procurando? Obviamente, há algo disfuncional na experiência do paciente, ou ele não o procuraria. O paciente está pedindo ajuda para se retirar do relacionamento? Muitas vezes invoco a imagem da balança e indago sobre o equilíbrio entre prazer e desprazer (ou felicidade e infelicidade) proporcionado pelo relacionamento. Às vezes, uma anotação ajuda a ilustrar o equilíbrio, e peço aos pacientes que façam um registro, com vários pontos de observação por dia, do número de vezes que pensam na pessoa amada, ou mesmo do número de minutos ou horas por dia dedicados a essa atividade. Os pacientes às vezes ficam surpresos com os números, com o quanto de sua vida é consumido por pensamentos circulares e repetitivos e, inversamente, com quão pouco eles participam da vida em tempo real.

Às vezes, tento oferecer perspectiva ao paciente, discutindo a natureza e as diferentes formas de amor. *A arte de amar*, livro atemporal de Erich Fromm, é um recurso valioso tanto para pacientes quanto para terapeutas. Costumo pensar no amor maduro como um amor pelo ser e pelo crescimento do outro, e a maioria dos clientes simpatiza com essa visão. Qual é, então, a natureza particular de seu amor? Estão apaixonados por alguém que, no fundo, não respeitam muito ou por alguém que os trata mal? Infelizmente, é claro, existem aqueles cujo amor é intensificado por não serem bem tratados.

Se eles quiserem que você os ajude a sair do relacionamento, lembre-os (e a si mesmo) de que a liberação é árdua e lenta. Às vezes, um indivíduo emerge quase instantaneamente de uma paixão, assim como os personagens de *Sonho de uma noite de verão* emergem de seu encantamento, mas, na maioria das vezes, os indivíduos são atormentados durante muitos meses por anseios pela pessoa amada. Às vezes, anos ou até décadas se passam antes que eles possam se encontrar ou mesmo pensar no outro sem pontadas de desejo ou ansiedade.

A dissolução também não é um processo constante. Contratempos ocorrem – e nada é mais provável de causar um revés do que outro encontro com a pessoa amada. Os pacientes oferecem muitas justificativas para esse novo contato: insistem que já o superaram e que uma conversa cordial, um café ou um almoço com o ex-amado vai ajudá-los a esclarecer as coisas, ajudá-los a entender o que deu errado, ajudá-los a estabelecer uma amizade adulta duradoura, ou mesmo permitir que eles se despeçam como uma pessoa madura. *Nenhuma dessas coisas provavelmente acontecerá*. Em geral, a recuperação do indivíduo é prejudicada, assim como um deslize atrasa um alcoólatra em recuperação.

Não fique frustrado com os contratempos – algumas paixões estão destinadas a durar anos. Não é uma questão de vontade fraca; há algo na experiência que toca o paciente em níveis muito profundos. Tente entender o papel crucial desempenhado pela obsessão na vida interna do indivíduo. Acredito que a obsessão amorosa muitas vezes serve como uma distração, afastando o olhar do indivíduo de pensamentos mais dolorosos. Mais cedo ou mais tarde, espero chegar à pergunta: no que você estaria pensando se não fosse obcecado por...?

69
Fazendo o histórico

No início de seu treinamento, os estudantes de psicoterapia aprendem alguns esquemas sistemáticos para criar o histórico do paciente. Esses esquemas sempre incluem itens como a apresentação da queixa, doenças atuais e história (incluindo família, educação, saúde física, terapias anteriores, amizades etc.). Há vantagens óbvias em um método passo a passo de coleta de dados. Os médicos, por exemplo, são treinados para evitar a supervisão, obtendo o histórico e fazendo um exame físico de maneira altamente rotineira, que consiste em uma revisão sistemática do sistema orgânico (sistema nervoso, sistema gastrointestinal, sistema urogenital, sistema cardiovascular, sistema musculoesquelético).

Certas situações na prática terapêutica exigem um método sistemático de coleta de história – por exemplo, nas primeiras sessões, quando se está tentando obter uma leitura rápida do contexto de vida do paciente; uma terapia por tempo limitado; ou momentos em que é preciso coletar dados rapidamente para fazer uma apresentação sucinta aos colegas. No entanto, uma vez que os terapeutas ganham experiência, na maior parte de seu trabalho em psicoterapia é raro que eles sigam uma lista de verificação sistemática de perguntas. A coleta de dados torna-se intuitiva e automática. Não precede a terapia, mas faz parte da própria terapia. Como disse Erik Erikson, "fazer o histórico é fazer história".

70

Um histórico da programação diária do paciente

Apesar da minha confiança em um modo intuitivo de coleta de dados, há uma pergunta particularmente produtiva que sempre faço na primeira ou na segunda sessão: "Por favor, faça um relato detalhado de um dia típico seu".

Certifico-me de que tudo seja discutido, incluindo hábitos de alimentação e de sono, sonhos, recreação, períodos de desconforto e de alegria, tarefas precisas de trabalho, uso de álcool e drogas, até preferências por leitura, cinema e tv. Se essa investigação for suficientemente detalhada, os terapeutas podem aprender muito, descobrindo informações que muitas vezes são perdidas em outros sistemas de coleta de histórico.

Eu ouço muitas coisas: hábitos alimentares, preferências estéticas, atividades de lazer. Em particular, presto atenção em como a vida dos meus pacientes é povoada. Com quem eles têm contato regular? Que rostos eles veem com regularidade? Com quem eles conversam por telefone ou falam pessoalmente durante a semana? Com quem eles fazem as refeições?

Por exemplo, em entrevistas iniciais recentes, essa investigação me permitiu aprender sobre atividades que, de outra forma, demoraria meses para conhecer: duas horas por dia de paciência no computador; três horas por noite em salas de bate-papo sobre sexo na internet com uma identidade diferente; procrastinação maciça no trabalho e consequente vergonha; uma rotina diária tão exigente que me cansou só de escutar;

extensas ligações telefônicas diárias (às vezes de hora em hora) de uma mulher de meia-idade com o pai; as longas conversas telefônicas diárias de uma mulher gay com um ex-amante de quem ela não gostava, mas de quem se sentia incapaz de se separar.

Uma investigação sobre os mínimos detalhes da vida do paciente não apenas leva a um rico material que, de outra forma, muitas vezes seria perdido, mas também dá um impulso inicial para o processo de criar laços. Essa intensa discussão de atividades cotidianas minuciosas aumenta rapidamente a sensação de intimidade entre terapeuta e paciente, tão necessária no processo de mudança.

71
Como a vida do paciente é povoada?

Em um valioso estudo das relações interpessoais, a psicóloga Ruthellen Josselson usa um instrumento na forma de um "sistema solar" feito com lápis e papel, instruindo os participantes a representarem a si próprios como um ponto no centro de uma página e as pessoas em sua vida como objetos circulando-os a várias distâncias. Quanto mais próximo o ponto estiver do centro, mais central será a relação. O estudo dela acompanhou as mudanças posicionais nos satélites circulares durante um período de vários anos. Embora esse instrumento possa ser muito complicado para uso clínico diário, ele serve como um excelente modelo para visualizar padrões interpessoais.

Uma de minhas principais tarefas em meus primeiros contatos é descobrir como a vida do paciente é povoada. Muitas dessas informações podem ser obtidas durante uma verificação da programação diária do paciente, mas faço questão de fazer uma investigação detalhada de todas as pessoas que são importantes na vida do paciente, bem como de quaisquer contatos interpessoais em um dia representativo recente. Também acho instrutivo perguntar sobre todos os melhores amigos, do passado e do presente, na vida do paciente.

72
Entreviste figuras significativas

NUNCA ME ARREPENDI DE ENTREVISTAR alguma figura importante na vida de meus pacientes – em geral um cônjuge ou parceiro. Na realidade, no final de tal entrevista eu invariavelmente me pergunto: "Por que esperei tanto?" ou "Por que não faço isso com mais frequência?". Quando ouço os pacientes descreverem seus entes queridos, crio uma imagem mental da outra pessoa, muitas vezes esquecendo que minhas informações são muito distorcidas por serem filtradas pelos olhos imperfeitos e tendenciosos do paciente. Mas assim que encontro essas figuras significativas, elas se concretizam e entro mais plenamente na vida de meu paciente. Por encontrar o parceiro do paciente em uma situação tão inusitada, tenho consciência de que não o "enxergo" de fato, mas não é esse o ponto – o ponto é que minha imagem do rosto e da pessoa me permite um encontro mais rico com meu paciente. Além disso, o parceiro pode fornecer uma nova perspectiva e informações valiosas sobre o paciente.

As figuras significativas, é claro, se sentem ameaçadas por um convite para conhecer o terapeuta de seu parceiro. O parceiro sabe que o terapeuta que irá avaliá-lo tem, compreensivelmente, uma lealdade primária para com o paciente. Mas existe uma estratégia que quase nunca fracassa na amenização da ameaça e em geral é eficaz em persuadir o parceiro a comparecer à sessão. Instrua seu paciente da seguinte maneira:

"John, por favor, diga a X que ela poderia me ajudar a ser mais útil para você. Eu gostaria de ouvir alguns comentários dela sobre você – sobretudo algumas das mudanças que ela gostaria de ver em você. Não é um exame dela, mas uma discussão das observações dela sobre você."

Além disso, recomendo que a sessão seja conduzida exatamente dessa maneira. Como prefiro não ter nenhum conhecimento secreto e externo de meus pacientes, sempre entrevisto essa figura significativa na presença de meu paciente. Obtenha feedback e sugestões do parceiro sobre as mudanças que o paciente pode fazer, em vez de conduzir uma entrevista pessoal com o parceiro. Você conseguirá uma imagem suficientemente complexa do parceiro apenas por sua maneira de lhe dar feedback.

E aconselho também a não transformar a sessão em uma sessão de casais. Quando sua lealdade principal é para com um membro de um par com quem você tem um compromisso terapêutico, não é você quem deve tratar o casal. Se você tentar uma terapia de casal com uma carga de informações confidenciais obtidas de um membro do casal, logo estará envolvido em omissão e comportamento dúbio. A terapia de casal é mais bem realizada por outro terapeuta cuja lealdade seja com ambos os participantes.

73

Explore terapias anteriores

SE MEUS PACIENTES JÁ FIZERAM terapia antes, faço uma investigação detalhada sobre essa experiência. Se a terapia foi insatisfatória, os pacientes quase sempre citam uma falta de engajamento de seus terapeutas anteriores. O terapeuta, dizem eles, era muito distante, muito desinteressado, muito indiferente, muito impessoal. Ainda estou para ouvir um paciente reclamar de um terapeuta ser muito revelador, muito solidário ou muito pessoal (com exceção, é claro, dos casos em que o paciente e o terapeuta estiveram sexualmente envolvidos).

Depois de tomar conhecimento dos erros do terapeuta anterior, você pode tentar evitar repeti-los. Torne isso explícito em verificações ocasionais por meio de perguntas diretas simples. Por exemplo: "Mike, já tivemos quatro sessões e talvez devêssemos verificar como você e eu estamos. Você falou sobre seus sentimentos sobre o dr. X, seu terapeuta anterior. Eu me pergunto se isso está acontecendo comigo. Você consegue pensar em ocasiões em que teve sentimentos semelhantes a meu respeito ou em que parecia que estávamos seguindo padrões semelhantes e improdutivos?".

Se a terapia de um paciente transcorreu de forma bem-sucedida no passado (e, por várias razões, é incapaz de continuar com o mesmo terapeuta), acredito que seja igualmente importante explorar o que deu certo na terapia para incorporar esses aspectos em sua terapia atual. Não espere que esses relatos de terapia bem ou malsucedida permaneçam estáticos:

em geral eles mudam, assim como mudam as visões dos pacientes sobre outros eventos passados. Com o tempo, os pacientes podem começar a se lembrar dos efeitos positivos dos terapeutas que inicialmente difamaram.

74

Compartilhando as sombras

O QUE ME LEMBRO DAS SETECENTAS horas que passei no divã em minha primeira análise? Minha lembrança mais presente de minha analista, Olive Smith, aquela silenciosa e paciente ouvinte, é de um dia em que me coloquei no banco dos réus por prever gananciosamente o dinheiro que poderia herdar quando meus pais morressem. Eu estava fazendo um bom trabalho em me criticar quando, de forma bastante incomum, ela entrou em ação e derrubou a acusação com uma frase: "Nós fomos feitos assim".

Não foi só porque ela estendeu a mão para me confortar, embora eu tenha gostado disso. Nem por ela ter normalizado meus impulsos básicos. Não, era outra coisa: era a palavra *nós*. Era a inferência de que ela e eu éramos parecidos, que ela também tinha seu lado sombrio.

Eu valorizei o presente dela. E já passei por isso muitas vezes. Tento normalizar os impulsos mais sombrios de meus pacientes da maneira que eu sou capaz. Eu tranquilizo, imito Olive Smith ao usar *nós*, aponto a onipresença de certos sentimentos ou impulsos, indico aos pacientes material de leitura apropriado (por exemplo, para impulsos sexuais, sugiro os relatórios de Kinsey, Masters e Johnson ou Hite).

Esforce-se para normalizar o lado obscuro de todas as maneiras possíveis. Nós, terapeutas, devemos estar abertos a todas as nossas partes obscuras e ignóbeis, e há momentos em que compartilhá-las permitirá que os pacientes parem de se flagelar pelas próprias transgressões, reais ou imaginárias.

Certa vez, depois de elogiar uma paciente por estar sendo uma mãe muito boa para seus dois filhos, ela ficou visivelmente desconfortável e anunciou que iria me contar algo que nunca compartilhara antes, a saber, que depois de dar à luz seu primeiro filho, ela teve uma forte inclinação a sair do hospital e abandonar seu recém-nascido. Embora quisesse ser mãe, não suportava a ideia de abrir mão de tantos anos de liberdade. "Mostre-me uma mãe que nunca teve tais sentimentos", eu disse. "Ou um pai. Embora eu ame meus filhos", eu disse a ela, "houve inúmeras vezes que me ressenti profundamente por eles terem invadido minhas outras tarefas e interesses na vida".

O eminente analista britânico D. W. Winnicott foi corajoso ao compartilhar seus impulsos mais sombrios, e um colega meu, ao tratar pacientes preocupados com a raiva que sentiam de seus filhos, com frequência cita um artigo de Winnicott no qual estão listados dezoito motivos pelos quais as mães odeiam seus bebês. Winnicott também cita canções de ninar hostis que as mães cantam para os bebês, que felizmente não entendem a letra. Por exemplo:

Nana, nenê, na árvore, lá em cimão.
Quando o vento soprar o berço balançará,
Quando o galho quebrar, o berço cairá,
E bebê, berço e tudo mais despencarão.

75
Freud nem sempre esteve errado

VIROU MODA ATACAR FREUD. Nenhum leitor contemporâneo consegue escapar das recentes e incisivas críticas que condenam a teoria psicanalítica como tão ultrapassada quanto a antiga cultura da qual ela brotou. A psicanálise é atacada como uma pseudociência baseada em um paradigma científico antiquado e eclipsada pelos recentes avanços na neurobiologia do sonho e na genética da esquizofrenia e dos distúrbios afetivos. Além disso, os críticos afirmam que é uma fantasia de desenvolvimento humano dominada pelos homens, repleta de sexismo, sendo construída com base em casos distorcidos e observações imprecisas, às vezes imaginárias.

Essa crítica tem sido tão difundida e perniciosa que se infiltrou até mesmo em programas de treinamento em terapia, e toda uma geração de profissionais de saúde mental foi educada com uma visão crítica e totalmente desinformada do homem cujas ideias constituem o próprio fundamento da psicoterapia.

Deixe-me sugerir um experimento mental. Imagine que você está desesperado por causa de um relacionamento fracassado. Você é assediado por pensamentos odiosos e depreciativos sobre uma mulher que, durante meses, você idealizou. Não consegue parar de pensar nela, sente-se profunda, talvez mortalmente ferido, e pensa em suicídio – não apenas para acabar com sua dor, mas para punir a mulher que a causou. Você está atolado no desespero, apesar dos melhores esforços de seus amigos para consolá-lo. Qual seria seu próximo passo?

É provável que você consideraria consultar um psicoterapeuta. Seus sintomas – depressão, raiva, pensamentos obsessivos – sugerem não apenas que você precisa de terapia, mas que se beneficiaria consideravelmente dela.

Agora tente uma variação desse experimento. Imagine que você tem os mesmos sintomas. Mas foi há mais de cem anos, digamos 1882, e você mora na Europa Central. O que você faria? Este é o desafio que enfrentei alguns anos atrás enquanto escrevia meu romance *Quando Nietzsche chorou*. Minha trama exigia que Nietzsche procurasse um terapeuta em 1882 (o ano em que ele estava em profundo desespero com o fim de seu relacionamento com Lou Salomé).

Mas quem seria o terapeuta de Nietzsche? Depois de muita pesquisa histórica, ficou claro que tal criatura não existia em 1882. Se Nietzsche tivesse pedido ajuda a um médico, teria sido informado de que o mal de amor não era um problema médico e teria sido aconselhado a permanecer em Marienbad ou em um dos outros banhos da Europa para curar-se com água e repouso. Ou talvez ele tivesse sido encaminhado a um clérigo solidário para aconselhamento religioso. Terapeutas seculares? Não havia nenhum! Embora Liebault e Bernheim tivessem uma escola de hipnoterapia em Nancy, na França, eles não ofereciam psicoterapia *per se*, apenas a remoção de sintomas por meio da hipnose. O campo da psicoterapia secular ainda não tinha sido inventado; ele aguardava a chegada de Freud, que em 1882 ainda era médico e não ingressara no campo da psiquiatria.

Freud não apenas inventou sozinho o campo da psicoterapia, mas o fez de uma só vez. Em 1895 (em *Estudos sobre a histeria*, em coautoria com Josef Breuer), ele escreveu um capítulo incrivelmente presciente sobre psicoterapia, que prefigura muitos dos principais desenvolvimentos que ocorreriam nos cem anos seguintes. Ali, Freud apresenta os fundamentos de nosso campo: o valor do *insight* e da autoexploração e expressão profundas; a existência de resistência, transferência, trauma reprimido;

o uso de sonhos e fantasias, dramatização, livre associação; a necessidade de abordar problemas caracterológicos, bem como sintomas; e a absoluta necessidade de uma relação terapêutica de confiança.

Considero essas questões tão instrumentais para o treinamento de terapeutas que, durante décadas, ofereci em Stanford um curso sobre Freud no qual enfatizei dois pontos: uma leitura dos textos de Freud (em vez de fontes secundárias) e uma investigação de seu contexto histórico.

Com frequência, os popularizadores são úteis para os alunos que leem as obras de pensadores incapazes de escrever com clareza (ou que optam pela ofuscação) – por exemplo, filósofos como Hegel, Fichte ou mesmo Kant, ou, no campo da psicoterapia, Sullivan, Fenichel ou Fairbairn. Não é assim com Freud. Embora não tenha ganhado o Prêmio Nobel por sua contribuição científica, recebeu o Prêmio Goethe por realizações literárias. Ao longo dos textos de Freud, sua prosa brilha, mesmo sob o véu da tradução. De fato, muitos dos relatos clínicos se assemelham aos de um mestre contador de histórias.

Em minhas aulas, concentro-me nos primeiros textos, *Estudos sobre a histeria*, excertos de *A interpretação dos sonhos* e *Três ensaios sobre a teoria da sexualidade*, e esboço seu contexto histórico – isto é, o *zeitgeist* psicológico do final do século XIX – o que permite ao aluno perceber quão verdadeiramente revolucionários foram seus *insights*.

Mais um ponto: não devemos avaliar as contribuições de Freud com base nas posições defendidas pelos vários institutos psicanalíticos freudianos. Freud tinha muitos seguidores sedentos por alguma ortodoxia ritualizada, e muitos institutos analíticos adotaram uma visão conservadora e estática de seu trabalho, fora de sintonia com sua disposição criativa e inovadora, em constante mudança.

Em meu desenvolvimento profissional, tenho sido muito reticente em relação aos institutos tradicionais de treinamento psicanalítico. Parecia-me que a posição analítica conservadora da minha época supervalorizava a importância do *insight*, em particular sobre questões de desenvolvimento psicossexual e, além disso, não fazia ideia da importância do encontro humano no processo terapêutico. (Theodor Reik escreveu: "O próprio diabo não poderia assustar os analistas mais do que o uso da palavra 'eu'".) Como consequência, optei por não entrar em um instituto analítico e, ao olhar para trás em minha carreira, considero esta uma das melhores decisões da minha vida. Embora encontrasse uma grande sensação de isolamento profissional e incerteza, tinha liberdade para seguir meus interesses e pensar sem preconceitos restritivos.

Hoje, meus sentimentos sobre a tradição psicanalítica mudaram consideravelmente. Embora eu não goste de muitas das armadilhas institucionais psicanalíticas e posições ideológicas, ainda assim essas instituições são muitas vezes o único oásis no deserto, o único lugar onde questões psicodinâmicas técnicas sérias são discutidas pelas melhores e mais brilhantes mentes clínicas em nosso campo. Além disso, tem havido, em minha opinião, um recente desenvolvimento salutar no pensamento e na prática analítica: isto é, um rápido crescimento no interesse analítico, na literatura sobre intersubjetividade e na prática psicológica entre duas pessoas, o que reflete uma nova consciência do papel crucial do encontro humano básico nos processos de mudança. Em grau significativo, os analistas progressistas lutam por maior genuinidade e transparência em seu relacionamento com os pacientes.

Como a medicina de mercado incentiva um treinamento mais curto (e, portanto, corte de custos por meio de uma remuneração mais barata do terapeuta), os terapeutas precisam mais do que nunca de treinamento clínico complementar de pós-graduação. Institutos psicanalíticos (amplamente definidos – freudianos, junguianos, interpessoais, existenciais) oferecem, de longe, o treinamento de terapia dinâmica de pós-graduação mais ponderado e completo. Além disso, a cultura dos institutos equilibra o isolamento tão inerente à prática terapêutica, proporcionando uma comunidade de mentes afins, um grupo de colegas que enfrentam desafios intelectuais e profissionais semelhantes.

Talvez eu seja excessivamente alarmista, mas me parece que, nestes dias de ataque implacável ao campo da psicoterapia, os institutos analíticos podem se tornar o último bastião, o repositório da sabedoria psicoterapêutica coletada, da mesma forma que a igreja por séculos foi o repositório da sabedoria filosófica e o único reino onde eram discutidas questões existenciais sérias – propósito de vida, valores, ética, responsabilidade, liberdade, morte, comunidade e conectividade. Existem semelhanças entre institutos psicanalíticos e instituições religiosas do passado, e é importante que não repitamos as tendências de algumas instituições religiosas de suprimir outros fóruns de discurso reflexivo e legislar sobre o que os pensadores podem pensar.

76

TCC não é o que parece ser… Ou, não tenha medo do bicho-papão da TBE

Recentemente, o conceito de TBE (terapia baseada em evidências) teve um enorme impacto – até agora, apenas negativo – no campo da psicoterapia. Para muitos planos de saúde, são autorizadas apenas as terapias validadas empiricamente – na realidade, isso significa terapia cognitivo-comportamental (TCC) de curta duração. Escolas de pós-graduação em Psicologia que concedem mestrado e doutorado estão reformulando seus currículos para se concentrar no ensino dos TBEs; os exames de licenciamento garantem que os psicólogos estejam imbuídos do conhecimento da superioridade da TBE; e as principais agências federais de fomento à pesquisa em psicoterapia sorriem com particular preferência à pesquisa em TBE.

Todos esses desenvolvimentos criam certa dissonância em muitos médicos especialistas experientes expostos todos os dias aos planos de saúde que insistem no uso de TBEs. Clínicos experientes enxergam uma aparente avalanche de evidências científicas "provando" que a própria abordagem é menos eficaz do que a oferecida por terapeutas juniores (e baratos) que ministram TCC em períodos de tempo surpreendentemente curtos. Em suas entranhas, eles sabem que isso está errado, eles suspeitam da presença de um aparato mágico, mas não têm uma resposta baseada em evidências e, em geral, pegam esse touro pelos chifres e tentam fazer seu trabalho esperando que o pesadelo passe.

Publicações meta-analíticas recentes estão restaurando algum equilíbrio. (Baseio-me fortemente na excelente revisão e análise de Weston e Morrison.) Em primeiro lugar, exorto os médicos a terem em mente que terapias *não validadas* não são terapias *invalidadas*. Para serem financiadas, as pesquisas devem ter uma metodologia direta, comparável à pesquisa que testa a eficácia de medicamentos. As demandas de metodologia incluem pacientes "limpos" (isto é, pacientes com um único distúrbio, sem sintomas de quaisquer outros grupos diagnósticos – um tipo de paciente quase nunca visto na prática clínica), uma intervenção terapêutica breve e um modo de tratamento replicável, de preferência passível de prescrição (isto é, capaz de ser reduzido a um tratamento passo a passo descrito em um manual). Tal projeto favorece fortemente a TCC e exclui a maioria das terapias tradicionais que dependem de uma relação terapeuta-paciente íntima (sem roteiro), forjada na genuinidade e focada no aqui e agora à medida que evolui de modo espontâneo.

Muitas suposições falsas são feitas na pesquisa de TBE: que problemas de longo prazo podem ceder à terapia breve; que os pacientes têm apenas um sintoma definível e são capazes de relatá-lo com precisão no início da terapia; que os elementos de uma terapia eficaz são dissociáveis uns dos outros; e que um manual escrito de procedimentos sistemáticos pode permitir que indivíduos minimamente treinados administrem psicoterapia de forma eficaz.

A análise das TBEs (Weston e Morrison) indica resultados muito menos impressionantes do que se costuma pensar. Há pouco acompanhamento ao final de um ano e quase nenhum em dois anos. A resposta positiva precoce das TBEs (que é encontrada em qualquer intervenção terapêutica) levou a uma imagem distorcida de eficácia. Os ganhos não são mantidos e a porcentagem de pacientes que permanecem bem é surpreendentemente baixa. Não há evidências de que a adesão do terapeuta aos manuais se correlacione positivamente com a melhora – na realidade, há evidências do contrário. Em geral, as implicações da pesquisa TBE foram estendidas muito além da evidência científica.

A pesquisa naturalística sobre a prática clínica em TBE revela que a terapia breve não é tão breve: os médicos que usam TBEs breves atendem os pacientes por muito mais sessões do que é citado nas pesquisas. As pesquisas indicam (sem nenhuma surpresa) que o sofrimento agudo pode ser aliviado rapidamente, mas o sofrimento crônico requer uma terapia muito mais longa, e que a mudança caracterológica é o curso de terapia mais longo de todos.

Não resisto a levantar mais um ponto malicioso. Tenho um forte palpite (comprovado apenas de forma anedótica) de que os praticantes de TBE que precisam de ajuda psicoterapêutica pessoal não procuram uma curta terapia cognitivo-comportamental; em vez disso, recorrem a terapeutas altamente treinados, experientes, dinâmicos e que não usam manuais.

77
Sonhos – use-os, use-os, use-os

POR QUE TANTOS JOVENS TERAPEUTAS evitam trabalhar com sonhos? Meus supervisionados me dão várias respostas. Muitos são intimidados pela natureza da literatura onírica, tão volumosa, complexa, misteriosa, especulativa e controversa. Os alunos muitas vezes ficam confusos com os livros de símbolos oníricos e com os eflúvios de debates mordazes entre freudianos, junguianos, gestaltistas e visionários. Também há a literatura em rápido desenvolvimento sobre a nova biologia dos sonhos, que às vezes simpatiza com o trabalho onírico e às vezes desdenha dele, declarando que os sonhos são criações puramente aleatórias e sem sentido.

Outros ficam frustrados e desencorajados pela própria forma dos sonhos – por sua natureza efêmera, enigmática, extravagante e bem disfarçada. Outros, trabalhando em uma estrutura de terapia breve comandada por planos de saúde, não têm tempo para o trabalho com os sonhos. Por último, e talvez o mais importante, muitos jovens terapeutas não tiveram a experiência de uma terapia pessoal investigativa que se beneficiou do trabalho com sonhos.

Considero essa desatenção aos sonhos uma grande pena e uma grande perda para os pacientes de amanhã. Os sonhos podem ser uma ajuda inestimável na terapia eficaz. Eles representam uma reafirmação incisiva dos problemas mais profundos do paciente, apenas em uma linguagem diferente – uma linguagem de imagens visuais. Terapeutas altamente experientes sempre confiaram nos sonhos. Freud os considerava "a estrada régia para o inconsciente". Embora eu concorde, essa não é, como discutirei, a principal razão pela qual considero os sonhos tão úteis.

78

Interpretação completa de um sonho? Esqueça!

De todos os equívocos que os jovens terapeutas têm sobre o trabalho com sonhos, o mais problemático é a noção de que o objetivo de alguém deve ser interpretar um sonho de forma completa e com precisão. Essa ideia não tem valia para a prática da psicoterapia, e estimulo meus alunos a abandoná-la.

Freud fez uma valente e celebrada tentativa de uma interpretação completa em seu inovador *A interpretação dos sonhos* (1900), no qual analisou minuciosamente um de seus sonhos sobre uma mulher chamada Irma, a quem ele tinha enviado a um amigo e colega para uma cirurgia. Desde a publicação do sonho sobre Irma, muitos teóricos e clínicos apresentaram novas interpretações e, mesmo agora, cem anos depois, novas perspectivas sobre esse sonho continuam aparecendo na literatura psicanalítica.

Mesmo que fosse possível interpretar um sonho por completo, não seria necessariamente um bom uso da sessão de terapia. Em minha prática, adoto uma abordagem pragmática dos sonhos e os uso de maneira a facilitar a terapia.

79

Use os sonhos de forma pragmática: pilhagem e saque

O PRINCÍPIO FUNDAMENTAL DO MEU trabalho com os sonhos é extrair deles tudo o que agiliza e acelera a terapia. Pilhe e saqueie o sonho, tire dele o que parecer valioso e não se preocupe com os descartes. Considere este sonho terrível que se seguiu à primeira sessão de uma paciente.

"Eu ainda estava na faculdade de direito, mas estava julgando um caso em um tribunal aberto, grande e lotado. Eu ainda era mulher, mas meu cabelo estava curto e eu estava vestida com um terno de homem e botas de cano alto. Meu pai, vestindo uma longa túnica branca, estava sendo julgado e eu era a promotora que o julgava por estupro. Eu sabia que aquilo era suicídio, porque ele acabaria me encontrando e me matando por conta do que eu estava fazendo com ele."

O sonho a acordou às três da manhã e foi tão assustador e tão real que, com medo de um possível intruso, ela correu pela casa verificando as fechaduras de todas as janelas e portas. Mesmo quando ela me relatou o sonho três dias depois, ela ainda se sentia apreensiva.

Como saquear esse sonho a serviço da terapia? Primeiro, considere o tempo. Como estávamos apenas começando a terapia, minha tarefa principal era forjar uma forte aliança terapêutica. Portanto, minhas perguntas e comentários se concentraram principalmente nos aspectos do sonho relacionados ao engajamento e à segurança na situação terapêutica.

Fiz perguntas como "O que você acha de colocar seu pai em julgamento? Eu me pergunto se isso pode estar relacionado com você ter me contado sobre ele em nossa primeira sessão de terapia. Você acha que é perigoso se expressar livremente neste consultório? E seus pensamentos sobre o tribunal estar aberto e lotado? Você tem preocupações ou dúvidas sobre a privacidade e confidencialidade de nossas reuniões?".

Observe que *não* tentei interpretar o sonho. Não perguntei sobre muitos aspectos curiosos do sonho: sua confusão de gênero, suas roupas, a túnica branca de seu pai, a acusação de estupro. Eu os marquei e os guardei. Talvez eu possa voltar a essas imagens oníricas em sessões futuras, mas nos primeiros estágios da terapia tenho outra prioridade: devo atender à estrutura da terapia – confiança, segurança e confidencialidade.

Outro paciente teve este sonho na noite seguinte à nossa primeira sessão:

"Fui a uma loja de departamentos para comprar produtos para uma viagem, mas faltavam alguns. Eles estavam no porão, e eu comecei a descer as escadas, que eram escuras e precárias. Foi assustador. Eu vi um lagarto. Isso foi bom: eu gosto de lagartos – eles são durões e não mudaram nos últimos cem milhões de anos. Mais tarde, subi e procurei meu carro, que era da cor do arco-íris, mas ele tinha sumido – ou talvez tivesse sido roubado. Então eu vi minha esposa no estacionamento, mas meus braços estavam muito cheios de pacotes e eu estava muito apressado para ir até ela ou fazer qualquer coisa além de gesticular. Meus pais também estavam lá, mas eram pigmeus e tentavam fazer uma fogueira no estacionamento."

O paciente, um homem rígido e nada introspectivo de 40 anos, há muito resistia à terapia e só concordou em me consultar quando sua esposa ameaçou deixá-lo se ele não mudasse. Seu sonho foi obviamente influenciado pelo início da terapia, que muitas vezes é retratado nos sonhos como uma viagem ou jornada. Ele se sente despreparado para a aventura terapêutica porque os bens de que precisa estão no porão (ou seja, suas profundezas, seu inconsciente), um lugar difícil e misterioso (as escadas são escuras, assustadoras e precárias). Além disso, ele resiste ao empreendimento terapêutico – ele admira lagartos, que não mudam há cem milhões de anos. Ou, talvez, ele seja ambivalente quanto à mudança – seu carro é da cor do arco-íris, ousado, mas ele não consegue encontrá-lo.

Minha tarefa nas sessões de abertura? Ajudá-lo a se engajar na terapia e ajudá-lo a superar sua resistência a ela. Como consequência, concentrei-me apenas nos componentes do sonho relacionados ao início da terapia: o símbolo da jornada, sua sensação de despreparo e inadequação, a escada escura e precária, a descida, o lagarto. Propositalmente não perguntei sobre outros aspectos do sonho: sua esposa e suas dificuldades de comunicação com ela, e seus pais, que, transformados em pigmeus, acenderam uma fogueira no estacionamento. Não é que esses aspectos não fossem importantes – nas sessões posteriores passaríamos um tempo considerável explorando seu relacionamento com a esposa e os pais –, mas na segunda sessão de terapia outras questões prevaleceram.

Esse sonho, aliás, ilustra um aspecto importante para a compreensão do fenômeno, sobre o qual Freud escreveu em *A interpretação dos sonhos*. Observe que o sonho lida com várias ideias abstratas – entrar na psicoterapia, medo de explorar o inconsciente pessoal, sentimentos de inadequação, incerteza sobre se deve ou não mudar. No entanto, os sonhos (além de uma experiência auditiva muito ocasional) são fenômenos visuais, e a ação da mente que os fabrica deve encontrar uma maneira de transformar ideias abstratas em forma visual (uma jornada, escadas precárias descendo rumo a um porão, um lagarto, um carro arco-íris).

Outro exemplo clínico

Um homem de 45 anos, que sofria profundamente desde a morte de sua esposa quatro anos antes, era um sonhador prolífico e relatava sonhos longos, complexos e cativantes durante cada sessão. Uma triagem foi necessária: o tempo não permitia a investigação de todos os sonhos, e tive que selecionar aqueles que pudessem facilitar nosso trabalho em seu luto patológico crônico. Considere estes dois sonhos:

"Eu estava na minha casa de verão e minha esposa estava lá, vaga – uma mera presença ao fundo. A casa tinha um tipo diferente de telhado, um telhado de grama, e dele crescia um cipreste alto – era uma árvore bonita, mas estava colocando a casa em perigo e tive que cortá-la."

"Eu estava em casa, consertando o telhado, colocando algum tipo de enfeite, quando senti um grande terremoto e pude ver a silhueta da cidade tremendo ao longe, e vi dois arranha-céus gêmeos caírem."

Esses sonhos obviamente se relacionavam com sua dor – suas associações com "grama" e também com o "enfeite" do telhado eram o túmulo e a lápide de sua esposa. Não é incomum que a vida de alguém seja retratada como uma casa em sonhos. A morte de sua esposa e sua dor sem fim foram encarnadas no cipreste, que colocou em perigo sua casa e que, portanto, ele teve que cortar. No segundo sonho, a morte de sua esposa foi representada pelo terremoto, que derrubou os arranha-céus gêmeos – o casal. (Esse sonho, aliás, ocorreu anos antes do ataque terrorista ao World Trade Center.) Vínhamos trabalhando sobre as questões de ficar em paz com o fato de que o estado de união em que ele vivera sua vida já não existia mais, que sua esposa estava de fato morta e que ele tinha que abrir mão, separando-se gradualmente de sua esposa e retomando a vida. O reforço fornecido por seus sonhos foi fundamental para a terapia – eles representavam para ele uma mensagem da fonte de sabedoria dentro dele de que era hora de derrubar a árvore e voltar sua atenção para os vivos.

Às vezes, o sonho de um paciente contém uma imagem tão poderosa, tão determinante, com tantas camadas de significado, que se aloja em minha mente e me refiro ao sonho repetidas vezes durante o curso subsequente da terapia.

Por exemplo:

"Eu estava na varanda de minha casa olhando pela janela para meu pai, que estava sentado em sua mesa. Entrei e pedi dinheiro para a gasolina do meu carro. Ele enfiou a mão no bolso e, ao me entregar um monte de notas, apontou para minha bolsa. Abri a carteira e ela já estava abarrotada de dinheiro. Então eu disse que meu tanque de gasolina estava vazio e ele se dirigiu ao meu carro e apontou para o medidor de gasolina, que estava cheio."

O tema principal desse sonho era vazio *versus* plenitude. A paciente queria algo de seu pai (e de mim, já que o quarto do sonho se parecia muito com a configuração do meu consultório), mas não conseguia descobrir o que queria. Ela pediu dinheiro e gasolina, mas sua bolsa já estava repleta de dinheiro e seu tanque de gasolina estava cheio. O sonho descrevia sua sensação generalizada de vazio, bem como sua crença de que eu tinha o poder de preenchê-la se ela pudesse descobrir a pergunta certa a fazer. Por isso ela persistia em desejar algo de mim – elogios, carinho, tratamento especial, presentes de aniversário – o tempo todo sabendo que estava errada. Minha tarefa na terapia era redirecionar sua atenção – afastando-a da tentativa de conseguir suprimentos com outra pessoa e indo em direção à riqueza de seus próprios recursos internos.

Outra paciente sonhou que era corcunda e, estudando sua imagem no espelho, tentou desprender a tenaz corcova, que acabou se transformando em um bebê que, gritando e agarrando-se às suas costas, cravou-lhe unhas compridas. A ideia de seu bebê interior, barulhento e inoportuno, influenciou muito sua futura terapia.

Outra paciente, que se sentia presa por ter que cuidar de uma mãe idosa e exigente, sonhou que o próprio corpo tinha se transformado em uma cadeira de rodas.

Um terceiro paciente, que iniciou a terapia com amnésia sobre os acontecimentos dos primeiros dez anos de sua vida e com uma notável pouca curiosidade sobre seu passado, sonhava em caminhar ao longo da costa do Pacífico e descobrir um rio que corria para trás, longe do oceano. Ele seguiu o rio e logo encontrou seu pai morto, um mendigo miserável parado diante da entrada de uma caverna. Um pouco mais adiante, ele descobriu seu avô em circunstâncias idênticas. Esse paciente era assombrado pela ansiedade da morte, e a imagem do sonho do rio correndo para trás sugeria uma tentativa de quebrar a inexorável corrida do tempo – voltar no tempo para descobrir que seu pai e seu avô mortos ainda estavam vivos. Ele tinha muita vergonha das fraquezas e fracassos de sua família, e o sonho abriu um importante segmento de trabalho tanto em sua vergonha em relação ao passado quanto em seu terror de recapitular.

Outro paciente teve um pesadelo horrível:

"Minha filha e eu estávamos caminhando e de repente ela começou a afundar. Ela tinha caído em areia movediça. Corri para abrir minha mochila pegar minha câmera, mas tive dificuldades para abrir o zíper da mochila e então ela sumiu de vista. Era tarde demais. Não consegui salvá-la."

Um segundo sonho naquela mesma noite:

"Minha família e eu fomos presos em uma casa por um homem mais velho, que tinha matado pessoas. Fechamos alguns portões pesados e então saí para falar com o assassino, que tinha um rosto estranhamente familiar e estava vestido como algum tipo de membro da realeza, e disse: 'Não quero ofendê-lo, mas, dadas as circunstâncias, você tem que refletir sobre nossa relutância em deixá-lo entrar'."

O paciente estava em um grupo de terapia e pouco antes do sonho fora confrontado por vários membros, que lhe disseram que ele funcionava como a câmera do grupo, um observador que não se envolvia pessoalmente e não trazia seus sentimentos para o grupo. Aliás, não é incomum que um sonho subsequente na mesma noite expresse a mesma questão, mas em uma linguagem visual diferente. (Freud se referia a esses sonhos como sonhos companheiros.)[8] Em nosso trabalho terapêutico,

---

8 A escolha de Yalom pelo termo *"companion dreams"* nos parece uma interpretação pessoal do autor. Freud se refere, em 1900, a sonhos recorrentes (*wiederkehrende Träume*)

como em todos os outros exemplos, passamos a nos concentrar nas partes do sonho que pertenciam ao estágio atual da terapia – nesse caso, a falta de envolvimento e o afeto restrito – e não fizemos nenhuma tentativa de entender o sonho em sua totalidade.

e sonhos repetidos (*wiederholte Träume*) para se referir a sonhos que repetem, de modo deformado, desejos, traumas ou situações não resolvidas. Em uma interpretação livre eles podem ter sido lidos por Yalom como "sonhos companheiros" por "acompanharem" o paciente em sua vida. [N.R.T.]

80
Domine algumas habilidades de trabalho com os sonhos

Aqui estão algumas dicas bem testadas para trabalhar com sonhos. Primeiro, deixe claro que você está interessado neles. Faço questão de indagar sobre os sonhos na primeira sessão (muitas vezes no contexto da exploração dos padrões de sono). Eu indago sobre sonhos repetitivos, pesadelos ou outros sonhos poderosos. Os sonhos ocorridos nas noites anteriores ou nas últimas noites geralmente produzem associações mais produtivas do que os mais antigos.

No final das minhas primeiras sessões, enquanto preparo o paciente para a terapia (ver capítulo 27), incluo comentários sobre a importância dos sonhos. Se o paciente afirma não sonhar ou não se lembrar dos sonhos, dou as instruções padrão: "Mantenha um bloco de anotações ao lado da cama. Anote qualquer parte do sonho de que se lembre pela manhã ou durante a noite. Pela manhã, revise o sonho em sua mente, antes mesmo de abrir os olhos. Ignore a traiçoeira voz interior dizendo para você não se incomodar em anotar nada porque ele é tão vívido que você não vai esquecê-lo". Com cutucadas persistentes, uma hora (às vezes meses depois) até mesmo os pacientes mais recalcitrantes começarão a se lembrar dos sonhos.

Embora eu não costume fazer anotações durante a sessão (tirando a primeira ou segunda sessões), sempre escrevo descrições de sonhos – muitas vezes elas são complexas e contêm muitos detalhes pequenos, mas significativos. Além disso, sonhos importantes podem surgir para discussão repetidas vezes durante o curso da terapia, e é útil ter um registro deles. (Alguns terapeutas fazem questão de pedir ao paciente que descreva um sonho uma segunda vez, já que as discrepâncias entre as duas descrições podem fornecer pistas sobre os pontos críticos do sonho.) Acho que pedir ao paciente para repetir o sonho no tempo presente muitas vezes o traz à vida e mergulha o paciente de volta no sonho.

Normalmente, minha primeira pergunta é sobre os afetos despertados pelo sonho. "Quais são os sentimentos que você experimentou nas várias partes do sonho? Qual é o centro emocional do sonho?" Em seguida, exorto os pacientes a selecionar partes do sonho e fazer associações livres com o conteúdo. Ou posso escolher partes promissoras do sonho para eles refletirem. "Tire uns minutos", eu os instruo, "e pense sobre [alguma parte do sonho] e deixe sua mente vagar livremente. Pense em voz alta. Diga qualquer coisa que vier à sua mente. Não censure, não descarte pensamentos porque parecem bobos ou irrelevantes."

E, claro, indago sobre eventos relevantes do dia anterior ao sonho (o "resíduo do dia"). Sempre achei bastante útil a formulação de Freud de que o sonho toma emprestados blocos de construção do resíduo do dia, mas que, para que as imagens sejam importantes o suficiente para serem incorporadas a ele, elas devem ser reforçadas por preocupações mais antigas, significativas e carregadas de afetos.

Às vezes é útil considerar todas as figuras do sonho como aspectos do sonhador. O Gestalt-terapeuta Fritz Perls, que concebeu uma série de poderosas técnicas de trabalho onírico, considerava que tudo no sonho representava algum aspecto do sonhador e pedia ao sonhador que falasse como cada objeto do sonho. Lembro-me de vê-lo trabalhar com eficiência com um homem que sonhava que seu carro não pegava por causa de uma vela ruim. Ele pediu ao sonhador que representasse vários papéis – o carro, a vela, os passageiros – e falasse como cada um deles. A intervenção lançou luz sobre sua procrastinação e sua ambivalência paralisantes; ele não queria continuar com sua vida como ele a tinha definido e, em vez disso, Perls o ajudou a explorar outros caminhos não percorridos e outra vocação, ignorada.

81
Aprenda sobre a vida do paciente com base nos sonhos

OUTRO USO VALIOSO DOS SONHOS tem pouco a ver com o inconsciente, com desvendar as distorções do sonho ou com a descoberta de seu significado. O sonho é um uma tapeçaria extraordinariamente rica, entremeada com memórias pungentes e significativas do passado. Apenas selecionar essas memórias pode ser um esforço valioso. Considere este sonho:

"Estou em um quarto de hospital. A enfermeira empurra uma maca coberta com jornais velhos, e nela há um bebê com um rosto carmesim brilhante. 'Bebê de quem?', pergunto a ela. 'É um enjeitado', ela responde. Eu o pego e sua fralda vaza em cima de mim. Eu grito: 'Não quero, não quero'."

As associações da paciente com os dois pontos carregados de emoção desse sonho – o bebê carmesim e seu grito de "não quero" – foram ricas e profundamente informativas. Ela refletiu sobre bebês vermelhos e depois pensou em bebês azuis e amarelos. O bebê carmesim a fez pensar em um aborto que ela fez quando adolescente e na raiva, rejeição e recusa de seus pais em falar com ela, além de insistir para que ela conseguisse um emprego depois da escola para ficar longe de mais problemas. Então ela pensou em uma garota que conhecera na quarta série que era um bebê azul, tinha feito uma cirurgia no coração e desaparecido, nunca mais voltando à escola. Ela provavelmente tinha morrido, mas como os professores da paciente nunca mais a mencionaram, ela estremeceu por anos com a ideia da morte como um desaparecimento súbito e arbitrário sem deixar vestígios. "Azul" também significava depressão, lembrando seus irmãos mais novos, cronicamente deprimidos. Ela nunca quis irmãos e se ressentia de ter que dividir um quarto com eles. E então ela pensou no "bebê amarelo", em sua grave hepatite quando tinha 12 anos e em como se sentiu abandonada por seus amigos durante as semanas de hospitalização. O bebê amarelo também a lembrou do nascimento de seu filho e de como ela ficou apavorada quando ele teve icterícia ao nascer.

A outra parte emotiva do sonho – ela gritando "eu não quero" – teve muitas implicações para ela: seu marido não querendo que ela tivesse um bebê, ela se sentindo indesejada por sua mãe, seu pai sentado em sua cama dezenas de vezes, tranquilizando-a excessivamente de que ela era uma criança desejada, sua própria rejeição a seus dois irmãos mais novos. Ela se lembrou de como ela, uma menina branca de 10 anos, tinha entrado em uma escola de maioria negra no Bronx, onde era "indesejada" e agredida pelos outros alunos. Embora a escola fosse perigosa, seu pai, um advogado de direitos civis, apoiou fortemente a integração escolar e se recusou a transferi-la para uma escola particular – outro exemplo, ela pensou, de como ela e o melhor para ela não tinham importância para seus pais. E, o mais relevante para o nosso trabalho, ela se sentia indesejada por mim; ela considerava sua carência tão profunda que precisava escondê-la para que eu não me cansasse e decidisse desistir de tratá-la.

Se não fosse por seu sonho, muitas dessas memórias emocionalmente carregadas poderiam nunca ter aparecido em nossa terapia. O sonho forneceu material para semanas de ricas discussões.

As pessoas que aparecem nos sonhos muitas vezes podem ser figuras compostas – elas não se parecem com nenhuma pessoa em específico, mas há partes de muitas pessoas nelas. Costumo pedir aos pacientes, se eles ainda têm o sonho e a pessoa em sua mente, que se concentrem no rosto e façam associações livres. Ou posso sugerir que fechem os olhos e permitam que o rosto se transforme em outros e descrevam para mim o que veem. Dessa maneira, diversas vezes tive conhecimento de muitos

indivíduos que já não estavam por ali – tios, tias, melhores amigos, ex-
-interesses amorosos, professores – que desempenharam algum papel
importante, mas esquecido, na vida do paciente.

Às vezes é útil reagir espontaneamente, para expressar algumas das
próprias associações com o sonho. Claro, isso pode influenciar o trabalho, já que são as associações do paciente, não as suas, que levam a uma
visão mais verdadeira do sonho, mas já que estou preocupado com o que
faz o trabalho de terapia avançar, não com alguma interpretação ilusória
genuína do sonho, isso não me incomoda. Considere, por exemplo, o
seguinte sonho:

"Estou em seu consultório, mas ele é muito maior e nossas cadeiras
parecem grandes e muito distantes umas das outras. Tento me aproximar,
mas, em vez de andar, rolo pelo chão até você. Você também se senta no
chão e continuamos a conversar, com você segurando meus pés. Eu te digo
que não gosto que você cheire meus pés. Você então coloca meus pés ao
lado de sua bochecha. Eu gosto disso."

A paciente pouco podia fazer com esse sonho. Perguntei sobre aquilo de cheirar seus pés e ela descreveu seus medos de que eu enxergasse seu
lado mais sombrio e desagradável e a rejeitasse. Mas o resto do sonho parecia misterioso e opaco para ela. Então expressei minha reação: "Marga-
ret, isso parece um sonho muito infantil – a sala grande e os móveis, você
rolando até mim, nós dois no chão, eu cheirando seus pés, segurando-os
contra minha bochecha – todo o ambiente do sonho me faz sentir que é
do ponto de vista de uma criança muito pequena".

Meus comentários tocaram um ponto importante, pois, a caminho
de casa depois da sessão, ela foi inundada por lembranças esquecidas de
como ela e sua mãe costumavam massagear os pés uma da outra durante
longas e íntimas conversas. Ela teve um relacionamento muito conturbado com a mãe e, durante muitos meses de terapia, manteve a posição
de que sua mãe era implacavelmente distante e que elas haviam compartilhado poucos momentos de intimidade física. O sonho nos disse o

contrário e deu início ao próximo estágio da terapia, no qual ela reformulou seu passado e reformulou seus pais em tons mais suaves e humanos.

Outro sonho que anunciou ou deu início a uma nova fase da terapia foi relatado por um paciente com amnésia de grande parte de sua infância e era curiosamente desinteressado sobre seu passado.

"Meu pai ainda estava vivo. Eu estava em sua casa, olhando alguns envelopes e cadernos velhos que eu não deveria abrir até que ele morresse. Mas então notei uma luz verde piscando, que pude enxergar através de um dos envelopes lacrados. Era como se meu celular piscasse."

O despertar da curiosidade do paciente e o chamado de seu eu interior (a luz verde piscando) instruindo-o a voltar o olhar para a relação com o pai são bastante evidentes nesse sonho.

Um exemplo final de um sonho que abre novas perspectivas para a terapia:

"Eu estava me vestindo para um casamento, mas não conseguia encontrar meu vestido. Deram-me uma pilha de madeira para construir o altar do casamento, mas eu não tinha ideia de como fazer aquilo. Então minha mãe estava trançando meu cabelo. Aí estávamos sentadas em um sofá e a cabeça dela estava muito perto do meu rosto e eu podia sentir seu buço e então ela desapareceu e eu estava sozinha."

A paciente não tinha associações notáveis com esse sonho – sobretudo com a estranha imagem das tranças (com a qual ela não tinha nenhuma experiência pessoal) – até a noite seguinte, quando, deitada em sua cama quase dormindo, de repente lembrou-se de que Martha, há muito esquecida, mas sua melhor amiga da primeira à terceira série, usava trancinhas! Ela contou um episódio na terceira série, quando sua professora recompensou seu bom trabalho em classe, concedendo-lhe o privilégio de colocar as decorações de Halloween da classe e permitindo que ela escolhesse outro aluno para ajudá-la. Pensando que seria uma boa ideia ampliar suas amizades, ela escolheu outra garota em vez de Martha.

"Martha nunca mais falou comigo", disse ela com tristeza, "e essa foi a última melhor amiga que eu tive." Ela então começou a me contar a história de sua solidão ao longo da vida e todas as intimidades potenciais que ela de alguma forma sabotou. Outra associação (para a imagem onírica da cabeça perto dela) foi de sua professora da quarta série colocando a cabeça dela bem perto de si, como se ela fosse murmurar algo carinhoso, mas em vez disso sibilou: "Por que você fez isso?". O buço do sonho lembrava minha barba e seu medo de permitir que eu chegasse muito perto dela. A reconexão da paciente com o sonho ao se aproximar do sono na noite seguinte é um exemplo de memórias associadas ao estado – um fenômeno não incomum.

82
Preste atenção ao primeiro sonho

Desde o artigo de 1911 de Freud sobre os primeiros sonhos, os terapeutas têm tido um respeito particular pelo primeiro sonho do paciente na terapia. Este sonho inicial, Freud acreditava, muitas vezes é um documento inestimável, que oferece uma visão excepcionalmente reveladora de problemas centrais, já que o tecelão de sonhos dentro do inconsciente do paciente ainda é ingênuo e está de guarda baixa. (Por razões apenas retóricas, Freud às vezes falava da agência da mente que elabora os sonhos como se fosse um homúnculo independente.) Mais tarde na terapia, quando as habilidades de interpretação dos sonhos do terapeuta se tornam evidentes, nossos sonhos se tornam mais complexos e ofuscantes.

Lembre-se da presciência dos dois primeiros sonhos no capítulo 79. No primeiro, uma advogada processava seu pai por estupro. No segundo, um homem em uma longa viagem fazia compras em uma loja de departamentos na qual precisava descer uma escada escura. Aqui estão alguns outros.

Uma paciente cujo marido estava morrendo de tumor cerebral teve este sonho na noite anterior à sua primeira sessão de terapia:

"Ainda sou cirurgiã, mas também sou aluna de pós-graduação em Letras. Minha preparação para um curso envolve dois textos diferentes, um antigo e um moderno, ambos com o mesmo nome. Não estou preparada para o seminário porque não li nenhum dos textos. E não li o antigo, que teria me preparado para o segundo."

Quando perguntei se ela sabia o nome dos textos, ela respondeu: "Ah, sim, eu me lembro claramente. Os dois livros, o antigo e o novo, tinham como título *A morte da inocência*".

Este sonho muito presciente prenunciava muito do nosso trabalho futuro. Texto antigo e moderno? Ela tinha certeza de que sabia o que eles representavam. O texto antigo era a morte de seu irmão em um acidente de trânsito vinte anos antes. A morte futura de seu marido era o texto moderno. O sonho nos dizia que ela não seria capaz de lidar com a morte do marido até que aceitasse a perda do irmão, uma perda que a marcou por toda a vida, que destruiu todos os seus jovens mitos inocentes sobre a providência divina, a segurança do lar, a presença da justiça no universo, o senso de ordem ditando que os velhos morram antes dos jovens.

Os primeiros sonhos muitas vezes expressam as expectativas ou medos dos pacientes sobre a terapia iminente. Meu primeiro sonho em análise ainda está fresco em minha mente depois de quarenta anos:

"Estou deitado na mesa de exame de um médico. O lençol é muito pequeno para me cobrir direito. Posso ver uma enfermeira inserindo uma agulha em minha perna – na minha canela. De repente, há um som explosivo sibilante e gorgolejante – UUUUUSH."

O significado do centro do sonho – o alto *uuush* – ficou instantaneamente claro para mim. Quando criança, sofria de sinusite crônica e, todo inverno, minha mãe me levava ao Dr. Davis para uma drenagem e lavagem dos seios nasais. Eu odiava seus dentes amarelos e aquele olho de peixe que me espiava pelo centro do espelho circular preso à faixa que os otorrinolaringologistas costumavam usar. Eu me lembrava daquelas visitas: ele inserindo uma cânula no meu forame sinusal, eu sentindo uma dor aguda e, em seguida, ouvindo um ensurdecedor *uuuuuush* quando a solução salina injetada fazia a drenagem. Lembrei-me de observar o conteúdo trêmulo e repugnante da panela de drenagem semicircular cromada e de pensar que um pouco dos meus miolos tinham sido levados junto com o pus e o muco.

Todos os meus temores sobre a análise vindoura foram expressos no sonho: que eu fosse exposto (o lençol muito pequeno) e dolorosamente penetrado (a inserção da agulha), que eu perdesse a cabeça, sofresse uma lavagem cerebral e uma lesão grave em uma parte do corpo longa e firme (representada como a tíbia).

Certa vez, uma paciente sonhou na noite anterior à sua primeira sessão que eu quebraria todas as janelas de sua casa e lhe aplicaria uma injeção de anestésico no coração. Nossa discussão sobre a injeção de anestésico no coração revelou que, embora ela fosse uma pesquisadora muito bem-sucedida, sentia-se fortemente tentada a abandonar sua carreira e tentar tornar-se pintora. Ela temia que minha terapia colocasse seu coração de artista para dormir e a forçasse a continuar sua trajetória de vida mais racional, mas sem vida.

Esses sonhos nos lembram que os equívocos sobre a terapia são profundos e tenazes. Não se deixe enganar pelas aparências. Presuma que os novos pacientes têm medo e são confusos em relação à terapia, e certifique-se de preparar cada paciente para o curso da psicoterapia.

83
Dê atenção cuidadosa aos sonhos sobre o terapeuta

DE TODOS OS SONHOS TRAZIDOS pelos pacientes, acredito que nenhum seja mais valioso para o empreendimento terapêutico do que os sonhos envolvendo o terapeuta (ou algum símbolo substituto do terapeuta). Esses sonhos têm um grande potencial para resultados terapêuticos e, como mostram os exemplos a seguir, merecem uma atenção cuidadosa.

Um paciente sonhou o seguinte:

"Estou em seu consultório e você me diz: 'Você é um pássaro estranho. Nunca tinha visto nada parecido'."

Como sempre, perguntei sobre o tom sentimental do sonho. "Quente e aconchegante", ele respondeu. Esse paciente, que tinha uma série de práticas ritualísticas obsessivo-compulsivas incomuns, subvalorizava, como é característico, seus muitos valores – sua inteligência, ampla gama de conhecimentos e interesses, sua dedicação a uma vida de serviço. Ele se convenceu de que eu estaria interessado apenas em sua esquisitice, tanto quanto eu poderia me interessar por uma aberração em um espetáculo de circo. O sonho nos levou à importante área de sua prática ao longo da vida de cultivar a estranheza como um modo de interagir com os outros. Logo a trilha o levou ao autodesprezo e ao medo de ser rejeitado pelos outros por causa de seu vazio, superficialidade e fantasias sádicas.

Sonho de outra paciente:

"Você e eu estamos fazendo sexo na minha sala de aula da sexta série. Estou despida, mas você ainda está com todas as suas roupas. Pergunto se foi satisfatório o suficiente para você."

Essa paciente tinha sido abusada sexualmente por um professor na escola primária e ficou muito chateada ao discutir o assunto em nossas sessões. Nosso trabalho sobre o sonho abriu uma série de questões incisivas. Ela tinha se sentido sexualmente estimulada por nossa conversa íntima sobre sexo. "Falar sobre sexo com você é como se nós fizéssemos sexo", ela disse, e suspeitou que eu também tinha sido estimulado e estava tendo um prazer voyeurístico com suas revelações. Ela discutiu seu desconforto com a desigualdade de revelação – em nossas sessões ela se despia, enquanto eu permanecia escondido. A questão levantada no sonho sobre se eu estava sendo sexualmente satisfeito refletia seu medo de que a única coisa que ela tinha para dar era sexo e que eu a abandonaria se ela não o fornecesse para mim.

Outro sonho:

"Eu estava em uma casa de dois andares. Havia uma menina de 10 anos tentando desmantelá-la, e eu lutei contra ela. Então vi um caminhão amarelo da Legião da Boa Vontade chegando e batendo repetidamente contra as fundações do meu quarto. Aí ouvi as palavras: 'A mão amiga ataca mais uma vez'."

É inconfundível meu papel nesse sonho: o caminhão da Legião da Boa Vontade que ameaça as fundações de sua casa. Mas, para o caso de não percebermos isso, o sonho acrescenta a redundância: "A mão amiga ataca novamente". A paciente, uma mulher reprimida e isolada, vinha de uma família alcoólatra que se empenhava muito em manter segredos. O sonho expressava seus temores de exposição, bem como uma advertência para que eu fosse gentil e cuidadoso.

Outro exemplo clínico. No final da terapia, uma paciente sonhou o seguinte:

"Estamos juntos, participando de uma conferência em um hotel. Em algum momento você sugere que eu pegue um quarto contíguo ao seu para que possamos dormir juntos. Então, vou até o balcão de registro do hotel e providencio a mudança do meu quarto. Então, pouco tempo depois, você muda de ideia e me diz que na realidade aquilo não é uma boa ideia. Então volto ao balcão para cancelar a transferência. Mas é tarde demais: todas as minhas coisas tinham sido transferidas para o novo quarto. Mas então descobri que esse quarto é muito mais bonito – maior, mais alto e com melhor vista. E, numerologicamente, o número do quarto, 929, é um número bem mais propício."

Esse sonho apareceu quando a paciente e eu estávamos começando a discutir a alta. Ele expressava sua opinião de que eu era de início sedutor (isto é, a imagem do sonho sugerindo que ela e eu ficássemos em quartos contíguos e dormíssemos juntos) e que ela tinha respondido aproximando-se de mim (ela trocou de quarto), mas depois, quando mudei de ideia sobre fazer sexo com ela, ela não conseguiu recuperar seu antigo quarto – ou seja, ela já tinha passado por alguma mudança irreversível. Além disso, a mudança foi para melhor – o quarto novo era superior e tinha salubres implicações numerológicas. Essa paciente era uma mulher excepcionalmente bonita, que exalava sexualidade, e, no passado, tinha se relacionado com todos os homens por meio de alguma forma de sexualidade explícita ou sublimada. O sonho sugere que a energia sexual entre nós pode ter sido essencial para o estabelecimento do vínculo terapêutico, que, uma vez estabelecido, facilitou mudanças irreversíveis.

Outro exemplo clínico:

"Estou em seu consultório. Vejo, reclinada em um sofá, uma linda mulher de olhos escuros com uma rosa vermelha no cabelo. Ao me aproximar, percebo que a mulher não é o que parecia: seu sofá é na realidade um caixão, seus olhos são escuros não de beleza, mas de morte, e sua rosa não é uma flor, mas uma ferida mortal e sangrenta."

Essa paciente (extensivamente descrita em *Mamãe e o sentido da vida*) com frequência expressava sua relutância em se envolver comigo como uma pessoa real. Em nossa discussão sobre o sonho, ela disse: "Eu sei que sou aquela mulher e qualquer pessoa que se aproximar de mim será, *ipso facto*, apresentada à morte – outro motivo para mantê-lo afastado, outro motivo para você não se aproximar demais".

O sonho nos levou ao tema de sua maldição: tantos homens que ela amou morreram que ela acreditava trazer a morte consigo. Era por isso que ela se recusava a deixar que eu me materializasse como pessoa – ela me queria fora do tempo, sem uma narrativa de vida que consistisse em uma trajetória com começo e, claro, acima de tudo, fim.

Meus cadernos estão repletos de inúmeros outros exemplos de minha aparição nos sonhos de meus pacientes. Um paciente sonhava em urinar sob minha supervisão, outro em vagar por minha casa, conhecer minha esposa e tornar-se parte de minha família. À medida que envelheço, os pacientes sonham com minha ausência ou morte. Na introdução, citei o sonho de uma paciente que, ao entrar em meu consultório deserto, encontrou apenas um porta-chapéus com meu chapéu-panamá cheio de teias de aranha. Outra entrou em meu consultório e encontrou uma bibliotecária sentada à minha mesa, que a informou que o local tinha sido convertido em uma biblioteca memorial. Todo terapeuta pode fornecer outros exemplos.

84
Cuidado com os riscos ocupacionais

O AMBIENTE ACOLHEDOR DA PRÁTICA psicoterapêutica – poltronas confortáveis, móveis de bom gosto, palavras gentis, o compartilhamento, o calor, o envolvimento íntimo – em geral maquia os riscos ocupacionais. A psicoterapia é uma vocação exigente, e o terapeuta bem-sucedido deve ser capaz de tolerar o isolamento, a ansiedade e a frustração inevitáveis no trabalho.

Que paradoxo: os psicoterapeutas, que valorizam tanto a busca de intimidade de seus pacientes, têm no isolamento um grande risco profissional. No entanto, os terapeutas muitas vezes são criaturas solitárias, que passam todo o seu dia de trabalho enclausurados em sessões individuais, e que raramente veem colegas, a menos que façam um esforço extenuante para incorporar atividades desse tipo em suas vidas. Sim, é claro, as sessões diárias do terapeuta são encharcadas de intimidade, mas é uma forma de intimidade insuficiente para sustentar a vida do terapeuta, uma intimidade que não fornece o alimento e a renovação que emanam de relacionamentos profundos e amorosos com amigos e familiares. Uma coisa é ser para o outro, outra coisa são os relacionamentos que valem igualmente para si e para o outro.

Com muita frequência, nós, terapeutas, negligenciamos nossos relacionamentos pessoais. Nosso trabalho se torna nossa vida. No final de nosso dia de trabalho, tendo dado tanto de nós mesmos, nos sentimos esgotados do desejo de mais relacionamento. Além disso, os pacientes são tão gratos, tão adoradores, tão idealizadores, que nós, terapeutas, corremos o risco de nos tornarmos menos agradecidos pelos familiares e amigos, que falham em reconhecer nossa onisciência e excelência em todas as coisas.

A visão de mundo do terapeuta é em si mesma isolante. Terapeutas experientes enxergam os relacionamentos de maneira diferente, às vezes perdem a paciência com os ritos sociais e a burocracia, não conseguem tolerar encontros superficiais e fugazes e o papo-furado de muitas reuniões sociais. Quando viajam, alguns terapeutas evitam o contato com outras pessoas ou escondem sua profissão porque são desencorajados pelas respostas distorcidas do público em relação a eles. Estão cansados não apenas de serem temidos ou desvalorizados irracionalmente, mas de serem supervalorizados e considerados capazes de ler mentes ou de apresentar soluções para problemas variados.

Embora os terapeutas devessem estar acostumados com a idealização ou desvalorização que enfrentam em seu trabalho diário, este raramente é o caso. Em vez disso, muitas vezes experimentam ondas inquietantes de dúvida ou grandiosidade. Essas mudanças na autoconfiança – na realidade, de todas as mudanças nos estados internos – devem ser cuidadosamente examinadas pelos terapeutas para que não interfiram no trabalho da terapia. Experiências de vida perturbadoras encontradas pelo terapeuta – tensões no relacionamento, nascimento de filhos, estresse na criação dos filhos, luto, discórdia conjugal e divórcio, reviravoltas imprevistas, calamidades da vida, doenças – tudo pode aumentar de modo drástico a tensão e a dificuldade de fazer terapia.

Todos esses riscos profissionais são muito influenciados pelo horário de trabalho de cada um. Os terapeutas que estão sob pressão financeira e trabalham de quarenta a cinquenta horas por semana correm muito mais riscos. Sempre considerei a psicoterapia mais uma vocação do que uma profissão. Se acumular riqueza, em vez de servir, é a principal motivação de alguém, então a vida de um psicoterapeuta não é uma boa escolha de carreira.

O baixo moral do terapeuta também está relacionado ao campo de prática de cada um. A superespecialização, sobretudo em áreas clínicas carregadas de grande dor e desolação – por exemplo, trabalhar com os pacientes terminais, ou os incapacitados crônicos ou psicóticos – coloca o terapeuta em grande risco; acredito que o equilíbrio e a diversidade na prática contribuem muito para uma sensação de renovação.

Anteriormente, quando discuti a transgressão do envolvimento sexual com pacientes, apontei a semelhança da relação terapeuta-paciente com qualquer relação explorável que contenha um diferencial de poder. Mas existe uma grande diferença inerente à própria intensidade do esforço terapêutico. O vínculo terapêutico pode se tornar tão forte – tanto é revelado, tanto é pedido, tanto é dado, tanto é compreendido – que o amor surge, não apenas do paciente, mas também do terapeuta, que deve manter o amor no reino do *caritas* e evitar um deslize em direção ao *eros*.

De todos os estresses na vida do psicoterapeuta, há dois que são catastróficos: o suicídio de um paciente e um processo judicial por erro médico.

Se trabalharmos com pacientes problemáticos, sempre teremos que conviver com a possibilidade de suicídio. Cerca de 50% dos terapeutas seniores enfrentaram o suicídio, ou uma tentativa séria de suicídio, de um paciente atual ou passado. Mesmo o terapeuta mais maduro e experiente será atormentado pelo choque, tristeza, culpa, sentimentos de incompetência e raiva do paciente.

Emoções igualmente dolorosas são experimentadas pelo terapeuta que enfrenta um processo judicial por imperícia. No mundo litigioso de hoje, competência e integridade não são proteção para o terapeuta: quase todo terapeuta competente que conheço, pelo menos uma vez, foi exposto a um processo ou ameaça de processo. Os terapeutas se sentem bastante traídos pela experiência do litígio. Depois de se dedicarem a uma vida de serviço, sempre se esforçando para promover o crescimento de seus pacientes, os terapeutas ficam muito abalados e às vezes permanentemente mudados pela experiência. Um pensamento novo e desagradável lhes ocorre quando fazem uma avaliação inicial: "Essa pessoa vai me processar?". Conheço pessoalmente terapeutas que ficaram tão desmoralizados por causa de um processo por erro médico que decidiram se aposentar mais cedo.

Sessenta e cinco anos atrás, Freud aconselhou os terapeutas a retornar à análise pessoal a cada cinco anos por causa da exposição frequente a material reprimido primitivo, que ele comparou a uma perigosa exposição a raios x. Quer compartilhemos ou não sua preocupação de que as demandas instintivas reprimidas do terapeuta possam ser despertadas, é difícil discordar de sua crença de que o trabalho interno dos terapeutas deve continuar para sempre.

Descobri que um grupo de apoio entre psicoterapeutas é um poderoso baluarte contra muitos desses perigos. Nos últimos dez anos, participei de um grupo sem liderança que consiste em onze terapeutas do sexo masculino, aproximadamente da mesma idade e experiência, que se reúnem por noventa minutos a cada duas semanas. Mas nenhuma dessas características particulares do grupo é essencial: por exemplo, durante muitos anos liderei um bem-sucedido grupo de terapia semanal para psicoterapeutas de idades e sexos mistos. O essencial é que o grupo ofereça uma arena segura e confiável para compartilhar as tensões da vida pessoal e profissional. Tampouco importa como o grupo é chamado – isto é, se é um "grupo de terapia" ou um "grupo de apoio" (que por acaso é terapêutico para seus membros).

Se não houver incompatibilidade interpessoal entre os membros, um grupo de clínicos experientes não precisa de um líder profissional. Na realidade, a ausência de um líder designado pode permitir que os membros exerçam suas habilidades afiadas mais plenamente. Um grupo de terapeutas menos experientes, por outro lado, pode se beneficiar de um líder experiente que sirva tanto como facilitador quanto como mentor. Formar um grupo de apoio é mais fácil do que se imagina. Tudo o que é necessário é a determinação de um ou dois indivíduos dedicados que elaborem uma lista de colegas compatíveis, entrem em contato com eles e marquem a hora e o local de uma sessão de planejamento.

Em minha opinião, os grupos são um veículo poderoso para gerar apoio e mudança pessoal. Junte isso às habilidades e recursos inerentes a uma reunião de clínicos experientes e fica óbvio por que eu incentivo com tanta veemência os terapeutas a aproveitarem essa oportunidade.

85
Valorize os privilégios da profissão

É RARO OUVIR MEUS COLEGAS terapeutas reclamarem que suas vidas não têm sentido. A vida como terapeuta é uma vida de serviço, na qual diariamente transcendemos nossos desejos pessoais e voltamos nosso olhar em direção às necessidades e ao crescimento do outro. Temos prazer não apenas no crescimento de nosso paciente, mas também no efeito cascata – a influência salutar que nossos pacientes exercem sobre aqueles a quem tocam na vida.

Há um privilégio extraordinário aqui. E uma satisfação extraordinária também.

Na discussão anterior sobre os riscos profissionais, descrevi o árduo e interminável autoexame e o trabalho interno exigidos por nossa profissão. Mas essa mesma exigência é mais um privilégio do que um fardo, porque é uma salvaguarda inerente contra a estagnação. O terapeuta ativo está sempre evoluindo, crescendo continuamente em autoconhecimento e consciência. Como alguém pode guiar os outros em um exame das estruturas profundas da mente e da existência sem, ao mesmo tempo, examinar a si mesmo? Tampouco é possível pedir a um paciente que se concentre no relacionamento interpessoal sem examinar os próprios modos de relacionamento. Recebo muitos comentários de pacientes (de que, por exemplo, estou retendo, rejeitando, julgando, sendo frio e indiferente), que devo levar a sério. Eu me pergunto se eles se encaixam na minha experiência interna e se outras pessoas me deram um feedback semelhante. Se concluo que o feedback é preciso e ilumina meus pontos cegos, sinto-me grato e agradeço aos meus pacientes. Recusar-se a fazer isso, ou negar a veracidade de uma observação precisa, é minar a visão de realidade do paciente e engajar-se não na terapia, mas na antiterapia.

Somos colhedores de segredos. Todos os dias os pacientes nos agraciam com seus segredos, muitas vezes nunca antes compartilhados. Receber tais segredos é um privilégio dado a poucos. Os segredos fornecem uma visão dos bastidores da condição humana sem frescuras sociais, dramatizações, bravatas ou poses. Às vezes, os segredos me queimam e eu vou para casa, abraço minha esposa e agradeço pelo que tenho. Outros segredos pulsam dentro de mim e despertam minhas lembranças e impulsos fugidios e há muito esquecidos. Outros ainda me entristecem ao testemunhar como uma vida inteira pode ser consumida desnecessariamente pela vergonha e pela incapacidade de perdoar a si mesmo.

Os colhedores de segredos recebem uma lente esclarecedora através da qual podem enxergar o mundo – uma visão com menos distorção, negação e ilusão, uma visão de como as coisas de fato são. (Considere, a esse respeito, os títulos dos livros escritos por Allen Wheelis, um eminente psicanalista: *The Way Things Are* [Como são as coisas], *The Scheme of Things* [O esquema das coisas], *The Illusionless Man* [O homem sem ilusões].)

Quando me dirijo aos outros com o conhecimento de que todos nós (terapeuta e paciente) carregamos o fardo de segredos dolorosos – culpa por atos cometidos, vergonha por atos não praticados, anseios de sermos amados e queridos, profundas vulnerabilidades, inseguranças e medos –, eu me aproximo deles. Ser um colhedor de segredos, com o passar dos anos, me tornou mais gentil e receptivo. Quando encontro indivíduos cheios de vaidade ou autoimportância, ou distraídos por uma miríade de paixões consumidoras, intuo a dor de seus segredos subjacentes e não sinto julgamento, mas compaixão e, acima de tudo, conexão. Quando fui exposto pela primeira vez, em um retiro budista, à meditação formal da bondade amorosa, senti-me muito à vontade. Acredito que muitos terapeutas, mais do que geralmente se pensa, estão familiarizados com o reino da bondade amorosa.

Nosso trabalho não apenas nos oferece a oportunidade de transcender a nós mesmos, de evoluir e crescer, e de sermos abençoados por uma clareza sobre o verdadeiro e trágico conhecimento da condição humana, mas também nos é oferecido ainda mais.

Somos desafiados intelectualmente. Tornamo-nos exploradores imersos na mais grandiosa e complexa das buscas – o desenvolvimento e a manutenção da mente humana. De mãos dadas com os pacientes, saboreamos o prazer de grandes descobertas – o "eureca" quando fragmentos de ideias díspares de repente deslizam juntos de modo suave, em coerência. Outras vezes, somos parteiros do nascimento de algo novo, libertador e elevado. Observamos nossos pacientes se livrarem de velhos padrões autodestrutivos, desapegarem-se de velhas mágoas, desenvolverem gosto pela vida, aprenderem a nos amar e, por meio desse ato, voltarem-se para os outros com amor. É uma alegria ver os outros abrirem as torneiras das próprias fontes de sabedoria. Às vezes me sinto um guia acompanhando os pacientes pelos cômodos da própria casa. É um prazer vê-los abrir portas de quartos nunca antes visitados, descobrir novas alas de sua casa contendo partes exiladas – partes sábias, belas e de identidade criativa. Às vezes, o primeiro passo desse processo é o trabalho onírico, quando tanto o paciente quanto eu nos maravilhamos ao vermos surgirem da escuridão construções engenhosas e imagens luminosas. Imagino que os professores de redação criativa devam ter experiências semelhantes.

Por último, sempre me pareceu um privilégio extraordinário pertencer à venerável e honrada guilda dos curadores. Nós, terapeutas, fazemos parte de uma tradição que remonta não apenas aos nossos ancestrais imediatos da psicoterapia, começando com Freud e Jung e todos os seus ancestrais – Nietzsche, Schopenhauer, Kierkegaard –, mas também a Jesus, Buda, Platão, Sócrates, Galeno, Hipócrates e todos os outros grandes líderes religiosos, filósofos e médicos que, desde o início dos tempos, se dedicaram ao desespero humano.

Agradecimentos

Muitos me ajudaram a escrever estas páginas. Em primeiro lugar, como sempre, agradeço demais à minha esposa, Marilyn, minha primeira e mais completa leitora.

Vários colegas leram e criticaram habilmente todo o manuscrito: Murray Bilmes, Peter Rosenbaum, David Spiegel, Ruthellen Josselson e Saul Spiro. Vários colegas e alunos criticaram partes do manuscrito: Neil Brast, Rick Van Rheenen, Martel Bryant, Ivan Gendzel, Randy Weingarten, Ines Roe, Evelyn Beck, Susan Goldberg, Tracy Larue Yalom e Scott Haigley. Com generosidade, os membros do meu grupo de apoio profissional me concederam um tempo para discutir seções deste livro. Diversos de meus pacientes permitiram que eu incluísse incidentes e sonhos de suas sessões. A todos, minha gratidão.

P.S.
Uma conversa com Irvin D. Yalom*

Onde você cresceu?

Em Washington, DC. Meus pais eram donos de uma pequena mercearia lá.

Qual é a sua lembrança mais antiga?

O calor do verão subindo do asfalto tórrido; o calor batendo no rosto ao sair de casa, mesmo no início da manhã; o calor, que muitas vezes levava meus pais – e hordas de outras famílias – a passar a noite na "estrada", em um parque às margens do Potomac. Lembro-me de meu pai me levando com ele a um amplo mercado ao ar livre na região sudeste de DC, às cinco da manhã, para comprar produtos para a loja. E eu me lembro do Sylvan, um pequeno cinema na esquina, onde meus pais me deixavam três ou quatro vezes por semana para me manter longe das ruas inseguras. Pela mesma razão, todos os verões eles me mandavam para o acampamento por oito semanas, o que de longe gerou as memórias mais deliciosas da minha infância.

Lembro-me dos domingos, sempre um dia de reunião familiar. Um grupo de parentes e amigos do país de origem de meus pais permanecia conectado, e vinha todos os domingos para piqueniques e jantares, sempre seguidos de jogos de cartas – as mulheres, canastra ou pôquer; os homens, pinocle. E as manhãs de domingo eram momentos tranquilos,

---

* A entrevista tem como base a publicação original da edição da Harper Perennial de 2017.

gravados com muita clareza em minha mente. Eu costumava jogar xadrez com meu pai – muitas vezes com ele cantando junto as canções iídiches do toca-discos, ou vitrola, o nome que usávamos na época.

De onde são seus pais e antepassados? Eles deixaram alguma história interessante?

Meu pai veio de um pequeno *shtetl* perto da fronteira russo-polonesa. Às vezes eles diziam que eram da Rússia, às vezes da Polônia. Meu pai brincava que eles mudavam para a Polônia quando decidiam que não suportariam outro longo e rigoroso inverno russo. Meu pai veio de Selz e minha mãe de Prussina, a cerca de quinze quilômetros de distância. Todos os *shtetls* da área foram destruídos pelos nazistas, e vários de meus parentes, incluindo a irmã de meu pai e a esposa e filhos de seu irmão, foram assassinados em campos de concentração. O pai do meu pai era um sapateiro que costumava fazer compras na loja de ração e grãos do meu avô materno. Meus pais se conheceram na adolescência e se casaram depois de imigrar para os Estados Unidos, em 1921. Eles chegaram sem um tostão em Nova York e durante a maior parte de suas vidas lutaram pela sobrevivência econômica. O irmão do meu pai abriu uma pequena loja, do tamanho de um selo postal, em Washington, DC, e incentivou meus pais a se mudarem para lá. Eles tiveram uma série de mercearias e depois lojas de bebidas, cada uma um pouco maior e mais bem-sucedida que a outra.

Seus pais trabalhavam no mercado de bebidas e mercearia? Que lembranças você tem da loja?

Ambos trabalhavam incrivelmente duro na loja seis dias por semana, das oito da manhã às dez da noite – e às sextas e sábados até meia-noite. Um episódio que usei em *Mentiras no divã* é uma história real sobre meu pai:

> Ele tinha uma pequena mercearia, de seis por seis metros, nas ruas Fifth e R, em Washington, DC. Morávamos no andar de cima da loja. Um dia, um cliente entrou e pediu um par de luvas de trabalho. Meu pai apontou para

a porta dos fundos, dizendo que precisava pegá-las no depósito dos fundos e que levaria alguns minutos. Bem, não havia um depósito nos fundos – a porta dava para o beco – e meu pai saiu e correu até um mercado aberto dois quarteirões abaixo, comprou um par de luvas por doze centavos, voltou correndo e vendeu-as ao cliente por quinze centavos.

Onde você fez faculdade? Tem alguma boa história sobre a época?
Na George Washington University, que me ofereceu uma bolsa de estudos integral – trezentos dólares. Eu morava em casa e dirigia ou ia de ônibus para lá todos os dias. Dos anos de faculdade restaram umas poucas boas lembranças. Eu era muito aplicado, fazia apenas disciplinas preparatórias para Medicina, e concluí meus estudos em três anos. Um dos meus grandes arrependimentos na vida é ter perdido aqueles gloriosos dias de faculdade tantas vezes retratados em filmes e livros. Por que a pressa e a rotina? Naqueles anos, a admissão na escola de Medicina era extremamente difícil para os judeus: todas elas tinham uma cota fixa de 5% da turma. Eu e quatro de meus amigos íntimos fomos admitidos na George Washington School of Medicine e três de nós permanecemos próximos até hoje – todos nós, aliás, em nossos casamentos originais e estáveis. Grande parte do senso de urgência provinha de meu relacionamento com Marilyn, que conheci aos 15 anos. Eu queria consumar nosso relacionamento no casamento o mais rápido possível – antes que ela mudasse de ideia.

Você teve formação médica e psiquiátrica e ainda incorpora uma grande dose de filosofia em seu trabalho. Você pode nos contar sobre sua formação em filosofia e seus filósofos favoritos?
Durante meu primeiro ano de residência psiquiátrica na Johns Hopkins, senti-me insatisfeito com os principais quadros de referência que encontrava: psiquiatria biológica e teoria psicanalítica. Ambos pareciam omitir muito do que nos tornava verdadeiramente humanos, e foi nessa época que li um novo livro de Rollo May, *Existence* [Existência] e fiquei encantado com o fato de que havia uma terceira maneira de entender

a fonte e o tratamento do desespero humano. Eu não tinha nenhuma educação formal em filosofia naquela época e comecei a me familiarizar com a área. Eu me matriculei em um curso de filosofia de um ano usando a coleção de Bertrand Russel, *História da filosofia ocidental*, e desde então nunca mais parei de ler e aprender sobre filosofia, frequentando (e mais tarde lecionando) no departamento de filosofia de Stanford e lendo extensivamente. Meus pensadores favoritos são aqueles que lidaram com os problemas em se ser humano: *lebensphilosophers* como Nietzsche, Schopenhauer, Sócrates, Platão, Epicuro, Sartre, Camus e Heidegger.

O que sua esposa faz?

Marilyn foi professora de francês, e depois diretora do Stanford Women's Research Center. Ela também escreve de história cultural. Seus trabalhos incluem *A History of the Wife* [Uma história sobre a esposa], *A History of the Breast* [Uma história sobre os seios] e *Birth of the Chess Queen* [Nascimento da rainha do xadrez].

Quais empregos você teve antes de se estabelecer como médico?

Trabalhei bastante na loja dos meus pais durante a infância, além de entregar revistas *Liberty* e, em um mercado, como carregador de sacolas. Passei um verão como operador da máquina de refrigerantes da Peoples Drug Store – queria o dinheiro para comprar um microscópio – e outro verão em uma fazenda de gado leiteiro – o anúncio da vaga tinha um erro de digitação, um trabalho "fine" [bom] em vez de um trabalho na "farm" [fazenda], mas aceitei o emprego mesmo assim. Por três anos, trabalhei aos sábados como vendedor de roupas e sapatos na Bonds Clothing. Muitas vezes montei uma barraca de fogos de artifício para o 4 de julho. Vários verões foram passados como monitor de acampamento e instrutor de tênis. Ensinei química orgânica na faculdade. Depois que comecei a faculdade de Medicina, só conseguia obter renda extra em trabalhos de laboratório, vendendo sangue e esperma e auxiliando professores em pesquisas bibliográficas. Tive uma infinidade de trabalhos de consultoria em prisões e hospitais psiquiátricos.

Que obra de ficção recente você recomendaria?
A melhor nova ficção que li em vários anos é o romance *Atlas de nuvens*, de David Mitchell – uma obra genial. Tenho lido e amado vários livros de Murakami e Paul Auster. E acabei de reler *Nosso amigo em comum*, de Charles Dickens, e *A lição de alemão*, de Siegried Lenz – que obras-primas!

Você tem alguma rotina como escritor?
Escrevo todas as manhãs. Começo cedo – às sete – e vou até o início da tarde, quando começo a atender os pacientes. Eu tiro muito material dos meus sonhos. Sou muito obstinado ao escrever e sempre coloco a escrita em primeiro lugar. Eu planejo muito o trabalho do dia seguinte na bicicleta ergométrica e enquanto tomo banho em uma banheira de hidromassagem.

Como você se estimula – tem algum ritual com bebidas?
Meu estímulo como escritor é mental, pela leitura de filosofia e ficção e pelo meu trabalho clínico – dificilmente tenho uma sessão de terapia com um paciente sem que sejam geradas algumas ideias que encontrarão seu caminho até o papel. Não quero dizer que eu utilizo conteúdo dos pacientes, mas que as questões discutidas levantam algumas reflexões sobre o funcionamento de nossa mente.

Quais são seus hobbies ou atividades ao ar livre?
Bicicleta, xadrez, passear em São Francisco e ler, sempre ler. Minha esposa e eu gostamos de passear em Palo Alto e São Francisco; nós vamos ao teatro, encontramos os amigos e somos próximos dos nossos quatro filhos. Eles muitas vezes estão absortos em suas carreiras: Eve é ginecologista; Reid, um talentoso fotógrafo de arte; Victor, psicólogo e empresário; e Ben, um diretor de teatro. E tiramos férias anuais com todos os filhos e netos, muitas vezes no Havaí.

No que você está trabalhando agora?

Acabei de terminar uma revisão – a quinta edição – de *Psicoterapia de grupo: teoria e prática*, e estou me recuperando do cansaço desse trabalho. Nos últimos meses tenho mergulhado no estudo da filosofia helenística, especialmente Epicuro. Venho preparando e fertilizando o solo e esperando que, mais cedo ou mais tarde, apareçam os brotos verdes de um novo projeto de escrita. Estou no aguardo...

Atualização: novos pensamentos, novos desenvolvimentos

REVISITAR *OS DESAFIOS DA TERAPIA* pela primeira vez em vários anos desencadeou uma enxurrada de sentimentos, muitos dos quais relacionados à transitoriedade. Sim, claro, estou ciente da marcha implacável do tempo – aos 77 anos, ela nunca está longe dos meus pensamentos. Mas reler meu trabalho, assim como o Krapp de Beckett ouvindo suas fitas antigas, torna tudo muito palpável. Tantas histórias, tantos pacientes, tantas memórias que, desbotadas pelos anos, agora se desvaneceram. Meus esforços para disfarçar a identidade de meus pacientes foram bem-sucedidos até para mim. Quem era aquela pessoa, quem eram aquelas pessoas, com quem já compartilhei momentos tão íntimos e comoventes? E eu também tenho estado ocupado com meu desbotamento. Ao reler *Os desafios da terapia*, meu orgulho como autor é salpicado por consternação, pois percebo que a pessoa que escreveu este livro escreve muito melhor do que eu, hoje em dia.

Minha tarefa neste ensaio é fazer acréscimos ou correções ao meu texto original. Apesar das minhas muitas páginas comentando os novos desenvolvimentos no campo, não mudei minha posição sobre os temas importantes deste livro – a centralidade crucial do relacionamento, a autorrevelação, o foco no aqui e agora, uma sensibilidade aumentada para temas existenciais, a importância dos sonhos. Na realidade, segui e elaborei esses mesmos temas, mas com mais detalhes, em três livros subsequentes: *A cura de Schopenhauer* (um romance), uma quinta revisão de *Psicoterapia de grupo: teoria e prática*, e *De frente para o sol*.

Com frequência, os alunos me pedem para categorizar minha abordagem. Que "escola" é representada em *Os desafios da terapia*? Existencial? Ou talvez humanista? Psicanalítica? Gestalt? Interpessoal? Eu costumo gaguejar e me atrapalho em busca de uma resposta, porque a pergunta vai contra minha intenção de apresentar ideias e técnicas úteis em todas as formas de psicoterapia.

Permita-me reiterar um argumento crucial de meu texto original sobre a abordagem existencial. Embora eu tenha passado dez anos escrevendo um longo texto intitulado *Existencial Psychotherapy*, e embora fale frequentemente de questões existenciais nas páginas de *Os desafios da terapia*, nunca considerei a abordagem existencial uma escola autônoma de terapia. Em vez disso, meu objetivo é aumentar a sensibilidade de todos os terapeutas (de todas as escolas) para o papel das questões existenciais no desespero humano. Em geral, o campo da terapia se concentra demais no passado – em figuras parentais, eventos antigos e traumas – e muitas vezes negligencia o futuro – nossa mortalidade, o fato de que nós, como todas as criaturas vivas, desejamos persistir em nossa própria existência e, no entanto, estamos cientes da morte inevitável.

Uma sessão recente com um paciente ilustra com firmeza algumas das principais diferenças entre vários quadros clínicos de referência.

Em nosso sexto mês de terapia, Danielle, uma profissional de saúde de 33 anos que administrava uma grande clínica, apareceu em meu consultório em estado de grande agitação. Passamos a sessão trabalhando com sua ansiedade, que parecia ter surgido de três fontes diferentes: *realista*, *neurótica* e *existencial*.

As fontes *realistas* de ansiedade foram as mais fáceis de identificar. Tinha sido uma semana estressante. Danielle estava grávida de oito meses e, dois dias antes, uma amiga, também grávida e frequentando o mesmo curso Lamaze, sofrera um aborto espontâneo. Além disso, durante a semana, a condição de sua mãe (que tinha sido diagnosticada com câncer de bexiga) piorara de modo significativo. Por fim, Danielle se sentia economicamente ameaçada. Ela acabara de saber que uma nova e grande clínica de saúde concorrente abriria a uma curta distância daquela onde trabalhava.

E havia motivos *neuróticos*, alguns dos quais se manifestaram em um sonho na noite anterior à nossa sessão.

"Meu marido, meu pai e eu estávamos vagando por um asilo onde eu deveria me encontrar com meu obstetra. Eu entrei em cômodo após cômodo procurando por ele e então liguei para minha mãe, pelo celular, para ver se ela poderia ajudar. Ela não atendeu, mas eu disquei várias vezes, até que eu acordei."

As associações de Danielle a esse sonho ressaltaram seus limites tênues e confusos com a mãe. Era, claro, sua mãe, não ela, entrando na velhice. E lá estava ela, grávida, mas conhecendo seu obstetra em um asilo e pedindo ajuda à mãe moribunda para encontrar o obstetra. Ela falou sobre se sentir estranhamente mesclada com sua mãe e percebeu alguma conexão mística entre sua gravidez e a morte de sua mãe. Às vezes, a pressão do cabeça de seu bebê pressionando sua bexiga resultava naquilo que parecia uma dor idêntica à descrita pela mãe. Ela se viu preocupada com dois momentos iminentes – a primeira respiração de seu bebê e a última de sua mãe. Estava preocupada com a ideia de que ela e sua mãe carregavam em seu abdômen uma massa crescente de células alimentando-se da própria vida delas. Acima de tudo, ela se sentia egoísta e culpada: como ela podia ser jovem, vigorosa e feliz, incubando uma nova vida dentro de si, enquanto a morte espreitava no ventre de sua mãe?

Sua mãe morava a cinco mil quilômetros de distância e, embora seu obstetra a tivesse proibido de viajar, Danielle estava atormentada pela culpa por não estar presente na morte de sua mãe. Além disso, imaginava que todos a desprezariam por não estar no leito de morte da mãe. Sua família sempre resistiu à sua poderosa luta pela independência, e ela se preocupava muito que sua ausência reacendesse velhos e duros ressentimentos.

Por fim, havia questões *existenciais*. A ansiedade sobre a morte muitas vezes atormentou Danielle desde que ela sofrera, na infância, uma doença longa e quase fatal. Mas agora a morte iminente de sua mãe colocava a morte no centro do palco e permeava seus pensamentos acordados e sua vida onírica. No entanto, estranhamente, havia momentos em que pensar na morte a colocava em um estado de tranquilidade. Talvez, ela pensou, tivesse se acalmado com o presente final de sua mãe para ela: a modelagem de um modo corajoso e autêntico de enfrentar a morte.

O confronto com a morte serviu como uma experiência de despertar. Enfrentar a morte e o nascimento iminentes a lembrou de que a vida era cíclica e de que ela, assim como a mãe, estava dentro do cronograma. A apreensão da finitude serviu como um imperativo para valorizar seu breve tempo ao sol. Como resultado, ela alterou de maneira drástica sua perspectiva sobre a existência: passou a valorizar mais a vida, banalizar as trivialidades, deixou de fazer as coisas que não queria fazer e não permitiu mais que sua mente fosse atravancada por aborrecimentos inconsequentes como o cansaço e a necessidade de um sono considerável por parte de seu marido. Em vez disso, ela passou a desfrutar de uma valorização muito mais intensa de seu amor e apoio incansáveis.

Em *Os desafios da terapia*, usei o termo "experiências limítrofes" para aqueles confrontos vitais com a mortalidade que nos despertam para a brevidade e preciosidade da existência. Mas esse termo não é mais adequado. "Limites" tem uma conotação diferente para os terapeutas contemporâneos, evocando ideias sobre os limites da relação paciente-terapeuta. Portanto, em meu livro mais recente, *De frente para o sol*, eu escolhi substitui-lo por um novo termo, "experiência do despertar".

Como esse exemplo ilustra, a ansiedade não tem uma origem única: o terapeuta maduro deve estar equipado para reconhecer e lidar com todas as fontes de desespero. Para pegar emprestado, novamente, de *De frente para o sol*:

"A ansiedade que nos atormenta vem *não só* de nosso substrato genético (um modelo psicofarmacológico), *não só* de nossa luta com os impulsos instintivos reprimidos (um posição freudiana), *não só* de nossos adultos significativos internalizados que podem ter sido indiferentes, desamorosos, neuróticos (um quadro de relação objetal), *não só* de formas desordenadas de pensamento (uma posição cognitivo-comportamental), *não só* de fragmentos de memórias traumáticas esquecidas (um modelo de desenvolvimento de trauma), nem de crises de vida atuais envolvendo a carreira e o relacionamento com outras pessoas importantes, *mas também – mas também –* de um confronto com a nossa existência."

Se estivermos familiarizados com toda essa gama, encontraremos mais flechas em nossa aljava psicoterápica, mais caminhos para entender nossos pacientes, e mais formas de oferecer assistência.

Neurociência: abrace-a

Muitos terapeutas com pouca formação em ciências biológicas estão ameaçados pelos recentes e surpreendentes avanços na pesquisa em neurociência. Tentarei convencê-lo de que a ameaça é injustificada. Este texto não é o lugar para uma apresentação técnica completa do estado atual da neurociência, extraordinariamente complexo, e das doenças mentais. (Também não sou a pessoa certa para tal, dadas as décadas que me separam de minha educação em ciências exatas. No entanto, estou muito bem informado para discutir a relevância da pesquisa atual em neurociência para a prática da psicoterapia.)

Muitas vezes, os terapeutas lutam com o enigma antiquado "natureza ou criação?". Em outras palavras, a doença mental é prefigurada nos genes ou é o resultado de fatores sociopsicológicos? Os avanços deslumbrantes da neurociência, muito rápidos e complexos demais para que não cientistas possam apreendê-los completamente, levaram muitos terapeutas a se sentirem frustrados. A descoberta de centenas de novos genes ligados a transtornos mentais (como esquizofrenia, depressão, ansiedade, transtorno bipolar, sociopatia, vício – e novos genes relatados quase toda semana) sugere que a balança está pendendo para a natureza, em vez de para a criação? Essa mudança acabará por tornar a psicoterapia, como a conhecemos, obsoleta? Esse medo é muito reforçado pela visão comum (mas totalmente errônea) de que a psicoterapia tem algo a oferecer aos distúrbios de base psicológica, enquanto a medicação é o tratamento de escolha para os distúrbios de base biológica.

Mas, na realidade, novos avanços científicos estão tornando óbvio que a oposição "natureza ou criação" está obsoleta: a neurociência contemporânea responde a essa pergunta com um retumbante "ambos!". E isso não é mais uma resposta difusa, especulativa e espectral. Em vez disso, é apoiada pela mais forte evidência científica. *Os genes, sozinhos, fornecem apenas parte da razão para o desenvolvimento de doenças mentais.*

Gêmeos idênticos com material genético idêntico desenvolvem a mesma doença mental? Sim, muitos deles. Mas nem todos! Se um gêmeo desenvolve esquizofrenia, há cerca de 50% de chance do outro gêmeo desenvolver a mesma condição. Mas se seus genes são idênticos, por que só 50%? Por que não 100%? Por que os genes não fizeram seu trabalho nos 50% não atingidos?

A resposta pode ser encontrada no campo em rápida expansão da "epigenética", um termo que, no momento em que escrevo, tem mais de 600 mil resultados no Google (e crescendo a cada dia). Epigenética significa "além da genética"; aborda os muitos fatores que alteram a atividade do gene sem alterar a sequência do DNA, ou seja, sem alterar a estrutura bioquímica do gene. O sentido básico da epigenética é transmitido pelo uso frequente de frases como "ligar e desligar genes", "embalagem de genes", "roupagem de genes". Em outras palavras, não é apenas a estrutura molecular do gene que é importante, mas também os fatores que influenciam a expressão do gene, por exemplo, o ambiente bioquímico e todos os fatores que influenciam esse ambiente.

Volte aos estudos de gêmeos por um momento. Gêmeos idênticos que tiveram estilos de vida diferentes e passaram menos anos de suas vidas juntos diferiram de gêmeos idênticos criados juntos, não apenas psicológica, mas também anatômica e bioquimicamente.

Da mesma forma, uma variante do gene MAO foi implicada em sociopatia, mas é apenas quando os indivíduos com o gene MAO também têm uma infância marcada por abuso traumático que a sociopatia se desenvolve.

E qual a relevância disso para a psicoterapia cotidiana? Bem, agora está claro que nosso ambiente altera nossa bioquímica, que, por sua vez, controla a ativação e desativação da atividade do gene. A taxa de expressão dos genes é muito influenciada por eventos ambientais que ocorrem durante o desenvolvimento, como práticas de criação, trauma psicológico e físico, estressores crônicos, cuidados maternos, perda, luto e experiências iniciais de apego com animais e humanos. Filhotes de ratos que recebem mais lambidas e cuidados de suas mães são fisiologicamente mais resistentes ao estresse ao longo de sua vida subsequente do que aqueles que não se beneficiaram desse apoio materno. Por outro lado, mulheres que sofrem abuso sexual quando crianças estão destinadas a secretar mais hormônios do estresse em resposta aos estressores ao longo de suas vidas. Mas há mais: as respostas neurais e endócrinas ao estresse também são influenciadas por experiências contínuas ao longo da vida, *e isso pode incluir a psicoterapia (tanto a terapia cognitivo-comportamental quanto o tipo de terapia dinâmica discutido neste texto)*. A psicoterapia influencia o metabolismo e o fluxo sanguíneo para regiões específicas do cérebro (conforme indicado por estudos de imagem cerebral), bem como a captação de serotonina e os níveis de hormônio tireoidiano ("Brain Processes Informing Psychotherapy" [Psicoterapia de informação de processos cerebrais], de G. Viamontes e B. Beitman, em *Textbook of Psychotherapeutic Treatments* [Manual de tratamentos psicoterapêuticos], editado por Glen Gabbard, Washington, DC, American Psychiatric Publishing, Inc.). Além disso, o número e os tipos de conexões sinápticas – as conexões entre os neurônios – são amplamente alterados durante o aprendizado bem-sucedido, um processo conhecido como *neuroplasticidade induzida pelo aprendizado*, e isso também inclui o aprendizado que ocorre na psicoterapia.

Embora a aplicação clínica da neurociência ainda esteja em sua infância, as novas pesquisas sobre função e plasticidade cerebral podem fornecer um novo quadro de referência e um novo vocabulário útil para alguns pacientes e alguns terapeutas. Um clínico, por exemplo, descreve o trabalho com um engenheiro esquizoide muito alheio a sentimentos para ser capaz de fazer uma conexão terapêutica. O paciente teve um avanço na terapia quando o terapeuta lhe mostrou um modelo do cérebro e o informou de alguns fenômenos neurofisiológicos importantes, por exemplo, a conexão neural entre os hemisférios cerebrais e entre as partes evolutivas mais velhas e mais novas do cérebro. Ele ficou extasiado quando o terapeuta explicou que pais emocionalmente frios conectam involuntariamente o cérebro de seus filhos de modo que os hemisférios fiquem separados, deixando a criança sem muita noção sobre seus sentimentos. O paciente respondeu a essa aula com um entusiasmo até então não expresso, exclamando: "Isso é ótimo! Antes desta sessão, eu sabia mais sobre o motor do meu carro do que sobre o meu cérebro!". ("Aplicando a sabedoria da neurociência em sua prática", de Bonnie Badenoch, em *Psychotherapy Networker*, setembro/outubro 2008, volume 32, número 5).

Alguns terapeutas instruem os pacientes sobre a diferença entre memória posterior implícita (memória inconsciente inicial) e memória posterior explícita, e usam um quadro-negro para ilustrar como o trauma pode ativar a memória inconsciente armazenada quando surgem *flashbacks* e fortes memórias corporais.

Também é importante que os terapeutas saibam, e muitas vezes ressaltem aos pacientes, que existe uma conexão importante entre as emoções e a memória. *Memórias são mais poderosas e mais profundamente codificadas se estiverem associadas a uma emoção forte.* Quem de nós não se lembra dos detalhes do 11 de setembro ou do assassinato de Kennedy? A neurociência se refere a isso como uma "memória *flash*". É por isso que as memórias traumáticas são tão persistentes e essencialmente impossíveis de extinguir; é também por isso que o "aprendizado" associado a uma explicação terapêutica será mais poderoso e significativo para um paciente se também for acompanhado de emoção – por exemplo, a emoção evocada em um relacionamento terapêutico poderoso e atencioso. Isso apoia a tese que apresentei décadas atrás de que a terapia eficaz é uma sequência alternada de afeto (emoção) e análise de afeto (*The Theory and Practice of Group Psychotherapy* [Teoria e prática de Psicoterapia em grupo], Basic Books, Nova York).

Daniel Siegel, um importante integrador de neurobiologia e psicoterapia, usa uma linguagem vívida e modelos cerebrais para educar pacientes (e terapeutas) sobre a anatomia e as funções do cérebro (por exemplo, ele fala da "amígdala desenfreada, dos talentos calmantes do neocórtex, das propriedades heroicamente integrativas do córtex orbitofrontal, do incrível sistema de neurônios-espelho que nos permite captar e sentir os sentimentos e as intenções dos outros") ("Mindsight", de Mary Wylie, em *Psychotherapy Networker*, setembro/outubro de 2004, volume 28, número 5).

Neurobiologia: mas vamos manter nossa perspectiva

Aqui, como em outros lugares, devemos ter em mente a distinção entre processo e conteúdo. O *conteúdo* de uma sessão em que o terapeuta usa linguagem neurobiológica e mapas anatômicos cerebrais fornece uma explicação viável para alguns pacientes. Mas a explicação sozinha raramente é curativa. Não caia no erro dos primeiros psicanalistas, que achavam que interpretações e percepções eram tudo o que importava! Nunca é o conteúdo específico que cura: lembre-se, antigas estruturas arcaicas (alquímicas, mágicas, xamânicas, teológicas, libidinais, frenológicas, astrológicas) também costumavam curar! Qualquer explicação convincente (isto é, uma explicação sintonizada com o contexto pessoal-cultural-histórico do indivíduo) oferece alívio ao dar sentido a sentimentos anteriormente inexplicáveis. A nomeação e a compreensão levam a uma sensação de controle, sobretudo quando estão alinhadas à educação e à formação cultural e intelectual do paciente.

Este novo sistema explicativo neurocientífico é um entre muitos. O fator verdadeiramente instrumental é o *processo* – a natureza da relação terapêutica. Fornecer explicação ao paciente transmite uma mensagem central de relacionamento: que o terapeuta é uma pessoa atenciosa tentando ajudar, oferecendo presença profunda, empatia e vontade de procurar o vocabulário e o quadro de referência certos para envolver o paciente. A tarefa intelectual da psicoterapia é sobretudo um procedimento que mantém o terapeuta e o paciente unidos em alguma tarefa mutuamente relevante e interessante, *enquanto a verdadeira força de cura, o relacionamento terapêutico, se infiltra e ganha força.*

É evidente que a explicação neurocientífica capacita tanto os pacientes quanto os terapeutas. Os pacientes podem responder com esperança renovada à ideia de que sua fiação cerebral está desordenada e que eles não são loucos (ou maus). Há benefício em sentir que se é capaz de entender. Há uma sensação de domínio maior quando alguém pode nomear o problema. O novo na neurociência é o conceito de plasticidade cerebral. Muitos pacientes se sentem aliviados e fortalecidos pela evidência de que os cérebros podem ser modificados. A pesquisa em neurociência nos mostrou que não apenas as conexões do cérebro influenciam a maneira como pensamos, mas nossas experiências de aprendizado podem influenciar as conexões do cérebro.

Os *terapeutas* também se sentem fortalecidos pelos avanços da neurociência. Eles se sentem mais abrigados nas "ciências duras" enquanto trabalham. No passado, muitos terapeutas sofriam de uma sensação de suavidade e imprecisão quando comparavam sua orientação com os dados bioquímicos mais fortes e apoiados pela ciência em torno dos agentes psicofarmacológicos. Além disso, os terapeutas dinâmicos podem se sentir encorajados e intrigados pelas evidências da neurociência que mostram que pensamentos, sentimentos e o comportamento podem ocorrer antes que estejamos cientes de que "queremos" que eles aconteçam – por exemplo, estudos de EEG mostraram que há disparo coordenado de neurônios da área motora *antes* de nossa consciência ter desejado que nossa mão se movesse. Em outras palavras, o inconsciente não é mais tão difuso, não é mais uma invenção da nossa imaginação. Não é uma reviravolta trivial: em última análise, autoconfiança, sensação de domínio, sensação de estar ancorado na realidade funcionam a serviço de uma boa terapia.

Olhando pela janela do paciente
(com o auxílio da neurociência)

A pesquisa do cérebro pode aumentar a empatia? Aqui vai uma possibilidade. A pesquisa em neurociência demonstrou de forma convincente que muitos pacientes com esquizofrenia não têm a capacidade de filtrar ou atenuar estímulos menores e sem importância, como ruído do tráfego, conversas próximas e fechamento de portas. (O termo técnico é "insuficiência de controle sensorial".) Há alguns meses assisti a uma palestra na qual um neurocientista (Demian Rose, Grand Rounds, Stanford University, 2007) tocou um áudio que simulava a experiência auditiva do paciente com esquizofrenia, e alguns desses mesmos distúrbios parecem estar presentes em indivíduos jovens mesmo antes de desenvolverem a doença plenamente. A cacofonia chocante de batidas, estrondos e raspagens causou uma profunda impressão em mim. Quando vejo esses pacientes agora, sinto-me diferente em relação a eles e, como nunca antes, posso simpatizar com seu mundo interior. Efeitos semelhantes podem decorrer de obras artísticas. Dalí imaginou como uma pessoa paranoica percebia um homem e pintou um retrato com enormes orelhas, olhos e mãos ameaçadoramente iminentes (*Dalí: Pintura e Filme*, exposição no Museu de Arte Moderna de Nova York, verão de 2008).

Um cenário semelhante pode ocorrer com terapeutas que trabalham com indivíduos no espectro do autismo-asperger ou indivíduos que são socialmente imaturos ou esquizoides. Os terapeutas podem desenvolver empatia real ao perceber que o cérebro de seu paciente não possui as redes neurais que lhes permitiriam processar dados socioemocionais, como expressões faciais. Os pacientes com asperger podem ter que recrutar redes neurais alternativas e ter que aprender e reaprender laboriosamente tais fatos, por exemplo, que torcer os lábios para baixo sinaliza angústia. É necessário tempo para esse trabalho – a terapia de longo prazo, e não a breve.

Revisitando o "Não leve as explicações muito a sério"

No capítulo 59, peço que mantenhamos nossa perspectiva e não invistamos demais na busca por explicações e verdades. É esclarecedora uma sessão recente com Christine, cliente que é ela própria terapeuta e que procurou ajuda para lidar com um câncer que ameaçava sua vida. Ela acabara de concluir seu ciclo de quimioterapia e agora estava em uma fase de espera, sem saber se tinha sido curada ou se o câncer voltaria. Ela agora se concentrava mais intensamente no presente imediato, recusando-se a adiar a vida, a fazer planos de longo prazo ou a se envolver em obrigações sociais sem sentido. Até sua percepção visual tinha mudado: passou a notar e vivenciar cores – índigo, cerúleo, magenta, escarlate – com mais vivacidade do que nunca.

Ela continuou a prática como terapeuta e relatou várias mudanças marcantes em seu trabalho. Por um lado, se relacionava agora de forma mais autêntica com seus clientes. Talvez, ela sugeriu, isso resultasse de sua maior honestidade e autorrevelação: ela não tinha escolha a não ser falar abertamente sobre seu câncer, já que sua queda de cabelo e perda de peso não podiam ser escondidas. Além disso, sentia-se mais confiante de que tinha muito a oferecer: tornara-se sábia, aprendera a viver com mais intensidade e sentia-se dedicada a compartilhar sua sabedoria.

Mas o mais impressionante foi sua disposição de permanecer na incerteza, não apenas quanto à própria vida, mas quanto ao processo terapêutico. Ela não se sentia mais inclinada a buscar explicações, fazer conexões, resumir e amarrar as coisas com perfeição. Como ela disse, sentia-se mais à vontade para lidar com a incerteza e, liberada da tarefa de explicar, era mais capaz de oferecer uma presença poderosa a seus clientes. O conselho de Rilke a um jovem poeta, citado em outra parte deste livro, é particularmente conveniente: "Tenha paciência com tudo o que não está resolvido e tente amar as questões em si".

Concentre-se em "arrependimentos"

No capítulo 46 ("Ajudando os pacientes a assumir responsabilidades"), discuti o "arrependimento", mas muito brevemente. Ao voltar sua atenção ao passado, muitos pacientes são inundados de arrependimentos por atos cometidos ou omissões, por caminhos não percorridos, por oportunidades perdidas, por se contentar com pouco na vida. Obviamente, o passado não pode ser mudado, mas há sempre o futuro. Em tais situações, muitas vezes invoco um dos principais experimentos mentais de Nietzsche – a ideia do eterno retorno. (O eterno retorno desempenha um papel importante em dois de meus romances, *Quando Nietzsche chorou* e *A cura de Schopenhauer*.) Às vezes, apenas descrevo a ideia aos pacientes, mas às vezes leio suas palavras em voz alta. A linguagem de Nietzsche é arrepiante e poderosa; tente ler suas palavras em voz alta para si mesmo.

> E se um dia, ou uma noite, um demônio lhe aparecesse furtivamente em sua mais desolada solidão e dissesse: "Esta vida, como você a está vivendo e já viveu, você terá de viver mais uma vez e por incontáveis vezes; e nada haverá de novo nela, mas cada dor e cada prazer e cada suspiro e pensamento, e tudo o que é inefavelmente grande e pequeno em sua vida, terão de lhe suceder mais uma vez, tudo na mesma sequência e ordem – e assim também esta aranha e este luar entre as árvores, e também este instante e eu mesmo. A perene ampulheta do existir será sempre virada novamente – e você com ela, partícula de poeira!". Você não se prostraria e rangeria os dentes e amaldiçoaria o demônio que assim falou? Ou você já experimentou um instante imenso, no qual lhe responderia: "Você é um deus e jamais ouvi coisa tão divina!". Se esse pensamento tomasse conta de você, tal como você é, ele o transformaria e o esmagaria.[9]

---

9 NIETZSCHE, F. *A gaia ciência*. Tradução de Paulo César de Souza. São Paulo: Companhia de Bolso, 2012.

Na minha opinião, essa passagem oferece muita alavancagem terapêutica, particularmente na ideia final do experimento de Nietzsche: se você amaldiçoar o demônio que falou assim, se você odeia a ideia de repetir sua vida como você a viveu (isto é, como você escolheu vivê-la), então há apenas uma explicação – *você não está vivendo direito sua vida, sua única vida!* Essa formulação é um imperativo para mudar. Frequentemente ganho poder terapêutico dizendo algo assim: "Eu entendo que, ao se voltar para o passado, você experimenta uma série de arrependimentos agudos, mas deixe-me direcionar sua atenção para o futuro. Imagine que nos reencontramos daqui a um ou dois anos e eu lhe pergunto: 'Que novos arrependimentos você acumulou?'. O que você vai dizer? Como você vai responder? Acredito que nossa tarefa agora é ajudá-lo a criar uma vida sem arrependimentos".

Incite a curiosidade

Como avaliamos se um paciente se beneficiará da terapia intensiva? Muitas vezes usamos o critério de *"insight"* e tentamos avaliar se o paciente tem essa capacidade. Acho mais útil considerar uma questão um pouco diferente: *como podemos aumentar a curiosidade do paciente sobre si mesmo?*

Há mais de 350 anos, Baruch Spinoza refletiu sobre algumas das mesmas questões que nós, terapeutas, enfrentamos todos os dias. Por que agimos contra nossos interesses? Por que estamos presos às nossas paixões? Como podemos nos libertar de tal escravidão e viver uma vida de racionalidade, harmonia e virtude? No fim, Spinoza chegou a uma formulação altamente relevante para a terapia. Ele concluiu que *a razão não é páreo para a paixão*. As emoções só podem ser conquistadas por outra emoção mais forte. O conhecimento só funcionará para nós se ele próprio estiver imbuído de emoção. (E, como indiquei na seção anterior, as evidências atuais da neurociência apoiam essa ideia.)

Em meu trabalho clínico, eu levo muito a sério esse conceito e dedico muito tempo e esforço tentando transformar a razão em uma paixão –

a paixão pela compreensão, a paixão por aprimorar e exercitar nossas faculdades racionais. Procuro estimular a curiosidade nos meus pacientes. Eu modelo meu senso de admiração com declarações como "Que interessante" ou "Que enigma – vamos descobrir juntos a solução" ou "Mary, não é fascinante como evitamos decisões? Obviamente você quer terminar seu relacionamento com Jim, mas você quer que *ele*, e não você, tome a decisão. Por que isso é tão importante? Deve ter alguma recompensa para você. Vamos tentar desvendar isso".

Às vezes, aponto a relutância do paciente em olhar para dentro usando uma afirmação como: "Você é tão interessante em tantos aspectos, mas às vezes tenho a sensação de que estou mais curioso sobre você do que você mesmo – o que você acha disso? Tem algum motivo para isso? Houve algum momento em que você desligou sua curiosidade sobre si mesmo?".

Às vezes, uso uma técnica descrita no capítulo 51, na qual eu recruto o paciente como um consultor para o próprio problema. Por exemplo, eu disse há pouco a um paciente muito inteligente e bem-sucedido que estava profundamente frustrado com seu relacionamento sexual com sua esposa:

> Gostaria de um conselho seu sobre um problema que encontrei recentemente. Tenho um paciente muito inteligente e ousado, que teve sucesso em quase todos os empreendimentos a que se dedicou. Exceto na esfera sexual. Ele tem um impulso sexual considerável, ama e deseja muito sua esposa, mas ela tem menos impulsos sexuais que ele. Ele não faz investidas sexuais porque abomina mendigar. Mas também não sabe se sua esposa consideraria isso implorar. Ele não sabe se ela aceitaria ou rejeitaria suas investidas. Ele me paga um bom dinheiro para ajudá-lo, mas resiste à minha sugestão de discutir isso com sua esposa. Que enigma fascinante! Ajude-me a entender este homem.

Use essa abordagem com tato e escolha seus argumentos com cuidado. Nesse incidente em particular, o paciente gostou da ironia, sorriu e acenou com a cabeça ao entender que era hora de começar a trabalhar na terapia.

"Fale sobre a morte" novamente

Meu livro *De frente para o sol: como enfrentar o medo e superar o terror da morte* é uma expansão dos capítulos 41 a 43. Eu remeto os leitores interessados a esse trabalho e aqui ofereço apenas alguns destaques.

No subtítulo, uso a palavra "terror" em vez de "ansiedade" para transmitir a ideia de que a ansiedade da morte é onipresente, conectada a nós, impregnada no tecido do nosso ser. O medo da morte ocupa um lugar muito maior em nosso mundo psicológico interior do que normalmente se acredita e é, penso eu, impossível de eliminar. Mas os terapeutas podem ser de grande ajuda a pacientes com preocupação excessiva e terror da morte. Podemos oferecer duas coisas: ajudar a amenizar o terror da morte e, como eu discuto no capítulo 42, podemos usar a consciência da morte como uma experiência de despertar do crescimento pessoal, de várias maneiras. Aqui vou focar brevemente em algumas das poderosas ideias que podem nos permitir amenizar o terror da morte através do poder das ideias.

O argumento da simetria

Muitas ideias poderosas, algumas delas parte do cânone da civilização ocidental por mais de dois milênios, estão à disposição dos terapeutas para amenizar o terror da morte. Epicuro (341-270 a.C.), um dos nossos grandes ancestrais da terapia, apresentou uma série de argumentos convincentes e práticos. Pense em apenas um deles – o "argumento da simetria", que insiste que, *depois da morte, estaremos no mesmo estado em que estávamos antes de nascer*. Muitos ecoaram essa ideia ao longo dos séculos, e ninguém de forma mais bela do que Vladimir Nabokov, o romancista russo, que diz em *Fala, memória*: "a vida é apenas uma breve fresta de luz entre duas eternidades de escuridão". Essas duas poças de escuridão são gêmeas idênticas, mas, estranhamente, nos relacionamos de maneira muito diferente com elas: nos concentramos, com tremor e pavor, na segunda escuridão e prestamos pouca atenção à primeira escuridão, mais benigna e até reconfortante.

A vida não vivida e o terror da morte

Ao trabalhar com pacientes com terror da morte, em geral faço esta pergunta no início da terapia: "Você pode me dizer o que precisamente o assusta sobre a morte?". A pergunta parece tão boba que a começo com um pedido: "Sei que pode ser uma pergunta estranha, mas, por favor, confie em mim". As respostas variam consideravelmente e muitas vezes abrem novas direções na terapia. Uma paciente respondeu: "Todas as coisas que eu vou acabar não fazendo". Uma exploração da resposta dela aponta o caminho para uma ideia poderosa, à disposição dos terapeutas: *existe uma correlação entre o grau de ansiedade da morte e o grau de realização pessoal*. Quanto mais o paciente sente não ter vivido a vida, maior o medo da morte. Portanto, o trabalho para melhorar o terror da morte pode muitas vezes envolver ajudar o paciente a se realizar. "Torne-se quem você é", disse Nietzsche (que rotulou essa frase como uma de suas "lapidares"). Incentivo os terapeutas a incorporar essa ideia à terapia.

Ondulação

A ondulação é o fenômeno de criar círculos concêntricos de influência que podem afetar os outros por anos, por gerações, interminavelmente. Sem nossa intenção consciente ou conhecimento, deixamos para trás algo de nossa experiência de vida, algum traço, algum pedaço de sabedoria, ato de virtude, orientação e conforto, que passam para os outros tanto quanto as ondulações em uma lagoa perduram sem parar até não serem mais visíveis, mas então seguem em um nível nano. A ideia de que transmitimos algo de nós mesmos, mesmo além do nosso conhecimento disso, oferece uma resposta potente para aqueles que afirmam que a falta de sentido e o terror decorrem inevitavelmente da finitude de alguém. Claro que não quero dizer que nossa identidade pessoal será preservada. Esse empreendimento, por mais que o desejemos, é inútil: não se escapa da transitoriedade. Os terapeutas, e todos os indivíduos nas profissões de ajuda psicológica, estão muitas vezes conscientes da ondulação quando percebem que, ao ajudar seus pacientes a mudar e crescer, eles também iniciam uma reação em cadeia, desse paciente para os outros – filhos, cônjuges, alunos e amigos. E aqueles de nós que têm a sorte de conhecer anos depois os filhos ou amigos de nossos ex-pacientes muitas vezes experimentam isso em primeira mão.

A ondulação tem um significado muito pessoal no aqui e agora, enquanto trabalho neste adendo a *Os desafios da terapia*. Meu desejo de passar algo de valor para os outros é o que me mantém teclando muito depois do tempo habitual para a aposentadoria.

Agradecimentos

Tive a sorte de ter como mentores de neurociência neste trabalho dois ex-alunos, Sophia Vinogradov e David Spiegel, ambos agora professores de psiquiatria. Vários outros deram muita assistência: Bernie Beitman, Denny Zeitlin, Erin Elfant-Rea, Rich Simon, Cheryl Krauter-Leonard, Ruthellen Josselson e, como sempre, Marilyn Yalom.

Olhando pela janela do paciente mais uma vez

Autorrevelação e autenticidade

No intervalo de quinze minutos antes de ver Nancy, minha última paciente do dia, chequei minhas mensagens de voz e ouvi uma mensagem de uma estação de rádio de São Francisco: "Dr. Yalom, espero que não se importe, mas decidimos mudar o formato do nosso programa amanhã de manhã: convidamos outro psiquiatra para se juntar a nós e, em vez de uma entrevista, teremos uma discussão a três. Nos falamos amanhã de manhã às oito e meia. Espero que seja ok para você".

Ok? Não estava nada ok, e quanto mais eu pensava sobre aquilo, menos ok eu me sentia. Eu tinha concordado em ser entrevistado por um programa de rádio para divulgar meu novo livro, *Os desafios da terapia*. Embora eu já tenha sido entrevistado várias vezes, estava ansioso com essa entrevista. Apesar de o entrevistador ser extremamente habilidoso, ele era muito exigente. Além disso, o programa teria uma hora de duração, a audiência da rádio era enorme e, por fim, seria na minha cidade natal, com muitos amigos ouvindo.

A mensagem de voz alimentou ainda mais minha ansiedade. Eu não conhecia o outro psiquiatra, mas, para apimentar a entrevista, eles sem dúvida convidaram alguém com um ponto de vista oposto. Eu refleti sobre isso: a última coisa que eu, ou meu livro, precisávamos era de uma hora de confronto hostil na frente de 100 mil ouvintes. Liguei de volta, mas ninguém atendeu. Eu não estava em um bom estado de espírito para atender um paciente, mas deu as seis horas e acompanhei Nancy até meu consultório.

Nancy, uma professora de enfermagem de 50 anos, veio me ver pela primeira vez vinte anos atrás, depois da morte de sua irmã mais velha por neoplasia cerebral. Lembro-me de como ela começou: "Oito sessões. Isso é tudo o que eu quero. Nem mais nem menos. Eu quero falar sobre a perda da pessoa mais querida e mais próxima da minha vida. E quero descobrir como dar sentido à vida sem ela".

Essas oito sessões passaram rapidamente; Nancy trouxe a pauta de cada sessão: lembranças importantes da irmã, as três brigas (uma das quais iniciou uma era de gelo e silêncio de quatro anos, que só terminou no funeral de sua mãe), a irmã reprovando seus namorados, seu profundo amor por sua irmã – um amor que ela nunca expressara abertamente. (Sua família era uma família de segredos e silêncios; sentimentos, sobretudo os positivos, quase nunca eram expressos.) Nancy era inteligente e rápida: uma autodidata na terapia, ela trabalhou duro e parecia querer ou precisar de poucas contribuições minhas. No final da oitava sessão ela me agradeceu e saiu, uma cliente satisfeita. No entanto, eu não fiquei satisfeito por completo. Eu preferia uma terapia mais ambiciosa e havia identificado várias áreas, sobretudo no domínio da intimidade, onde mais trabalho poderia ter sido feito.

Nos vinte anos seguintes, ela me ligou outras duas vezes em busca de terapia breve e, repetindo o mesmo padrão, usou o tempo de forma cronometrada. E então, alguns meses atrás, ligou mais uma vez e pediu para reunir-se por mais tempo, talvez seis meses, para trabalhar alguns problemas conjugais significativos. Ela e o marido, Arnold, foram ficando cada vez mais distantes e havia muitos anos dormiam em quartos diferentes, até em andares separados.

Nos encontramos semanalmente por alguns meses e ela melhorou muito seu relacionamento com o marido e os filhos adultos, tanto que, algumas semanas antes, eu havia levantado a questão da alta. Ela concordou que estava chegando a hora, mas solicitou algumas sessões adicionais para lidar com um problema extra que tinha surgido: medo do palco. Ela estava inundada de ansiedade por causa de uma palestra que se aproximava, para um grande público de prestígio.

Assim que Nancy e eu nos sentamos, de imediato ela demonstrou ansiedade sobre a palestra. Dei boas-vindas àquela energia: desviou minha atenção daquele maldito programa de rádio. Ela falou de sua insônia, de seu medo de fracassar, do desgosto pela própria voz, de seu embaraço com sua aparência física. Eu sabia exatamente o que fazer e comecei a acompanhá-la por um caminho terapêutico familiar: lembrei-a de que ela dominava seu material, que sabia muito mais sobre o assunto do que qualquer pessoa na plateia. Embora eu estivesse distraído com minha ansiedade, pude lembrá-la de que ela sempre brilhou como palestrante e estava prestes a apontar a irracionalidade de suas opiniões sobre sua voz e aparência física quando uma onda de mal-estar tomou conta de mim.

Quão hipócrita eu poderia ser? Meu mantra na terapia sempre foi "é o relacionamento que cura, é o relacionamento que cura". Não era eu que, sempre, ao escrever e ensinar, batia o bumbo da autenticidade? A sólida e genuína relação eu-tu – não era ela o ingresso, o ingrediente de ouro na terapia bem-sucedida? Ainda assim, ali estava eu – cheio de ansiedade por causa daquele programa de rádio e ainda escondendo tudo por trás do meu semblante compassivo de terapeuta contido. E com uma paciente que tinha preocupações quase idênticas. E uma paciente que queria trabalhar a intimidade! Não, eu não poderia continuar com essa hipocrisia.

Então respirei fundo e confessei. Contei a ela tudo sobre a mensagem de correio de voz que recebi pouco antes de ela entrar e sobre minha ansiedade e raiva por meu dilema. Ela ouviu atentamente minhas palavras e então, com voz solícita, perguntou: "O que você vai fazer?".

"Estou pensando em me recusar a participar do programa se eles insistirem nesse novo arranjo."

"Sim, isso parece muito razoável para mim", ela disse, "você concordou com um formato completamente diferente e a emissora não tem o direito de fazer mudanças sem sua autorização. Eu ficaria muito chateada com isso também. Existe alguma desvantagem em sua recusa?"

"Não consigo imaginar. Talvez eu não seja convidado a voltar para um próximo livro, mas quem sabe quando ou se escreverei outro."

"Então, nenhuma desvantagem em recusar e muitas possíveis desvantagens em você concordar?"

"Parece que sim. Obrigado, Nancy, você me ajudou."

Sentamos juntos em silêncio por alguns momentos e eu perguntei: "Antes de voltar para o seu medo do palco, deixe-me perguntar uma coisa: como você se sentiu? Esta não está sendo uma sessão como as outras".

"Gostei de você ter feito isso. Foi muito importante para mim", respondeu ela, parando por um momento para organizar seus pensamentos. E acrescentou: "Tenho vários sentimentos sobre isso. Me sinto honrado por você ter compartilhado tanto de si mesmo. E 'normalizada': sua ansiedade de desempenho me faz aceitar melhor a minha. E acho que você se abrir será contagiante. Quero dizer, você me deu coragem para falar sobre algo que eu não achava que seria capaz".

"Ótimo. Vamos falar disso."

"Bem", Nancy parecia desconfortável e se contorceu na cadeira. Ela inspirou e disse: "Bem, aí vai...".

Sentei-me na minha cadeira, ansioso. Foi como esperar a cortina subir em uma boa peça. Um dos meus grandes prazeres. A expectativa de prazer de uma boa história pronta para começar não se parece com nada que eu conheça. E minha ansiedade e aborrecimento com a entrevista e a emissora de rádio? Que entrevista? Que emissora? Eu tinha esquecido por completo. O poder da narrativa matou todas as preocupações.

"Sua menção ao seu livro, *Os desafios da terapia*, me dá a oportunidade de lhe dizer algo. Algumas semanas atrás eu li o livro inteiro de uma vez, até as três da manhã." Ela fez uma pausa...

"E?", procurei descaradamente um elogio.

"Bem, eu gostei, mas eu estava... é... curiosa, sobre você ter usado minha história dos dois riachos."

"Sua história dos dois riachos? Nancy, essa é a história de outra pessoa, uma mulher morta há muitos anos – eu a descrevi no livro. Uso essa história na terapia e nas minhas aulas há mais tempo do que consigo me lembrar."

"Não, Irv. Era a minha história. Eu contei a você durante nossa primeira sessão, vinte anos atrás."

Eu balancei minha cabeça. Eu sabia que a história era de Bonnie. Ora, eu ainda podia visualizar o rosto de Bonnie enquanto ela me contava a história, eu podia ver seus olhos melancólicos enquanto se lembrava de seu pai, eu ainda podia ver o turbante violeta envolvendo sua cabeça – ela perdera o cabelo por causa da quimioterapia.

"Nancy, ainda me lembro dessa mulher me contando a história, consigo..."

"Não, a história é minha", disse Nancy com firmeza. "E mais, não era comigo e meu pai. Era meu pai e minha tia, irmã caçula dele. E não foi no caminho para a faculdade – foram nas férias que eles passaram na França."

Sentei-me atordoado. Nancy era uma pessoa muito precisa. A força de sua afirmação chamou minha atenção. Voltei-me para dentro em busca da verdade, ouvindo gotejar da memória os pontos profundos da minha mente. Era um impasse: Nancy tinha certeza de ter me contado isso. Eu tinha certeza absoluta de que ouvi isso de Bonnie. Mas eu sabia que tinha que manter a mente aberta. Um dos maravilhosos aforismos de Nietzsche entrou em minha mente e serviu como uma advertência: "A memória diz, eu fiz isso. O orgulho responde, não, eu jamais faria isso. Chega uma hora que a memória cede".

Enquanto Nancy e eu continuávamos a conversar, surgiu um pensamento novo e surpreendente. Oh, meu Deus, poderia ter havido duas histórias? Sim, sim, é isso. Duas histórias! A primeira era a história de Bonnie sobre seu pai, seu desejo de reconciliação e sua viagem malsucedida para a faculdade; a segunda era a história dos dois riachos de Nancy, sobre seu pai e sua tia. Agora, de repente, percebi o que tinha acontecido:

minha memória faminta por Gestalt, em busca de histórias, fundiu as duas em um único evento.

É sempre um choque vivenciar a fragilidade da memória. Trabalhei com muitos pacientes que ficaram desestabilizados quando souberam que seu passado não era o que pensavam. Eu me lembro de um paciente cuja esposa disse a ele (no fim do casamento) que, durante a união de três anos, ela tinha sido obcecada por outro homem, seu namorado anterior. Ele ficou arrasado: todas aquelas memórias compartilhadas (pôr do sol romântico, jantares à luz de velas, caminhadas nas praias de pequenas ilhas gregas) eram quimeras. Sua esposa não estava lá. Ela estava obcecada por outra pessoa. Ele me disse mais de uma vez que sofreu mais por perder seu passado do que por perder sua esposa. Eu não entendi isso completamente na época, mas agora, enquanto estava com Nancy, pude por fim simpatizar com ele e perceber quão perturbador é sentir que o passado se decompõe.

O passado: não se trata então de uma entidade concreta, de eventos inesquecíveis gravados indelevelmente na experiência como se fosse em pedras? Quão fortemente eu me agarrei a essa visão sólida da existência. Mas agora eu conhecia, conhecia de verdade, a inconstância da memória. Nunca mais eu duvidaria da existência de falsas memórias! O que tornou tudo ainda mais confuso foi a maneira como eu tinha bordado a falsa memória (por exemplo, o olhar melancólico no rosto de Bonnie) que a tornava indistinguível de uma memória real.

Eu disse todas essas coisas a Nancy, junto com meu pedido de desculpas por não ter pedido sua permissão para usar a história dos dois riachos. Nancy não se incomodou com a questão da permissão. Ela tinha escrito histórias de ficção científica e estava bem ciente da confusão entre memória e ficção. Ela instantaneamente aceitou meu pedido de desculpas por publicar algo dela sem sua permissão e acrescentou que gostou que sua história fosse usada. Ela se orgulhava de ter sido útil aos meus alunos e outros pacientes.

Sua aceitação de minhas desculpas me deixou de bom humor e contei a ela sobre uma conversa algumas horas antes, com um psicólogo dinamarquês que me visitou. Ele estava escrevendo um artigo sobre meu trabalho para um periódico dinamarquês de psicologia e perguntou se minha intensa proximidade com os pacientes tornava mais difícil que eles tivessem alta. "Dado o fato de que estamos perto do fim, Nancy, deixe-me fazer essa mesma pergunta para você. Você acha que nossa proximidade interfere no fim de suas sessões comigo?"

Ela pensou por um longo tempo antes de responder: "Eu concordo, eu me sinto mesmo próxima de você, talvez tão próxima quanto de qualquer outra pessoa em minha vida. Mas sua frase, que a terapia é um ensaio geral para a vida, que você disse tantas vezes – a propósito, acho até que foram vezes demais... –, bem, essa frase ajudou a manter as coisas em perspectiva. Não, logo vou estar pronta para parar e guardar muito disso dentro de mim. Desde o primeiro dia de nosso último conjunto de sessões, você continuou se concentrando em meu marido. Você continuou focando em nosso relacionamento, mas dificilmente se passava uma hora sem que você abordasse a intimidade entre mim e Arnold".

Nancy encerrou a sessão contando um sonho adorável (lembre-se de que Nancy e Arnold dormiam em quartos separados).

"Eu estava sentada na cama de Arnold. Ele estava na sala, me observando. Eu não me importava com a presença dele e estava ocupada com a maquiagem. Eu estava tirando uma máscara de maquiagem, retirando-a na frente dele."

O criador de sonhos dentro de nós (seja quem for, onde quer que esteja) tem muitas restrições na realização do produto acabado. Uma das principais restrições é que o produto final dos sonhos deve ser quase totalmente visual. Assim, um desafio importante no trabalho com sonhos é transformar conceitos abstratos em uma representação visual. Que melhor maneira de descrever o aumento da abertura e confiança no cônjuge do que tirar uma máscara?

Discussão

Vamos revisar os principais pontos transmitidos nesse exemplo. Primeiro, vamos considerar a autorrevelação de minha ansiedade pessoal evocada por um evento que ocorreu pouco antes do início da sessão de terapia. Por que escolher compartilhar isso? Primeiro, havia a consideração da genuinidade. Eu me senti muito falso, inautêntico, cheio de ansiedade enquanto tentava ajudá-la a lidar com a ansiedade por causa de uma questão muito semelhante. Em segundo lugar, há a questão da eficácia: acredito que minha preocupação com minhas questões pessoais estava prejudicando minha capacidade de trabalhar com eficiência. Em terceiro lugar, há o fator de modelagem de papéis. Minha experiência ao longo de décadas fazendo terapia é que tal revelação inevitavelmente catalisa a revelação do paciente e acelera a terapia.

Depois da minha autorrevelação, houve, por alguns minutos, uma inversão de papéis, enquanto Nancy me oferecia bons conselhos. Agradeci e iniciei uma discussão sobre nosso relacionamento comentando que algo incomum acabara de acontecer. (Na linguagem dos terapeutas, fiz uma "verificação do processo".) Já ressaltei que a terapia é, ou deveria ser, uma sequência alternada de ação e reflexão sobre essa ação. Sua resposta foi altamente informativa. Em primeiro lugar, ela se sentiu honrada por eu compartilhar minhas questões com ela – sentiu que eu a tratara como igual e aceitara seus conselhos. Em segundo lugar, ela se sentiu "normalizada" – isto é, a minha ansiedade a fez aceitar mais a dela própria. Por fim, minha revelação serviu de modelo, um ímpeto para sua revelação posterior. Pesquisas confirmam que terapeutas que modelam a transparência pessoal influenciam seus pacientes a revelar mais de si mesmos.

Em minha experiência clínica, a resposta de Nancy à minha revelação é típica. Por muitos anos, trabalhei com pacientes que tiveram uma experiência anterior insatisfatória em terapia. Quais são as reclamações deles? Quase invariavelmente, eles dizem que o terapeuta anterior era muito distante, muito impessoal, muito desinteressado. Acredito que os terapeutas têm tudo a ganhar e nada a perder com uma autorrevelação adequada.

Quanto os terapeutas devem revelar? Quando revelar? Quando não? A orientação para responder a tais perguntas é sempre a mesma: o que é melhor para o paciente? Nancy era uma paciente que eu conhecia havia muito tempo e tive uma forte intuição de que minha genuinidade facilitaria seu trabalho. A sincronia também foi um fator importante: uma autorrevelação precoce na terapia, antes de estabelecermos uma boa aliança de trabalho, pode ser contraproducente. A sessão com Nancy foi atípica, pois em geral não revelo minhas inquietações pessoais aos meus pacientes: afinal, nós, terapeutas, estamos ali para ajudar, não para lidar com nossos conflitos internos. Se enfrentamos problemas pessoais de tal magnitude, que interferem na terapia, obviamente devemos buscar terapia pessoal.

Dito isso, deixe-me acrescentar que, em inúmeras ocasiões, entrei em uma sessão meio perturbado, com algumas questões pessoais e, no final da sessão (sem ter mencionado uma palavra sobre o meu desconforto), me senti notavelmente melhor! Muitas vezes me perguntei por que isso acontecia. Talvez por me distrair da minha autoabsorção, ou pelo profundo prazer de ser útil para o outro, ou pelo aumento na autoestima por empregar efetivamente minha experiência profissional, ou pelo efeito de maior conectividade que todos nós queremos e precisamos. Este efeito, a terapia ajudando o terapeuta, é, na minha experiência, ainda maior na terapia de grupo. Todas as razões mencionadas acima estão em ação, mas há um fator adicional: um grupo de terapia maduro, no qual os membros compartilham suas preocupações mais profundas, tem um ambiente de cura no qual tenho o privilégio de mergulhar.

Notas

p. 20 – Erik Erikson, *Identity: Youth and Crisis* (Nova York: W.W. Norton, 1968), p. 138-139.

p. 29 – Karen Horney, *Neurose e desenvolvimento humano: a luta pela auto-realização* (Rio de Janeiro: Civilização Brasileira, 1966).

p. 33 – C. P. Rosenbaum, comunicação pessoal, 2001.

p. 34 – André Malraux, *Antimemoirs* (Nova York: Holt, Rinehart e Winston, 1968), p. 1.

p. 34 – Arthur Schopenhauer, *Parerga and Paralipomena*, vol. 2, traduzido por E. Payne (Clarendon Press: Oxford, 1974), p. 292.

p. 34 – Arthur Schopenhauer, *The Complete Essays of Schopenhauer*, traduzido por T. Bailey Saunders (Nova York: Wiley, 1942), p. 2.

p. 35 – Ibid., p. 298.

p. 36 – Hermann Hesse, *O jogo das contas de vidro* (Rio de Janeiro: Record, 2020).

p. 43 – Ram Dass, comunicação oral, 1988.

p. 46 – Carl Rogers, "The Necessary and Sufficient Conditions of Psychotherapeutic Personality Change", *Journal of Consulting Psychology*, 21 (1957): 95–103.

p. 48 – Irvin Yalom, *Cada dia mais perto* (Rio de Janeiro: Agir, 2010).

p. 49 – Terence, *Lady of Andros, Self-Tormentor & Eunuch*, vol. 1, traduzido por John Sargeant (Cambridge: Harvard University Press, 1992).

p. 54 – Esse sonho é discutido em *Mamãe e o sentido da vida* (Rio de Janeiro: Agir, 2008).

p. 56 – Esse episódio é discutido em *Mamãe e o sentido da vida* (Rio de Janeiro: Agir, 2008).

p. 85 – K. Benne, "History of the T-group in the Laboratory Setting", em *T-Group Theory and Laboratory Method*, organizado por L. Bradford, J. Gibb, K. Benne (Nova York: John Wiley, 1964), p. 80-135.

p. 85 – Irvin Yalom, *Inpatient Group Psychotherapy* (Nova York: Basic Books, 1983).

p. 86 – Irvin Yalom, *Cada dia mais perto* (Rio de Janeiro: Agir, 2010).

p. 94 – Irvin Yalom, *O carrasco do amor* (Rio de Janeiro: HarperCollins, 2022).

p. 96 – Sigmund Freud, *Estudos sobre a histeria*. Obras psicológicas completas de Sigmund Freud, vol. II (Rio de Janeiro: Imago, 1976).

p. 99 – Irvin Yalom, "Group Therapy and Alcoholism", *Annals of the New York Academy of Sciences*, 233 (1974): 85–103.

p. 101 – Irvin Yalom, Stephanie Brown, Sidney Bloch, "The Written Summary as a Group Psychotherapy Technique", *Archives of General Psychiatry*, 32 (1975): 605–13.

p. 101 – Sándor Ferenczi, *Diário clínico* (São Paulo: Martins Fontes, 1990).

p. 102 – Irvin Yalom, *Mentiras no divã* (Rio de Janeiro: Ediouro, 2006).

p. 108 – Peter Lomas, *True and False Experience* (Nova York: Taplinger, 1993), p. 15-6.

p. 122 – Friedrich Nietzsche, *Assim falou Zaratrusta* (São Paulo: Martin Claret, 1999).

p. 124 – Louis Fierman (org.), *Effective Psychotherapy: The Contributions of Helmut Kaiser* (Nova York: The Free Press, 1965), p. 172-202.

p. 124 – Irvin Yalom, *Quando Nietzsche chorou* (Rio de Janeiro: Ediouro, 2000).

p. 126 – Harry Stack Sullivan, *A entrevista psiquiátrica* (Rio de Janeiro: Interciência, 1983).

p. 129 – Joe Luft, *Group Processes: An Introduction to Group Dynamics* (Palo Alto, Califórnia: National Press, 1966).

p. 142 – Irvin Yalom, M. Liebermann, "Bereavement and Heightened Existential Awareness", *Psychiatry*, 1992.

p. 144 – Irvin Yalom, *Existential Psychotherapy* (Nova York: Basic Books, 1980), p. 146.

p. 159 – John Gardner, *Grendel* (Nova York: Random House, 1989).

p. 160 – Martin Heidegger, *Ser e tempo* (Petrópolis: Vozes, 1995).

p. 182 – Friedrich Nietzsche, *Gaia ciência* (São Paulo: Companhia das Letras, 2001).

p. 182 – Friedrich Nietzsche, *The Will to Power* (Nova York: Vintage Books, 1967), p. 272.

p. 183 – Ibid., p. 267.

p. 206 – Irvin Yalom, *O carrasco do amor* (Rio de Janeiro: HarperCollins, 2022).

p. 207 – Friedrich Nietzsche, carta a P. Gast de 4 de agosto de 1882, citado por P. Fuss e H. Shapiro, em *Nietzsche: A Self-portrait from His Letters* (Cambridge: Harvard University Press, 1971), p. 63.

p. 208 – Friedrich Nietzsche, *Além do bem e do mal: prelúdio a uma filosofia do futuro* (São Paulo: Companhia das Letras, 1992).

p. 209 – Erich Fromm, *A arte de amar* (São Paulo: Martins Fontes, 2000).

p. 211 – Erik Erikson, comunicação pessoal, 1970.

p. 214 – Ruthellen Josselson, *The Space Between Us* (Nova York: Sage, 1995), p. 201.

p. 220 – D. W. Winnicott, "Hate in the Counter-Transference", *International Journal of Psychoanalysis*, 30 (1949): 69.

p. 222 – Sigmund Freud, *Estudos sobre a histeria*. Obras psicológicas completas de Sigmund Freud, vol. II (Rio de Janeiro: Imago, 1976).

p. 227 – Drew Weston e Kate Morrison, "A Multidimensional Meta-Analysis of Treatments for Depression, Panic, and Generalized Anxiety Disorder: An Empirical Examination of the Status of Empirically Supported Therapies", *Journal of Consulting and Clinical Psychology*, dez. 2001, vol. 69, n. 6.

p. 246 – Sigmund Freud, *The Handling of Dream Interpretations*, vol. 12 (Londres: The Hogarth Press, 1958), p. 91.

p. 246 – Esses dois sonhos são descritos em *Mamãe e o sentido da vida* (Rio de Janeiro: Agir, 2008).

p. 252 – Irvin Yalom, *Mamãe e o sentido da vida: histórias de psicoterapia* (Rio de Janeiro: Agir, 2008).

p. 256 – Sigmund Freud, *Análise terminável e interminável*. Obras psicológicas completas de Sigmund Freud, vol. XXIII (Rio de Janeiro: Imago, 1969), p. 283-4.

Leia também

AUTOR DO BEST-SELLER
Quando Nietzsche chorou

Irvin D. Yalom
& Marilyn Yalom

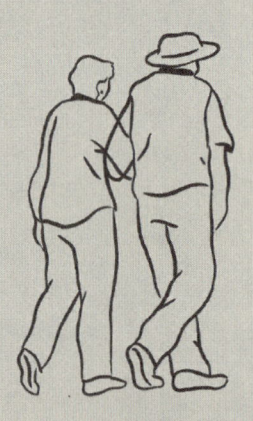

Uma questão de vida e morte

Amor, perda e o que realmente importa no final

PAIDÓS

__Nosso tempo juntos é limitado e extremamente precioso!__

Depois de passar uma vida inteira em companhia um do outro, Irvin e Marilyn Yalom escrevem a realidade do diagnóstico de um câncer terminal de Marilyn neste livro de memórias profundamente comovente, terno e amoroso.

Com base no trabalho de Irvin em psicoterapia relacionada ao medo da morte, aliado à sua experiência pessoal, *Uma questão de vida e morte* busca responder às perguntas que todos nós temos sobre o fim de nossa vida.

Quanto estamos dispostos a suportar para permanecermos vivos? Como podemos terminar nossos dias da maneira mais indolor possível? De que modo podemos deixar este mundo para a próxima geração?

Contado a princípio em capítulos alternados entre os dois autores e concluído após a morte de Marilyn, este livro é um retrato inesquecível de amor e examina com firmeza o que significa viver e morrer bem.

**Acreditamos
nos livros**

Este livro foi composto em Garamond Premier
Pro e impresso pela Geográfica para a Editora
Planeta do Brasil em fevereiro de 2024.